In dieser Reihe sind
bisher erschienen:

Ausdauertraining
Beweglichkeitstraining
Das neue Konditionstraining
Gesundheitstraining
Krafttraining
Radsporttraining
Sporternährung
Überlastungsschäden im Sport

**BLV
SPORTWISSEN**

Manfred Grosser / Stephan Starischka /
Elke Zimmermann
unter Mitarbeit von Andrea Eisenhut,
Ferdinand Tusker, Fritz Zintl

Das neue
Konditionstraining

für alle Sportarten, für Kinder,
Jugendliche und Aktive

Die Deutsche Bibliothek – CIP-Einheitsaufnahme

Ein Titeldatensatz für diese Publikation ist bei
Der Deutschen Bibliothek erhältlich

Bildnachweis

Alle Fotos von Manfred Grosser außer:
The Stock Market: S. 2
Alle Grafiken von Monika Froelicher außer:
Jörg Mair: S. 35 (2×), 36, 51, 52, 91, 154, 157, 160, 161, 163,
164, 169, 185, 212, 219, 224, 227
Hannes Limmer: S. 85 unten
H.-Peter Pilipps: S. 81
Titelbild: The Stock Market

Fachredaktion: Prof. Manfred Grosser

BLV Verlagsgesellschaft mbH
München Wien Zürich
80797 München

BLV Sportwissen

Achte, überarbeitete Auflage

© BLV Verlagsgesellschaft mbH, München 2001

Gesamtherstellung: Pustet, Regensburg

Gedruckt auf chlorfrei gebleichtem Papier

Printed in Germany · ISBN 3-405-16033-2

Inhalt

Vorbemerkung

Sportliches Training

Sportliches Training bezieht sich nach modernen Erkenntnissen auf eine
1. *Leistungssteigerung,*
2. *Leistungserhaltung* und
3. *Leistungsreduzierung* (Abtrainieren nach jahrelangem Belasten).

Angewendet wird Training heute im Sinne der Leistungssteigerung und -erhaltung im:
- Leistungs- und Hochschulleistungssport,
- Schulsport, Sport mit Kindern, Jugendlichen und Senioren,
- Breiten-, Freizeit- und Fitneßsport,
- in der Prävention und Rehabilitation

und im Sinne der Leistungsreduzierung im (bzw. nach dem) Hochleistungssport.

Durch Training wird folglich die menschliche (sportliche) Leistungsfähigkeit beeinflußt. Diese Leistungsfähigkeit ist Ausdruck der gesamten Persönlichkeit in Relation zu objektiven Leistungsanforderungen. Sie ist im Sport in hohem Maße das Resultat vieler individueller sogenannter leistungsbestimmender Fähigkeiten und Fertigkeiten, die in einem jahrelangen Trainingsprozeß ausgebildet werden.

Solch ein Training für den *Hoch- und Höchstleistungsbereich* ist jedoch nur sinnvoll, wenn bei den Sportlern hohe genetische Bedingungen (Begabungen) und günstige soziale Umwelteinflüsse – Familie, Beruf, Trainer und Trainingsstätten – gegeben sind. Für den Schul-, Breiten- und Freizeitsportbereich spielen letztere Bedingungen nicht so eine entscheidende Rolle; jedoch können auch hier sportliche Leistungen durch Training erreicht werden. Gehen wir allgemein davon aus, daß sich sportliche Leistungen aus Kondition, Technik, Taktik, situativen Bedingungen, Talent und Persönlichkeitsverhalten zusammensetzen, so behandelt dieses Buch den für sportliche Leistungen so wichtigen Voraussetzungsbereich der *Kondition*.

Das Buch ist so konzipiert, daß die vorliegenden Grundlagen des Konditionstrainings

Für wen ist dieses Buch?

- für nahezu alle Sportarten,
- für den Hoch- und Höchstleistungsbereich und
- für den Schul- und Freizeitsport, insbesondere auch für Kinder und Jugendliche anwendbar sind.

Auf der Basis wissenschaftlicher Erkenntnisse werden die Bereiche Kondition und Training in einer für Trainer, Übungsleiter, Lehrer, Studenten, Schüler, Leistungs- und Freizeitsportler verständlichen Sprache und an mannigfaltigen Beispielen dargestellt.

6

Allgemeine Prinzipien des Konditionstrainings

Kondition

Jeder Mensch benötigt eine seiner momentanen Tätigkeit entsprechende Kondition: im Alltags- und Berufsleben, im künstlerischen Schaffen und ganz besonders im Sport. Kondition ist für all diese Wirkungsbereiche geradezu eine Voraussetzung für das Zustandebringen von bestimmten Leistungen (lateinisch: conditio = Bedingung für etwas).

Konditionsbegriff

Unter Kondition im Sport verstehen wir allgemein die gewichtete Summe der physischen (körperlichen) Fähigkeiten* Ausdauer, Kraft, Schnelligkeit, Flexibilität und ihre Realisierung durch Bewegungsfertigkeiten/-techniken und durch Persönlichkeits-Eigenschaften (z. B. Wille, Motivation).

Definition der Kondition

Diese »Summe« aller Fähigkeiten besteht demzufolge aus einzelnen Elementen, die bekanntermaßen bei verschiedenen Sportarten auch unterschiedlich gewichtete Rollen spielen (s. z. B. S. 10 f.). Mit der Summe dieser Fähigkeiten wird meist auch der *Trainingszustand* gekennzeichnet.

Konditionsvoraussetzungen

Die Qualität des Konditionszustandes ist nach derzeitigen trainingswissenschaftlichen Gesichtspunkten vor allem abhängig von:

Voraussetzungen der Kondition

1. der *altersgemäßen Entwicklung* (Kind – Jugendlicher – Erwachsener – älterer Mensch);
2. *den genetischen (anlagebedingten) Bedingungen* der Organe (vor allem Herz-Kreislauf- und Stoffwechsel-System) und der Muskulatur;
3. *den koordinativen Steuerungsmechanismen* des Zentralnervensystems, also dem sogenannten »Zusammenspiel« von Gehirn bzw. Nervensystem (Reflexen u. a.) und Muskulatur;

* Für physische Fähigkeiten werden in der Literatur auch folgende z. T. gleichbedeutende Begriffe verwendet: körperliche Eigenschaften bzw. Fähigkeiten, psycho-physische Eigenschaften, sportmotorische (Grund)Eigenschaften, energetische Fähigkeiten, physische Leistungsfaktoren, Leistungsgrundlagen, Leistungsmerkmale, motorische (Haupt)Beanspruchungsformen, Dispositionen.

4. *den psychischen Fähigkeiten* (Persönlichkeitsmerkmalen) zur Realisierung von Kondition. Diese sind im Sport vorwiegend: Willenskraft, Selbstvertrauen, Leistungsmotivation, Lust, Freude, Aggression, Emotion (Stimmung), Vitalität und Temperament, und natürlich

5. *vom Zeitpunkt des Trainingsbeginns,* d. h., wie lange habe ich bereits trainiert (sog.: *Trainingsalter*).

Kondition als Teilbereich der sportlichen Leistung

Die Kondition als Komplex bzw. die konditionellen Fähigkeiten Kraft, Schnelligkeit, Ausdauer und Beweglichkeit/Flexibilität im einzelnen sind jeweils ein Teilbereich der sportlichen Leistung (vgl. Abb. 1). Diese Teilbereiche (Technik, Kondition usw.) sind als unterscheidbare Aspekte, nicht aber als eindeutig abgrenzbare Bereiche (menschlicher) sportlicher Leistung zu sehen; sie beeinflussen sich hinsichtlich einer komplexen Leistungssteigerung stark, ihre Übergänge sind z. T. sehr fließend.

Neben der in Abb. 1 dargestellten existieren auch andere Modellvorstellungen der sportlichen Leistung (vgl. vor allem MARTIN et al. 1999, 65–77).

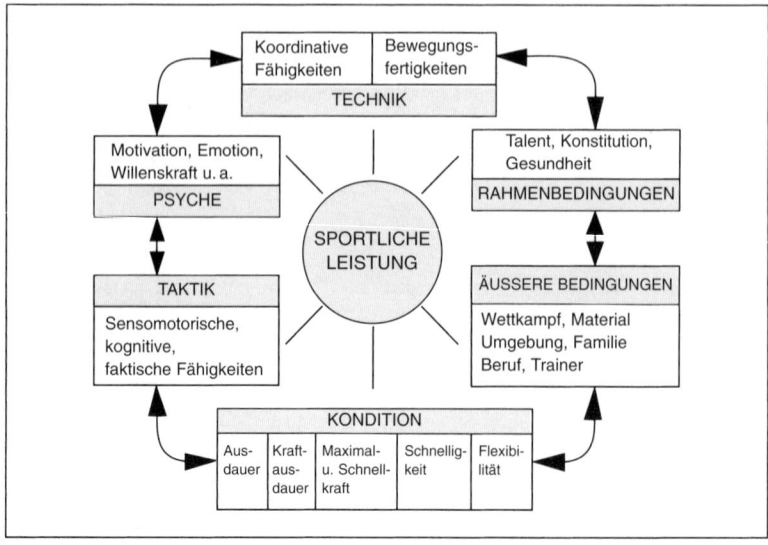

Abbildung 1   Die sportliche Leistung und ihre möglichen Komponenten aus sportpraktischer Sicht

Sportmotorische Fähigkeiten und Konditionselemente

Die konditionellen Fähigkeiten sind ein Teilbereich der *sportmotorischen Fähigkeiten* (Tab. 1). Unter letzteren versteht man die Gesamtheit der jeweils im Komplex wirkenden Leistungsvoraussetzungen. Das Komplexe ist in der Verknüpfung von Koordinativem und Konditionellem, d. h. in der Verbindung von Prozessen der Bewegungssteuerung und -regelung mit Prozessen der Energiebereitstellung zu sehen.

Definition sportmotorischer Fähigkeiten

Sportmotorische Fertigkeiten sind dagegen ganz bestimmte, einmal erlernte Bewegungsabläufe, die automatisiert sind, d. h. ohne bewußte Aufmerksamkeit ausgeführt werden können.

Sportmotorische Fertigkeiten

Systemtheoretisch werden in der Literatur schon länger die sportmotorischen Fähigkeiten in die konditionellen und koordinativen gegliedert. Die **konditionellen Fähigkeiten** werden als die vorwiegend morphologisch und energetisch bestimmten erklärt. Traditionsgemäß werden hier die Ausdauer, Kraft, Schnelligkeit, mitunter auch Beweglichkeit erwähnt. Unter den koordinativen Fähigkeiten werden die verstanden, die vorwiegend durch Steuerungs- und Regelungsprozesse determiniert sind. Dazu zählen die motorische Steuerungs-, Anpassungs- und Lernfähigkeit

Tabelle 1   Sportmotorische Fähigkeiten

Sportmotorische Fähigkeiten		
Konditionelle Fähigkeiten primär morphologisch-energetisch bestimmt	**Konditionell-koordinative Fähigkeiten** morphologisch-energetisch und von Steuer- und Regelvorgängen bestimmt	**Koordinative Fähigkeiten** primär von Steuer- und Regelvorgängen bestimmt
Ausdauerfähigkeiten – Grundlagenausdauer – Kurzzeitausdauer – Mittelzeitausdauer – Langzeitausdauer Kraftfähigkeiten – (submax.) Kraftausdauer – Ausdauerkraft – Maximalkraftausdauer Schnelligkeitsfähigkeiten – (azykl.) Kraftschnelligkeitsausdauer – (zykl.) Sprintausdauer	Beweglichkeit (Gelenkigkeit und Dehnfähigkeit) Schnelligkeit – (azykl.) Aktionsschnelligkeit – (zykl.) Frequenzschnelligkeit – (azykl.) Kraftschnelligkeit – (zykl.) Sprintkraft Kraftfähigkeiten – Maximalkraft – Schnellkraft – Reaktivkraft	Gewandtheit (Sammelbegriff für:) Steuerungsfähigkeit Anpassungsfähigkeit motor. Lernfähigkeit Differenziert in: – Kopplungsfähigkeit – Differenzierungsfähigkeit – Gleichgewichtsfähigkeit – Orientierungsfähigkeit – Rhythmusfähigkeit – Reaktionsfähigkeit – Umstellungsfähigkeit

9

Allgemeine Prinzipien des Konditionstrainings

Tabelle 2 Konditionsformen und Sportarten

Anmerkung: Detaillierte Konditions-Strukturmodelle sind z. B. bei LETZELTER/LETZELTER (1982), BRACK (1983), MAHLO (1984) und SCHMIDTBLEICHER (1987) zu finden.

**Konditions-
formen und
Sportarten**

Kondi-tionsform	Anwendungs-bereich (Sportart)	Notwendige Kondi-tionselemente	Trainingsstufe
allgemeine Kondition	als Grundlage für alle Sportarten im Leistungssport. Weiterhin wichtig: in der Schule, für Fitneß, Prävention, Rehabilitation, Alterssport	Kraft, Schnelligkeit, Ausdauer, Beweglichkeit	im Grundlagen-training (= 1. Stufe eines gezielten Trainings)
spezielle bzw. sportart-spezifische Kondition	Fechten	Reaktionsschnelligkeit, Kraftausdauer, aerobe und anaerobe Ausdauer, Beweglichkeit, Aktionsschnelligkeit	Aufbau- und Hochleistungs-stufen (= 2.–5. Stufe)
	Fußball Handball Basketball Hockey	Schnellkraft, aerobe und anaerobe Ausdauer, Flexibilität, Aktions- und Frequenzschnelligkeit	Aufbau- und Hochleistungs-stufen
	Gewichtheben	Max. Kraft, Schnellkraft, Beweglichkeit	Aufbau- und Hochleistungs-stufen
	Golf	Schnellkraft, aerobe Ausdauer	Aufbau- und Hochleistungs-stufen
	Judo Karate u. ä.	Reaktionsschnelligkeit, Kraftschnelligkeit, Kraftausdauer, aerobe und anaerobe Ausdauer, Beweglichkeit	Grundlagen- bis Hochleistungs-stufen
	Marathonlaufen	aerobe Ausdauer	Grundlagen- bis Hochleistungs-stufen
	Rudern	aerobe und anaerobe Ausdauer, Kraftaus-dauer, Max. Kraft	Grundlagen- bis Hochleistungs-stufen

Tabelle 2 Fortsetzung

Kondi-tionsform	Anwendungs-bereich (Sportart)	Notwendige Kondi-tionselemente	Trainingsstufe	Konditions-formen und Sportarten
	Schießen	Max. Kraft, Kraftausdauer, aerobe Ausdauer	Grundlagen- bis Hochleistungs-stufen	
	Schwimmen	aerobe und anaerobe Ausdauer, Kraftaus-dauer, Beweglichkeit	Grundlagen- bis Hochleistungs-stufen	
	Ski alpin	Max. Kraft, Schnellkraft, Kraftausdauer, anaerobe Ausdauer, Beweglich-keit, Reaktionsschnellig-keit	Aufbau- und Hochleistungs-stufen	
	Ski nordisch	aerobe und anaerobe Ausdauer, Kraftausdauer		
	Sprinten	Reaktionsschnelligkeit, Sprintkraft, Frequenz-Schnelligkeit, Sprint-Ausdauer, Beweglichkeit	Aufbau- und Hochleistungs-stufen	
	Tennis	Reaktions- und Aktionsschnelligkeit, Schnellkraft, aerobe Ausdauer, Beweglichkeit	Aufbau- und Hochleistungs-stufen	
	Turnen	Max. Kraft, Schnellkraft, Beweglichkeit, anaerobe Ausdauer	Aufbau- und Hochleistungs-stufen	
	Werfen	Max. Kraft, Schnellkraft, Beweglichkeit	Aufbau- und Hochleistungs-stufen	

unter dem Überbegriff Gewandtheit. Der Beweglichkeit (Flexibilität) wurde und wird häufig eine Zwischenstellung eingeräumt, d. h., sie ist eine gemischt kondi-tionell-koordinative Fähigkeit.

Berücksichtigt man heute die neueren Kenntnisse zur Kraft (vgl. Kapitel 2), zur Schnelligkeit (vgl. Kapitel 3) und zu den koordinativen Fähigkeiten (HIRTZ, 1985) und möchte man andererseits die historisch gewachsene Strukturierung nicht ganz verwerfen, so läßt sich eine Gliederung der sportmotorischen Fähigkeiten wie in Tab. 1 erstellen.

Erscheinungsformen der Kondition

Es kann grundsätzlich in eine
- allgemeine und
- spezielle Kondition unterschieden werden.

Allgemeine und spezielle Kondition

Während sich die *allgemeine Kondition* auf ein vielseitiges Grundlagentraining bzw. auf eine allseitige und harmonische Ausbildung und Entwicklung des kardiopulmonalen Systems (Herz-Kreislauf), der Muskelkraft und Beweglichkeit bezieht und als Grundlage für fast alle Sportarten zu sehen ist, beschränkt sich die *spezielle Kondition* – ausgehend von der allgemeinen Basis – auf die Entfaltung sportartenspezifischer (leistungsbestimmender) Fähigkeiten (z. B. aerobe Ausdauer beim Marathonläufer); diese werden vorwiegend in den Stufen des Aufbau- und Hochleistungstrainings entwickelt (s. S. 16 f.).

Beispielhaft können folgende Erscheinungsformen der Kondition an nachstehenden Sportarten aufgezeichnet werden:

Konditionsentwicklung

Konditionsentwicklung ist neben dem Alter des Sportlers, der spezifischen organischen und/oder muskelmäßigen Veranlagung, der koordinativen Steuerung und der psychischen Fähigkeiten insbesondere von einem gezielten Training abhängig.

Die Entwicklung durch Training selbst beruht auf den Prozessen der *biologischen Anpassung* (Adaptation). Um diese Prozesse auslösen zu können und Anpassungen zu einem Optimum zu führen, ist es hilfreich, sich bei der Planung und Durchführung des Konditionstrainings an sog. **Trainingsprinzipien** zu orientieren.

Konditionstrainingsprinzipien

Belastungsgestaltung und Trainingsprinzipien

Belastungsgestaltung

Für die Kondition eines Sportlers sind neben den bereits erwähnten Realisierungsvoraussetzungen (S. 7 f.) auch die entsprechende **Belastungsgestaltung** und **Steuerung der Trainingsbelastung** maßgebend.

Für konkrete und eindeutige Angaben zu diesen trainingsmethodischen Bereichen sind einerseits klare Begriffe (siehe nächster Abschnitt) und andererseits Kenntnisse über allgemeingültige Gesetzmäßigkeiten (= Trainingsprinzipien, s. S. 18 ff.) unerläßliche Voraussetzungen.

Im folgenden wird auf diese beiden recht umfassenden Bereiche nur in aller Kürze und lediglich bezüglich der Relevanz für das Konditionstraining eingegangen. Das trifft vor allem für die Trainingsprinzipien zu, die in der Trainingslehre-Literatur eine namentlich und zahlenmäßig recht unterschiedliche Nennung erfahren (vgl. HARRE 1986; GROSSER et al. 1986; MARTIN et al. 1991 und 1999).

Grundbegriffe zur Belastungsgestaltung

Training ist ganz *allgemein* ein Sammelbegriff aller Maßnahmen des Prozesses zur Steigerung, Stabilisierung und teilweise auch Reduzierung (»Abtrainieren«) der sportlichen Leistung.

Definition von Training

Aus *medizinisch-biologischer* Sicht bedeutet Training funktionelle Anpassung bzw. Umstellung, die für den konditionellen Bereich (Ausdauer, Kraft, Schnelligkeit)

● metabolisch (den Stoffwechsel betreffend) und

● morphologisch (die Muskelzellen, Kapillaren u. a. betreffend)

nachweisbar ist.

Für den koordinativ-technischen Bereich finden Anpassungsvorgänge auf zentralnervöser und kognitiver Ebene (Gehirn, Nervenbahnen, Rückenmark) statt. Unterstützt werden beide Bereiche durch psychische Anpassungen.

Aus *pädagogisch-handlungstheoretischer* Sicht finden hierbei planmäßige und sachorientierte Einwirkungen auf den ganzen Menschen statt.

Training im biologischen Sinne ist ein anpassendes Reagieren menschlicher Systeme (z. B. Herz-Kreislauf-System, Muskelsystem, Zentralnervensystem, hormonelles System) nach einer *Ursache-Wirkungs-Kette* (vgl. Abb. 2, S. 14). Zentrale Bedeutung in diesem Komplex haben *Trainingsbelastung, Trainingsbeanspruchung* und *Trainingsanpassung (biologische Anpassung)* – sie führen zu einem entsprechenden *Leistungszustand*.

Trainingsbelastung = Gesamtheit der auf den Organismus einwirkenden Belastungsreize. Gewöhnlich wird zwischen äußerer und innerer Belastung unterschieden. Die äußere Belastung wird über die Belastungskomponenten (siehe S. 13 f.) durch Angaben zu Intensitäten, Übungswiederholungen, Zeiten etc. quantitativ erfaßt. Die innere Belastung (**= Beanspruchung**) stellt die biologische Reaktion der Organsysteme auf die äußere Belastung dar. Sie kann vor allem mit physiologischen und biochemischen Parametern (z. B. Herzfrequenz, Blutlaktatwerte, Serum-Harnstoffwerte) deutlich gemacht werden.

Trainingsbelastung

Trainingsanpassung (Trainingsadaptation) = die funktionelle und morphologische Veränderung der Organsysteme auf die wirksamen Belastungsreize hin. Die Anpassung äußert sich gewöhnlich zweifach: in einer Vergrößerung der Leistungsreserven und in der Fähigkeit zu tieferer Ausschöpfung der Reserven. Letzteres wird vor allem durch das Verschieben der Mobilisationsschwelle eines Trainierten deutlich (vgl. Abb. 3, S. 14).

Trainingsanpassung

Belastungskomponenten (Belastungsnormative, Belastungsmerkmale) = maßgebende Größen für die Festlegung (Dosierung) der Trainingsbelastung. Es sind dies Belastungsintensität, -dauer, -dichte, -häufigkeit, -umfang und Trainingshäufigkeit. Sie beeinflussen sich gegenseitig (Umfang und Intensität z. B. gegensinnig), was bei Änderung einer Komponente stets zu beachten ist.

Belastungskomponenten

Belastungsintensität (Trainingsintensität) = Stärke des Belastungsreizes; Anstrengungsgrad, mit dem eine Übung ausgeführt wird. Sie wird in Zeiten, Geschwindigkeiten, Lasten oder physiologischen Parametern (z. B. Laktatkonzentration, Herzfrequenz) erfaßt (vgl. hierzu Tab. 3, S. 15). In der Praxis sind auch Rangskalen in Gebrauch.

Belastungsdauer (Reizdauer) = Zeitdauer eines Einzelreizes oder einer Übungs-

Biologische Ursache-Wirkungs-Kette

Abbildung 2 Training als biologische Ursache-Wirkungs-Kette

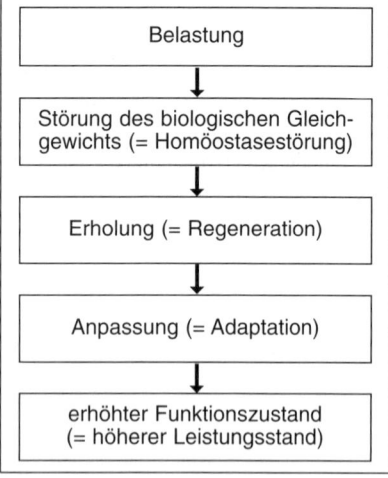

Belastung

↓

Störung des biologischen Gleichgewichts (= Homöostasestörung)

↓

Erholung (= Regeneration)

↓

Anpassung (= Adaptation)

↓

erhöhter Funktionszustand (= höherer Leistungsstand)

Abbildung 3 Verschieben der Mobilisationsschwelle durch Training. Im untrainierten Zustand ist es dem Menschen selbst bei maximaler willentlicher Anstrengung nicht möglich, mehr als 70% seiner genetisch vorgegebenen Energiereserve für eine Leistung freizusetzen. Durch jahrelanges Training ist der Hochleistungssportler jedoch in der Lage, den Bereich seiner willentlich aktivierbaren Reserven zu vergrößern. In die autonom geschützten Reserven kann aber nur unter extremsten Bedingungen (z. B. Todesangst, Doping) vorgedrungen werden (modifiziert nach GRAF 1961 und HOLLMANN/HETTINGER 1980; aus GROSSER/ZIMMERMANN 1981, 115)

Mobilisationsschwelle

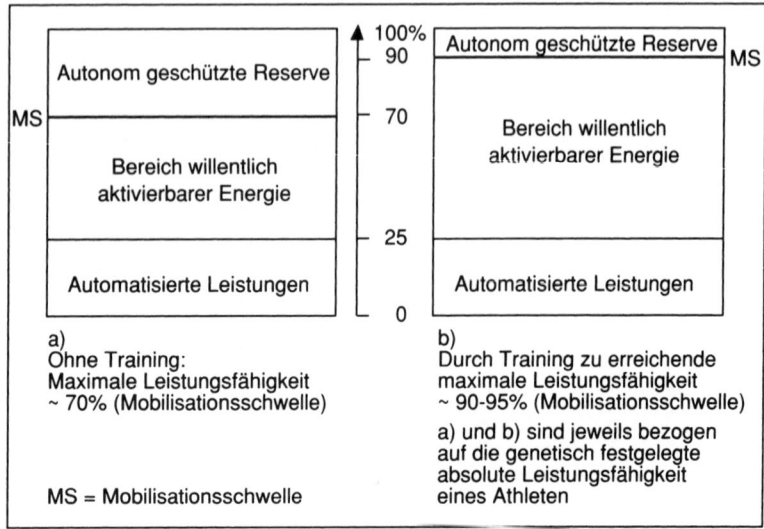

a)
Ohne Training:
Maximale Leistungsfähigkeit
~ 70% (Mobilisationsschwelle)

MS = Mobilisationsschwelle

b)
Durch Training zu erreichende maximale Leistungsfähigkeit
~ 90-95% (Mobilisationsschwelle)

a) und b) sind jeweils bezogen auf die genetisch festgelegte absolute Leistungsfähigkeit eines Athleten

serie. Sie wird durch Zeitangaben (Sekunden, Minuten, Stunden) oder durch Wiederholungszahlen erfaßt.

Belastungsdichte (Reizdichte) = Zeitspanne zwischen den einzelnen Belastungsreizen, mit der der Wechsel zwischen Belastung und Erholung reguliert wird. Es wird damit auch eine Aussage über die *Pausenlänge* zwischen den Belastungsreizen getroffen. Grundsätzlich gibt es *zwei Funktionen* der Belastungspausen: Abbau der Ermüdung bei *vollständiger* Pause und weiterer Ablauf von Anpassungsvorgängen bei *unvollständiger (= lohnender)* Pause.

Belastungsumfang (Trainingsumfang, Reizumfang) = Gesamtmenge an Belastungsreizen in einer Trainingseinheit oder auch über längere Trainingsabschnitte (Mikro- und Mesozyklen).

Trainingshäufigkeit = Anzahl der Trainingseinheiten, meist auf den Mikrozyklus (7–10 Tage) bezogen. **Trainingshäufigkeit**

Trainingsinhalt (Trainingsübung) = Tätigkeit, die im Training ausgeübt wird, um **Trainingsinhalte**
die Trainingsziele zu erreichen. Die sinnvollste Unterteilung ist die nach der Bewegungsstruktur im Vergleich zur Disziplinbewegung:

- *Allgemein entwickelnde Übungen* sind mit der disziplinspezifischen Bewegung in Umfang und Dynamik nicht verwandt. Z. B. beidbeinige Strecksprünge aus der Hockstellung im Vergleich zu Startübungen im Sprint.
- *Spezialübungen (Imitationsübungen)* enthalten einzelne Elemente der Disziplinbewegung und stimmen darin annähernd auch in der Dynamik überein. Z. B. einbeinige Schrittwechselsprünge vorwärts im Vergleich zum Sprintlauf.
- *Wettkampfübungen* sind im Gesamtbewegungsablauf zumindest annähernd mit der Zieltechnik identisch. Z. B. fliegende Sprints.

Trainingsmethode = planmäßiges Verfahren, das gemäß dem Trainingsziel die **Trainingsmethode**
Trainingsinhalte, Trainingsmittel und die Belastungsweise festlegt. Eigenständige Grundmethoden haben sich vor allem im Konditionsbereich herauskristallisiert (Dauer-, Intervall-, Wiederholungs-, Kontrollmethode). Innerhalb dieser gibt es viele Varianten (z. B. Pyramidenmethode im Krafttraining, Mittelzeit-Intervallmethode oder variable Dauermethoden im Ausdauertraining). Im Techniktraining sind

Tabelle 3   Rangskala für die Belastungsintensitäten

| | Kraft | Schnellkraft | Schnelligkeit | Ausdauer | **Belastungs-** |
	Prozent der Maximalkraft	Prozent des maximalen Impulses	Prozent der maximalen Bewegungs-schnelligkeit	Prozent der maximalen Sauerstoffaufnahme	**intensität**
maximal	100–90	100–90	100–95	100–85 > 180 Hf*	
submaximal	90–80	unter 90	95–85	85–75 180–165 Hf	
mittel	80–70	–	–	75–60 165–150 Hf	
leicht	70–50	–	–	60–50 150–140 Hf	
gering	50–30	–	–	50–30 140–130 Hf	

* Geltungsbereich: 20–30jährige Erwachsene

von grundsätzlicher Art die Ganzheitsmethode, die Teilmethode und die Ganz-Teil-Ganz-Methode.

Trainingsart

Trainingsart = Ausrichtung des Trainings auf die Komponenten der sportlichen Leistung (Kondition, Technik, Taktik) und deren Elemente. Demgemäß sind hier Bezeichnungen wie Konditions-, Taktik-, Ausdauer-, Schnelligkeits-, mentales, observatives, Verteidigungs- und Angriffstraining einzuordnen.

Trainingsform

Trainingsform = Verbindung von Trainingsinhalt mit einer bestimmten Belastungsmethode. Z. B. Intervall-Hügelläufe als leichtathletischer Lauf oder auch Ins-and-Outs im Sprinttraining in Verbindung mit der intensiven Wiederholungsmethode.

Trainingsmittel

Trainingsmittel = Gerät oder Maßnahme, die den Trainingsablauf unterstützen. Übersichtshalber kann die Vielzahl der zum Einsatz kommenden Mittel noch gegliedert werden in solche organisatorischer Art (z. B. Aufstellungsformen, Spuranlagen), informativer Art (z. B. Bewegungserklärungen, audiovisuelle Medien) und gerätemäßiger Art (z. B. Gewichtswesten, Hanteln, Schwimmflossen).

Trainingsplanung

Trainingsplanung = ein »Vorgriff auf die Zukunft«, ein vorausschauendes systematisches Verfahren, das charakterisiert ist durch die fortlaufende Anpassung an die Trainings- und Wettkampfwirklichkeit (somit kein festgeschriebener Vorgang), an den Aufbau in zeitliche Phasen, an die Möglichkeiten der Periodisierung und somit auch durch die Biorhythmik und physiologischen Leistungskurven des Menschen.

Trainingsstufen

Trainingsstufe = zeitlicher Abschnitt im langfristigen (mehrjährigen) Trainingsaufbau. Nach allgemeiner Zielsetzung werden Grundlagen- (= Anfänger-), Aufbau- (= Fortgeschrittenen-), Anschluß- (= Könner-) und Hochleistungstraining (= Spitzenathleten) unterschieden (vgl. auch Tab. 50, S. 183). Erfahrungsgemäß erstreckt sich bis zum Erreichen eines Spitzenleistungsniveaus jede Stufe auf ca. 2–4 Jahre, also insgesamt ca. 8–15 Jahre (vgl. Tab. 4); mitunter auch noch länger.

Weitere Grundbegriffe

Trainingszyklus = Planungsabschnitt vom zeitlich umfangreichsten (wie Mehrjahres- und Jahreszyklus) über mittlere (wie Perioden, Makro- und Mikrozyklus) bis zum kleinsten (wie Tageszyklus und Trainingseinheit).

Trainingseinheit = ein inhaltlich, zeitlich und organisatorisch geschlossenes Ganzes; ihre Struktur ist meist eine Dreiteilung: Aufwärmen – Hauptteil – Abwärmen.

Trainingskontrolle = Erfassen des Trainingszustandes (= Leistungs-Ist-Situation) bzw. einzelner Komponenten (z. B. Schnellkraft, Sprintausdauer) mittels sportmotorischer, physiologischer, biomechanischer, biochemischer und Beobachtungs-Verfahren (= Tests).

Trainingsdokumentation = Registrierung, Protokollierung der Trainings- und Wettkampfleistungen und der situativen Einflüsse.

Trainingsalter = der Zeitraum in Jahren, den man bereits trainiert hat.

Trainingsmaßnahmen = trainingsbegleitende Aspekte wie Wiederherstellungsmaßnahmen (Massagen, Ernährung, aktive Erholung), Aufwärmen, Abwärmen, Bekleidung usw.

Trainingsanwendungsbereich/Trainingsklasse = alters- bzw. entwicklungsstufenangepaßter Trainingsabschnitt, der den biologisch-motorischen Entwicklungsstand und das geistig-seelische Niveau bei der Auswahl von Trainingszielen, Trainingsinhalten und Trainingsmethoden berücksichtigt. Demnach wird *Kinder-*,

Tabelle 4 Trainingsstufen mit Zeiträumen, Trainingshäufigkeit, Konditionselementen und Alter

Trainings-stufen	Zeitraum in Jahren	Trainings-häufig-keit pro Woche	Konditionselemente und Alter (vgl. auch Tab. 49, S. 182)								
			Maxi-mal Kraft	Schnell-kraft	Kraft-aus-dauer	aerobe Aus-dauer	anerobe Aus-dauer	Reak-tions-schnel-ligkeit	azykl. max. Schnel-ligkeit	zykl. max. Schnel-ligkeit	Beweg-lichkeit
Grund-lagen-training (Anfänger-stufe)	2–4 Jahre	3–4 mal	14–15	10–13/14	12–14	8–12	12–14/15	8–12	10–13	10–13	5–8
Aufbau-training (Fortge-schritte-nenstufe)	2–4 Jahre	4–8 mal	16–18	14–16	16–18	13–16	15–17	13–16	13/14–16	13/14–16	9–12
Anschluß-training (Könner-stufe)	2–3 Jahre	6–10 mal	18–20	17–18	18–19	16/17–18	17/18–19	16/17–18	17–18	17–18	13–15
Hoch-leistungs-training (Spitzen-athleten)	nach ca. 6–9 Jahren	8–22 mal	ab 20	ab 18/19	ab 19/20	ab 18	ab 20	ab 18/19	ab 18/19	ab 18	ab 16

Anmerkung: Vergleiche auch die mögliche Stufeneinteilung des langfristigen Leistungsaufbaus im Kindes- und Jugendalter (S. 183, Tabelle 50).

Jugend- und Erwachsenentraining unterschieden. Eine Zuordnung von Trainingsstufen und Trainingsklassen (Grundlagentraining = Kindertraining, Aufbautraining = Jugendtraining, Hochleistungstraining = Erwachsenentraining) ist nicht korrekt. Nur in wenigen Sportarten trifft dies auch inhaltlich zu.

Trainingsziele **Trainingsziel** = Zielsetzung des Trainings. Je nach Grad der Verallgemeinerung kann ein Trainingsziel unterschiedlich formuliert sein:

- *Übergeordnete Ziele (Grobziele)* auf oberster Entscheidungsebene sind z. B. Hochleistung, Fitneß, Gesundheit oder auch im Rahmen des Leistungssports die Plazierung unter den ersten drei bei den nächsten Meisterschaften.

- *Teilziele (Feinziele)* auf mittlerer Ebene sind meist konkrete Angaben im Rahmen der Komponenten der sportlichen Leistung, wie z. B. Verbesserung der Kondition oder der Lauftechnik im Sprint.

- *Zielfaktoren (Feinstziele)* auf unterster Entscheidungsebene sind direkt ins Training übertragbar (operationalisierbar). Meist handelt es sich um Konditionselemente, Formen der Bewegungstechnik oder um bestimmte Taktikvarianten. Beispiele: Verbesserung der Maximalkraft, der Reaktivkraft oder der Sprintausdauer.

Gelegentlich ist auch noch eine Aufgliederung nach psychomotorischen, kognitiven und affektiven Lernzielen (MATWEJEW 1981) anzutreffen.

Trainingsprinzipien

Erklärung von Trainingsprinzipien Trainingsprinzipien, verstanden als allgemeine Grundsätze, als orientierende Aussagen für die Planung und Durchführung des sportlichen Trainings, beruhen auf sportwissenschaftlichen Erkenntnissen und auf Trainer-/Expertenerfahrungen. Sie beziehen sich meist auf den gesamten, ganzheitlichen Zusammenhang des dynamischen Trainings- und Wettkampfprozesses. Trainingsprinzipien lassen Trainer und Athleten Ermessensspielräume für Training und Wettkampf, sie sind also nicht als feste Vorschriften zu verstehen, beinhalten jedoch letztlich Gesetzmäßigkeiten mit hoher trainingspraktischer Allgemeingültigkeit. Für die hier getroffene Auswahl (Tab. 5) waren zwei Gesichtspunkte maßgebend: das Vorliegen eines biologischen Hintergrunds und die Bedeutung für die Entwicklung konditioneller Fähigkeiten (weitere Einteilungen von Trainingsprinzipien vgl. MARTIN et al. 1999, 181–184).

Biologische Hintergründe Einige **biologische Hintergründe für Trainingsprinzipien** können – auf der Basis einer Vielzahl sportwissenschaftlicher Untersuchungsergebnisse und sportpraktischer Erfahrungen (wobei bis dato vieles nicht geklärt ist; vgl. HARTMANN/MADER 1999, 72 ff.) – am Beispiel *»Zeitlicher Ablauf der Anpassungsprozesse im Ausdauertraining«* (vgl. NEUMANN 1993) überblicksartig angeführt werden:

Generell gilt: Wenn im Verlauf eines regelmäßigen Trainings durch reizwirksame, überschwellige Belastungen dem Organismus neuromuskuläre und energetische Engpässe aufgezwungen werden, dann versucht er, die Arbeitsbereiche der beanspruchten Systeme zu verändern. Er steuert die Arbeitsweise des neuromuskulären Systems um und vergrößert allmählich die Kapazität des Energiepotentials. Diese wiederholten, durch Trainingsbelastungen provozierten Umstellungsprozesse führen dann schrittweise zur Anpassung.

Tabelle 5 Übersicht zu den Trainingsprinzipien und zugehörigen biologischen Gesetz-mäßigkeiten / Einflußfaktoren

Bedeutung für das Geschehen	Trainingsprinzip (P)	Biologischer Einflußfaktor
Auslösung der Anpassung	P. des wirksamen Belastungsreizes	Reizstufenregel
	P. der progressiven Belastungssteigerung • allmählich • sprunghaft	parabolischer Kurvenverlauf des Adaptationsprozesses
	P. der Variation der Trainingsbelastung	Reizstufenregel
Sicherung der Anpassung	P. der optimalen Gestaltung von Belastung und Erholung	Superkompensation, Hetero-chronizität der Adaptation
	P. der Wiederholung und Kontinuität	Deadaptation
	P. der Periodisierung und Zyklisierung	Phasencharakter des Adapta-tionsverlaufs
Spezifische Steuerung der Anpassung	P. der Individualität Altersgemäßheit	individuelle Adaptationsfähig-keit; genetisch begrenzte maximale Funktionskapazität
	P. der zunehmenden Spezialisierung	spezifische Adaptation; genetisch begrenzte An-passungsreserve
	P. der regulierenden Wechselwirkung einzelner Trainingselemente	Wechselwirkung von spezi-fischer und unspezifischer Adaptation

Es können hierbei **vier Anpassungsstufen** unterschieden werden:
Stufe 1: Veränderung des motorischen Steuerprogramms – 7. bis 10. Tag
Beobachtet werden kann ein verbesserter Bewegungsablauf, die muskuläre Ermü-dung setzt später ein, die Energieversorgung belasteter Muskelgruppen verbessert sich und die Rekrutierung von schnell und langsam kontrahierenden Muskelfasern paßt sich den Erfordernissen der Sportart an.

Stufe 2: Vergrößerung der Energiespeicher – 10. bis 20. Tag
Die Engpaßsituation »anhaltender Glykogenmangel« ist auch als auslösender Reiz für die Zunahme und Umverteilung dieses Energiespeichers anzusehen; die Zu-nahme der Energiespeicher benötigt nun mehr Raum in der Muskelfaser. Wenn dann im Ausdauertraining eine Widerstandskomponente (Kraftausdauertraining) hinzukommt, ist eine wesentliche physiologische Voraussetzung für eine Muskel-hypertrophie gegeben. Nach Untersuchungen von MADER (1977) ist es für diese muskuläre Anpassung entscheidend, daß die durch wiederholte Belastungen ver-schlissenen Proteinstrukturen und ihre Fragmente die Transkriptionsrate des jewei-ligen Gens aktivieren. Für die Erhöhung der muskulären Leistungsfähigkeit sind der Strukturverschleiß durch das wiederholte Training (belastungsbedingter Pro-teinverlust) und der damit verbundene Energiemangel die entscheidenden Reize.

19

Zur Vergrößerung der Energiespeicher und zur Einleitung der Muskelhypertrophie wird ein Zeitraum von mindestens 20 Tagen als notwendig erachtet.

Stufe 3: Optimierung geregelter Systeme und Strukturen – 20. bis 30. Tag

Die Veränderung der Muskulatur in ihrem Aufbau macht die Erarbeitung eines neuen Gleichgewichts mit den sie ansteuernden motorischen Einheiten erforderlich, die Muskelfasern müssen adäquat zur sportartspezifischen Belastung aktiviert werden. Dieser störanfällige Prozeß findet in der Regel zwischen der 3. und 4. Trainingswoche statt und erfordert eine deutliche Senkung der Belastung. Die Änderung der Trainingsbelastung nach etwa drei Wochen Training – empfohlen wird, die Gesamtbelastung um mindestens 30% zu vermindern – führt zu einem geringeren Gesamtenergieverbrauch und erleichtert die Reizverarbeitung in der 4. Trainingswoche.

Stufe 4: Koordinierung der Hierarchie der Systeme – 30. bis 40. Tag

Wenn sich die zentralen Steuerhierarchien (Neuroendokrinum, Vegetativum und Immunsystem) mit dem neuen Zustand in der Muskulatur abgestimmt haben, ist für den Athleten ein vorübergehend stabiler Zustand erhöhter, effektiverer Leistungsfähigkeit erreicht. Dieser zentrale und periphere Funktionsabgleich ist ein zeitgebundener Prozeß und benötigt etwa zwei Wochen bis zu seiner Vervollkommnung; die Koordinierung der Systeme ist somit nach etwa 40 Tagen abgeschlossen. Ist diese Anpassungsstufe individuell verfügbar, vermindert sich der biologische Aufwand zur Belastungsbewältigung, wie dies Messungen von Herzfrequenz, maximaler Sauerstoffaufnahme und Laktat belegen.

Die pädagogisch orientierten Grundsätze (z. B. Anschaulichkeit, Faßlichkeit, Bewußtheit, Systematik) werden hier nicht weiter behandelt.

»Leitprinzip« Ein »Leitprinzip« – in Anlehnung an einen neueren Ansatz der Klassifizierung von »Prinzipien des sportlichen Trainings« von G. SCHNABEL (1994) formuliert – sollte bei der Planung und Gestaltung von (leistungsorientiertem) Konditionstraining berücksichtigt werden; nämlich das

Prinzip der Entwicklungs- und Gesundheitsförderung

Konditionstraining ist so zu gestalten, daß es die physische, psychische bzw. motorische Entwicklung zu keinem Zeitpunkt hemmt, sondern fördert und unter verantwortungsbewußter Vermeidung oder weitestgehender Reduzierung von Risiken die Gesundheit allseitig fördert. Mit Hilfe des Konditionstrainings ist eine breite Grundlage körperlich-motorischer Leistungsfähigkeit und Belastungsverträglichkeit zu schaffen; auf dieser Basis kann dann ein rechtzeitig und zunehmend speziell auf die angestrebte Leistungsdisziplin ausgerichtetes Training durchgeführt werden. Rechtzeitig bedeutet auch, daß die für die einzelnen konditionellen Fähigkeiten günstigen Altersabschnitte bestmöglich genutzt werden (vgl. auch Kapitel 6).

Die Trainingsprinzipien können auch gruppiert werden, wenn man nach ihrer Bedeutung bezüglich der Trainingsanpassung fragt: Sie können entweder der Auslösung, der Sicherung oder der spezifischen Steuerung des Adaptationsgeschehens dienen. Demnach werden Belastungs-, Zyklisierungs- und Spezialisierungsprinzipien unterschieden (GROSSER et al. 1986).

Prinzipien zur Auslösung der Anpassung

Prinzip des wirksamen Belastungsreizes

Dieser Grundsatz sagt aus, daß der Trainingsreiz eine bestimmte *Intensitäts-schwelle* überschreiten muß, um überhaupt eine Anpassungsreaktion auszulösen, d. h., um trainingswirksam zu sein. Biologischer Hintergrund ist die *Reizstufenregel* (häufig auch als Schultz-Arndtsche Regel bezeichnet, was historisch nicht korrekt ist), nach der im Hinblick auf funktionelle und morphologische Anpassungsänderungen *unterschwellige* (= unter der wirksamen Reizschwelle), *überschwellig schwache, überschwellig starke* und *zu starke* Reize unterschieden werden. Unterschwellige Reize bleiben wirkungslos, überschwellig schwache erhalten das Funktionsniveau, überschwellig starke (= optimale) lösen physiologische und anatomische Änderungen aus; zu starke Reize schädigen die Funktion. Der Schwellenwert des Belastungsreizes hängt vom Leistungszustand des Sportlers ab.

In den einzelnen Kapiteln zur Kraft, Ausdauer usw. sind bei den Trainingsmethoden die jeweiligen wirksamen Belastungsreize angegeben.

Reizstufen-regel

Prinzip der progressiven Belastungssteigerung

Wenn Trainingsbelastungen über eine längere Zeitdauer gleich bleiben, hat sich der Organismus so angepaßt, daß dieselben Belastungsreize nicht mehr überschwellig stark wirken oder sogar unterschwellig werden. Jedenfalls rufen sie keine weitere Leistungssteigerung hervor. Die Konsequenz daraus ist eine fortschreitende Steigerung der Trainingsbelastung in gewissen Zeitabständen. Je nach biologischem Alter, Trainingsalter und Entwicklungsniveau der entsprechenden sportmotorischen Fähigkeit kann diese Belastungssteigerung *allmählich* oder *sprunghaft* geschehen. Die Steigerung in kleinen Schritten (allmählich) ist immer sinnvoll, solange über diese Art noch eine Leistungsverbesserung erreicht wird. Die möglichen unangenehmen Begleitumstände von Belastungssprüngen (erhöhte Schädigungsmöglichkeit, Leistungsinstabilität) können damit zurückgedrängt werden. Ein sprunghafter Belastungsanstieg wird jedoch bei hohem Trainingszustand notwendig, wenn die geringen Erhöhungen der äußeren Belastung keine bleibenden Beanspruchungsfolgen mehr bewirken. Eine beträchtliche und damit abrupte Erhöhung der Anforderungen zwingt den Organismus zu weiteren Anpassungsvorgängen. Voraussetzung dazu ist allerdings eine bereits gut entwickelte Leistungsfähigkeit. Um Stabilität des dann erhöhten Adaptationszustandes zu erreichen, sind längere Zeitspannen notwendig als beim kleinstufigen Fortschreiten.

Formen der Belastungs-steigerung

Möglichkeiten der *progressiven Belastungssteigerung* sind gegeben über *Änderung der Belastungskomponenten,* durch *höhere koordinative Ansprüche,* durch die *Zahl der Wettkämpfe.* Langfristig ist die Änderung der Belastungskomponenten in folgender Reihenfolge sinnvoll: Erhöhung der Trainingshäufigkeit (Trainingseinheiten pro Woche), Erhöhung des Trainingsumfangs innerhalb der Trainingseinheit, Verkürzung der Pausen, Erhöhung der Trainingsintensität.

Biologisch ist der Inhalt dieses Prinzips mit der Tatsache zu begründen, daß die biologische *Adaptation nicht linearen,* sondern *parabolischen Kurvenverlauf* zeigt, weil der Organismus bei hohem Anpassungszustand geringere Antwortreaktionen von sich gibt als vorher.

Parabolischer Kurvenverlauf

21

Prinzip der Variation der Trainingsbelastung

Ergotroper Effekt Im Rahmen wirksamer Trainingsbelastungen darf die Rolle des *sympathischen vegetativen Nervensystems (Sympathikus)* nicht übersehen werden. Der *Sympathikus* versetzt den Körper in den Zustand hoher Leistungsbereitschaft, was notwendige Voraussetzung für wirksame Trainingsbelastungen ist. Bei ständig gleichgearteter Stimulierung unterliegt er gewissermaßen auch der Reizstufenregel, und es zeigt sich eine Abnahme seines *ergotropen (leistungssteigernden) Effekts*. Gleichartige Trainingsreize über einen längeren Zeitraum führen deshalb zu einer Stagnation des Trainingsgewinns. Durch Änderung des Belastungsreizes kann die vorherige Stimulationslage wieder erreicht werden. Diese Variation der Belastungsreize hat sich im praktischen Trainingsgeschehen nicht nur auf Intensitätsänderungen, sondern vor allem auf den Wechsel von Trainingsinhalten, der Bewegungsdynamik, der Pausengestaltung, also auch der Trainingsmethoden zu beziehen. Sie stellen für den angesprochenen Bereich (vegetatives Nervensystem) eine *Unterbrechung der Belastungsmonotonie* dar und verursachen als ungewohnte Belastungsreize weitere Homöostasestörungen mit nachfolgenden Anpassungen.

Das Prinzip der Variation spielt eine wesentliche Rolle im Hochleistungstraining, weil dort im Zuge der Spezialisierung die Variation der Belastungskomponenten, -inhalte und -methoden von vornherein nicht mehr gegeben ist, das Eintreten von Leistungsbarrieren andererseits geradezu nach Variation des Trainings verlangt. Die Änderung ist dann im Rahmen eines vorgegebenen Intensitätsbereichs möglich und auch wirksam. (Anmerkung: Bei manchen Autoren wird das angesprochene Prinzip auch als Variante des Prinzips der progressiven Belastungssteigerung erklärt.)

Prinzipien zur Sicherung der Anpassung

Prinzip der optimalen Gestaltung von Belastung und Erholung

Superkompensation Dieser Grundsatz berücksichtigt die Tatsache, daß nach einer wirkungsvollen Trainingsbelastung (Trainingeinheit) eine gewisse Zeit der Wiederherstellung notwendig ist, um eine erneute gleichgeartete Belastung (nächste Trainingseinheit) bei günstigen Voraussetzungen durchführen zu können. Belastung und Erholung sind gewissermaßen als Einheit zu betrachten. Biologische Grundlage ist aus didaktischer Sicht (vgl. HARTMANN/MADER 1999, 72 ff.) das *Phänomen der Superkompensation* (Abb. 4), demzufolge es nach einem entsprechend starken Belastungsreiz nicht nur zur Wiederherstellung (= Kompensation) des Ausgangsniveaus, sondern zu einer Überkompensation (= erhöhte Wiederherstellung) der beanspruchten Energiespeicher (Kreatinphosphat, Glykogen) kommen kann. Das erhöhte Niveau bleibt aber nach einer einmaligen Belastung nicht erhalten, sondern bildet sich wieder zurück. Die Niveaukurve pendelt gewissermaßen um die Linie des Ausgangsniveaus aus. Damit kann sich neben der ersten Superkompensation noch ein zweiter – allerdings bereits niedrigerer – Superkompensationsgipfel zeigen. Die optimale neue Belastung muß logischerweise auf den Höhepunkt der Superkompensationsphase Rücksicht nehmen.

Da die *Wiederherstellung* der verschiedenen Energiespeicher bzw. biologischen Beanspruchsbereiche einen *unterschiedlichen Zeitverlauf* zeigt, ist dieser *Heterochronismus* (= Verschiedenzeitigkeit) *der Regeneration* nach Belastung im ange-

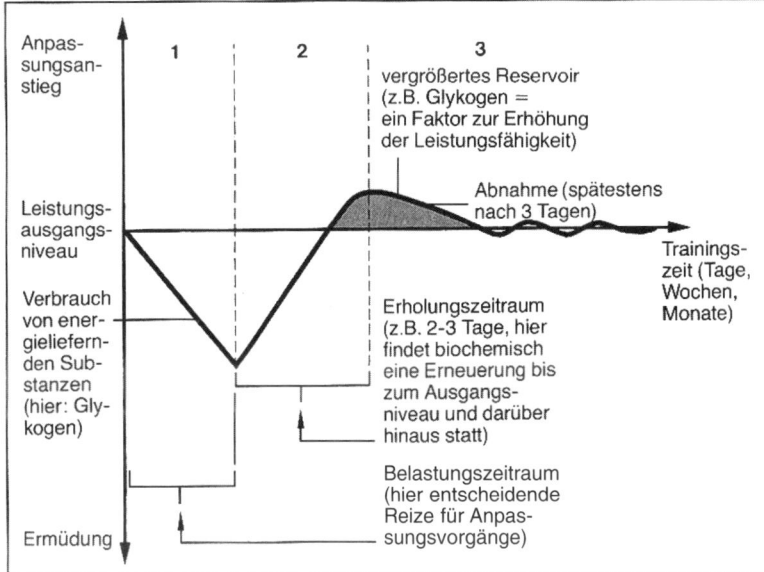

Abbildung 4 Veranschaulichungsschema der biologischen Anpassung – gilt insbesondere für die Prozesse der Glykogendepotvergrößerung (modifiziert nach Jakowlew 1977)

sprochenen Trainingsprinzip neben der Superkompensation mit zu beachten (vgl. auch Tab. 6, S. 24). Abb. 5 (S. 24) zeigt als Beispiel die Verhältnisse hinsichtlich der Glykogenreserven, die bei Ausdauerbelastungen ja eine bedeutende Rolle spielen können. Zeitlich länger (5–7 Tage) dauern die Regenerationszeiten, wenn z.B. der Elektrolyt- und Hormonhaushalt durch die Belastung stark beansprucht wurde oder Mitochondrieneiweiße in Mitleidenschaft gezogen worden sind. In der Trainingspraxis ist es nicht einfach, den jeweiligen optimalen Zeitpunkt der Wiederbelastung zu finden, da außer der vorausgegangenen Belastung auch die individuelle Anpassungsfähigkeit, die Ernährung und sonstige trainingsbegleitende Maßnahmen Einflußfaktoren auf den Kurvenverlauf darstellen. Letztlich führen neben dem theoretischen Wissen nur Erfahrung (der Trainer) und Beobachtung der individuellen Verhältnisse (der Athleten) zu konkreten Ergebnissen.

Es ist außerdem zu beachten, daß bei Trainingsanfängern die Umsetzung der Superkompensation in ein höheres Leistungsniveau sich wesentlich schneller vollzieht als bei schon jahrelang trainierenden Hochleistungssportlern. Bei letzteren wirkt der Superkompensationseffekt z. T. überhaupt nicht mehr, da »das Volumen der gesamten Anpassungskapazität des Organismus eine Grenze hat, die genetisch determiniert ist« (Martin et al. 1999, 326; vgl. auch Friedrich/Moeller 1999, 52 ff. und Mester/Perl 2000, 43–51). Die Anpassung von Hochleistungssportlern ist derzeit mit dem Modell des langzeitig verzögerten Trainingseffektes zu erklären (näheres hierzu vgl. Kapitel Kraft, S. 83 ff.).

Tabelle 6 Regenerationsprozesse, Trainingsbelastungen und Regenerationszeiten für Leistungssportler

Regenerations-prozesse und -zeiten

Regenerations-prozesse	Trainingsbelastungen		
	mit aerober Energiebereitstellung	mit anaerob-alaktazider und -laktazider Energiebereit-stellung	mit anaerob-alaktazider Energiebereitstellung und neuromuskulärer Beanspruchung
Laufende Regeneration	Bei 60–70%iger Intensität möglich		Bei Belastungen unter 6 Sek. nach 60–90 Sek. Pause möglich
90–95%ige Regeneration	Nach 6–8 Stunden (Intensität 75–90%)	Nach 6–10 Stunden	Nach ca. 10 Stunden
Vollständige Regeneration	Nach 12–24 Stunden (bei 75–90%iger Intensität)	Nach 24–36 Stunden	Nach 36–48 Stunden

Anmerkung: Bei sportlichen Anfängern und wenig Trainierten können sich die angegebenen Zeiten verdoppeln.

Abbildung 5 Heterochronizität des Regenerationsverlaufs bei gleichzeitigen trainingsbegleitenden Maßnahmen (modifiziert nach LIESEN et al. 1985, 8)

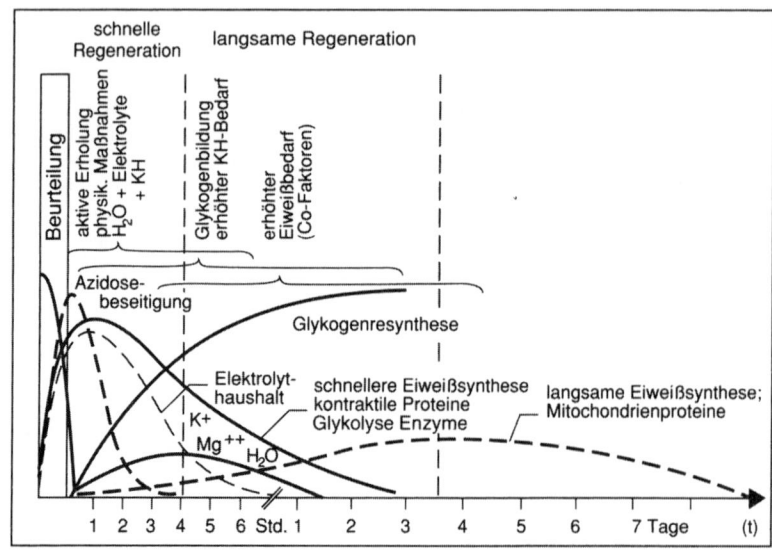

Prinzip der Wiederholung und Dauerhaftigkeit (Kontinuität)

Zum Erreichen einer optimalen Anpassung ist es notwendig, *mehrfach die Belastung zu wiederholen,* da für eine stabile Anpassung der Organismus zunächst eine Reihe von akuten *Umstellungen* einzelner Funktionssysteme durchlaufen muß. Die *»endgültige«* Adaptation ist erst erreicht, wenn über die Anreicherung von Substraten (= energiereiche Stoffe) hinaus auch in anderen Funktionssystemen (z. B. Enzymsystem, Hormonsystem) Umstellungen erfolgten, und vor allem auch das Zentralnervensystem als die Führungsinstanz von Bewegungsleistungen sich angepaßt hat. Es ist bekannt, daß sich die metabolischen und auch enzymatischen Umstellungsvorgänge relativ schnell vollziehen (2–3 Wochen) und für strukturelle (morphologische) Änderungen längere Zeitspannen (mindestens 4–6 Wochen) anzusetzen sind. Die steuernden und regelnden Strukturen des Zentralnervensystems benötigen die längste Anpassungszeit (Monate). Bleiben regelmäßige und dauerhafte Belastungsreize aus, so stellt sich eine *Rückbildung* der funktionellen und morphologischen Umstellungen ein *(Deadaptation).* Bei bereits vollzogener Anpassung kommt es damit zu einem Stabilitätsverlust des Steuer- und Regelsystems.

Deadaptation

Prinzip der Periodisierung und Zyklisierung

Ein Sportler kann nicht ganzjährig im Hochleistungszustand sein, da er sich damit im Grenzbereich seiner individuellen Belastbarkeit befindet. Sehr leicht ist damit die Gefahr verbunden, daß die *anabole* (= *aufbauende* Stoffwechsellage) Gesamtsituation in eine *katabole* (= *abbauende*) übergeht. Aus biologischen Gründen ist also ein Belastungswechsel notwendig. Der *Phasencharakter des Adaptationsverlaufs* mit Steigerungs-, Stabilisierungs- und Reduktionsphasen verlangt sowohl langfristig nach Einteilung des Trainingsjahres in *aufbauende, stabilisierende* und *reduzierende Belastungsperioden (Vorbereitungs-, Wettkampf-, Übergangsperiode)* als auch mittelfristig im Rahmen der Mesozyklen einen Wechsel von *belastungssteigernden, belastungserhaltenden* und *belastungsreduzierenden Mikrozyklen.* Dadurch können einerseits Belastungsüberforderungen vermieden und andererseits höhere Leistungsspitzen zu bestimmten Zeiten erreicht werden.

Ein **Ganzjahrestraining** sichert eine hohe Gesamtbelastung und somit einen günstigen Leistungszuwachs. (Unterbrechungen würden zu Rückbildungen führen.) Das Ganzjahrestraining muß jedoch planmäßig aufgebaut sein. Es kann in sog. Perioden eingeteilt werden.

Ganzjahrestraining

In der Praxis zählen zur Periodisierung (vgl. auch die Kap. 2–5):

1. Abschnitte eines Jahres:
   - Vorbereitungsperiode (n),
   - Wettkampfperiode (n),
   - Übergangsperiode (n).
2. Unterteilende Abschnitte innerhalb obiger Perioden:
   - Etappen (auch Makrozyklen genannt; 1–4 Monate),
   - Mesozyklen (2–6 Wochen),
   - Mikrozyklen (7–10 Tage),
   - Tageszyklus (1–4 Trainingseinheiten),
   - Trainingseinheit (1–4 Stunden).

Trainings-
perioden

Jede **Periode** (= Makrozyklus) hat im Rahmen des systematischen Leistungsaufbaus eine spezifische Zielstellung, aus der ihre speziellen Aufgaben, Mittel, Belastungsstruktur und weitere überschaubare Abschnitte abgeleitet werden (vgl. Abb. 6, 7).

Vorbereitungsperiode (2 Etappen) für sportliche Anfänger und Fortgeschrittene
Erste Etappe:
– Schaffung von physischen, psychischen u. a. Voraussetzungen,
– ansteigender Belastungsumfang, Belastungsumfang höher als Intensität,
– insbesondere allgemeinentwickelnde Übungen,
– bereits Schwerpunkte (z. B. Maximalkraft) setzen,
– Dauer: ca. 4 Monate; 2–2½ bei 2gipfliger Periodisierung.
Zweite Etappe:
– Wettkampfleistung aufbauen → Wettkampfperiode,
– Training wird spezieller: Umfangreduzierung allgemeinentwickelnder Übungen zugunsten wettkampfspezifischer Belastung und Übungen,
– Gesamtumfang bleibt, Intensität jedoch höher,
– Dauer: ca. 1–2 Monate; Ziel: am Ende Leistungsstand des Vorjahres.
Wettkampfperiode (3 Etappen)
1. *Aufbauwettkampfetappe* (4–8 Wochen),
2. *Regenerationsetappe* (3–4 Wochen, hier im Training,
   Verbesserungen aus Aufbauwettkämpfen),
3. *Hauptwettkampfetappe* (4–8 Wochen), hier:
   Trainingsumfang gering reduziert, Intensität z. T. sehr hoch,
   Ziel: nach insgesamt ca. 12 Wochen Leistungsgipfel.

Abbildung 6 Eingipflige Jahresperiodisierung mit idealisierter Leistungsfähigkeitskurve

Beispiel einer
eingipfligen
Jahres-
periodisierung

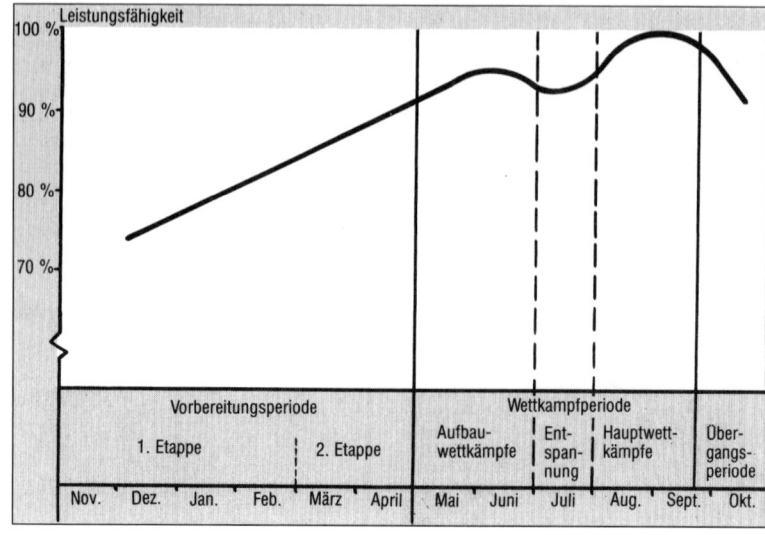

26

Abbildung 7 Jahresperiodisierung im Leistungsfußball (2gipflig) mit Belastungsumfang, -intensität im Training und idealer Formkurve (Leistungsfähigkeit dunkle Kurve) (BAUER o. J., 57)

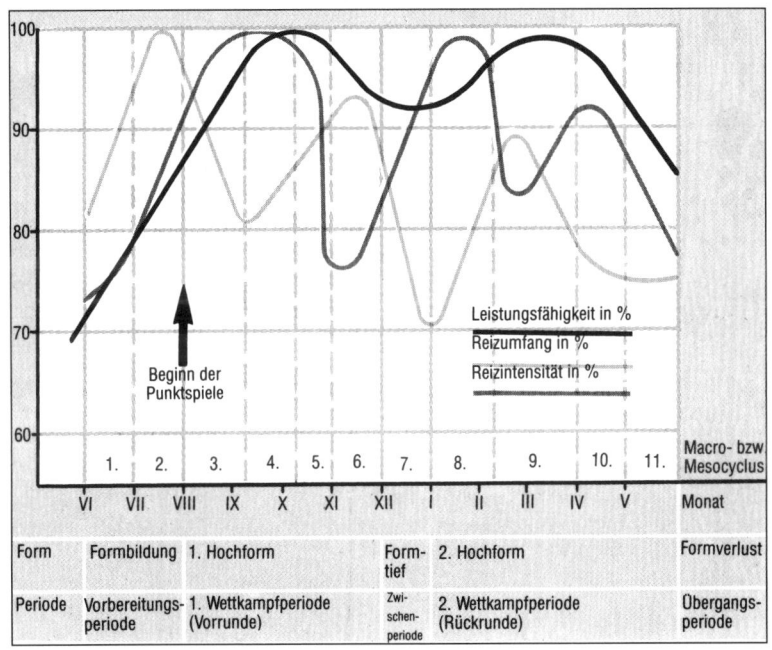

Beispiel einer zweigipfligen Jahres- periodisierung

Übergangsperiode
- Dauer: ca. 4 Wochen. Ziel: umfassende physisch-psychische Regeneration,
- aktive Erholung, d. h. allgemein entwicklende Übungen und andere Sportarten betreiben, Umfang und Intensität verringern, eventuell medizinische Therapie, eventuell Orts- und Klimawechsel, jedoch Leistungsniveau möglichst nicht stark senken (nur ca. 20%).

Meso- und Mikrozyklen
Durch Gestaltung dieser kleineren Zeiträume sind optimale Leistungssteigerungen möglich. Notwendig sind hierbei ständige Kontrollen.

Meso- und Mikrozyklen

Mesozyklus ist der zeitliche Wechsel zwischen längeren Abschnitten mit höherer Belastung und kürzeren mit reduzierter Dauer. In Vorbereitungsperiode: 4–6 Wochen. In Wettkampfperiode: 2–4 Wochen.

Mikrozyklus umfaßt die Dauer von 7–10 Tagen (vgl. Abb. 8). Charakteristika:
- Verhältnis von Umfang und Intensität ändert sich hier ständig (vgl. gesetzmäßige Wechselbeziehungen Belastung – Erholung),
- Wechsel von geringer und sehr hoher Belastung,
- Trainingseinheiten mit unterschiedlichen Hauptaufgaben möglich,

27

**Beispiel eines
Mikrozyklus**

Abbildung 8 Belastungsgrad eines Mikrozyklus hinsichtlich Belastungsintensität, -umfang und Gesamtbelastung am Beispiel des Bundesligafußballs während der Wettkampfperiode

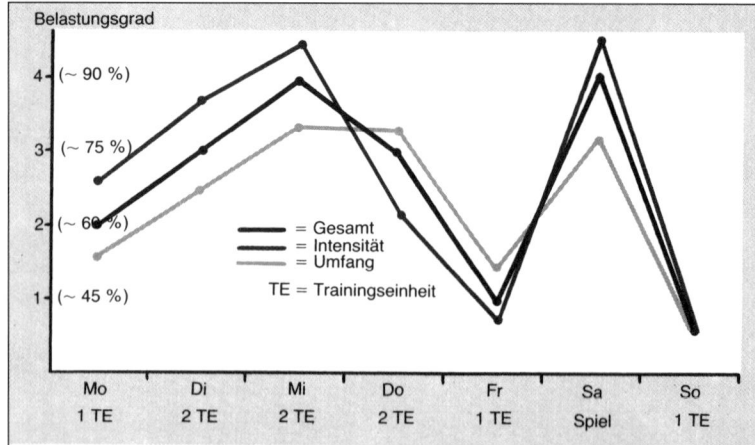

Anmerkung: Im Hochleistungsbereich wird in manchen Sportarten auch wie folgt trainiert (blockartig): z.B. Donnerstag bis Sonntag intensiv, Montag bis Mittwoch regenerativ.

– Trainingsmonotonie kann unterbrochen werden. Ziel: Erreichung der Grenze der Leistungsfähigkeit,
– vor Wettkampftag: 2–4 Tage vorher optimale Belastung (→ Überkompensationseffekt).

Trainingseinheit

Die Trainingseinheit ist der kleinste Bestandteil im Trainingsaufbau. Je nach Leistungsstufe finden ca. 2 bis 22 Trainingseinheiten pro Woche statt.
Die Anzahl der Trainingseinheiten ist abhängig von:
1. Spezifik der Sportart, 2. Trainingszustand, 3. Alter und Trainingsalter (Trainingsjahre), 4. Trainingsperiode, 5. Struktur von Meso- und Mikrozyklen.
Die Trainingseinheit entspricht im Aufbau einer Stunde im Sportunterricht: einleitender Teil (Aufwärmen, warm up), Hauptteil, Ausklang (cool down).
Ordnungskriterien im Hauptteil hinsichtlich Technik- und Konditionstraining sollten sein:
Beim Konditionstraining
– spezielle Kondition zeitlich vor allgemeiner,
– Schnelligkeit zeitlich vor Kraft,
– Ausdauer zeitlich vor Kraft (für Spitzenathleten),
– Kraft zeitlich vor Ausdauer (für Anfänger).
Beim Techniktraining
– Techniktraining zeitlich vor Konditionstraining (und auch umgekehrt).
Die biorhythmisch bedingten Leistungsschwankungen im Tagesverlauf beeinflussen die Leistungsfähigkeit in Training und Wettkampf (vgl. Abb. 9).

Abbildung 9 Schema der biorhythmisch bedingten Leistungsschwankungen im Tagesverlauf

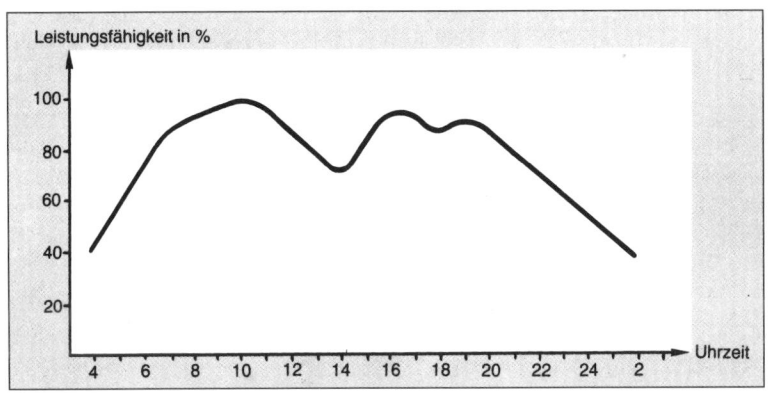

Biorhythmik im Tagesverlauf

Prinzipien zur spezifischen Steuerung der Anpassung

Prinzip der Individualität und Altersgemäßheit (Entwicklungsgemäßheit)

Da sportliche Leistung immer von mehreren Einflußfaktoren bestimmt wird, können identische Leistungsresultate aus unterschiedlich gewichteten Einzelfähigkeiten erwachsen. Deshalb ist es wesentlich für eine optimale Leistungsentwicklung, die persönlichen Gegebenheiten des Sportlers zu berücksichtigen. Es handelt sich in erster Linie um – die stark anlagebedingten körperlichen Fähigkeiten (sportmotorische Begabung, Konstitutionstyp, Trainierbarkeit) und – die mehr umweltbeeinflußten geistig-seelischen Eigenschaften (u. a. Emotion, Motivation, Intellekt).

Letztlich unterliegen diese Persönlichkeitsmerkmale der biologischen Entwicklung, d. h. dem biologischen Alter. Die sogenannten *sensitiven Phasen* für konditionelle und koordinative Fähigkeiten als Zeitabschnitte erhöhter Anpassungsfähigkeit (= Trainierbarkeit) sind dafür ein gutes Beispiel (vgl. auch Tab. 49, S. 182 im Kapitel 6). Somit ist es naheliegend, Individualität und Altersgemäßheit in einem Trainingsgrundsatz zusammenzufassen. Biologisch ist das Prinzip zu begründen mit der individuellen Anpassungsfähigkeit (= **Adaptabilität**), derzufolge bei quantitativ und qualitativ gleichwertigen Belastungsreizen die Individuen eine unterschiedliche Reizverarbeitung zeigen. In der Wechselwirkung von Organismus und Umwelt zeigen die entsprechenden Erbanlagen eben eine eigene Entfaltung (= Genexpression).

Zeitabschnitte erhöhter Anpassungsfähigkeit

Die individuelle Anpassungsfähigkeit kommt auch im Adaptationsmodell von WERCHOSCHANSKI (1988), das im Zusammenhang mit diesem Prinzip und dem folgenden (P. der zunehmenden Spezialisierung) zu erwähnen ist, zum Ausdruck. Demnach sind die sog. **maximale Funktionskapazität** eines Athleten und seine **Anpassungsreserve** genetisch begrenzt.

Maximale Funktionskapazität

29

Prinzip der zunehmenden Spezialisierung

In Abhängigkeit von der Spezifität der Belastungsreize unterscheidet man *unspezifische* und *spezifische* Anpassungen des Organismus. Die spezifische Adaptation erstreckt sich in starkem Maße auf die unmittelbar beanspruchten Organsysteme und äußert sich mehr eingeschränkt (lokal), wie z. B. in der Skelettmuskulatur und im zugehörigen Versorgungs- und Steuersystem. Z. B. liegt die unterschiedliche spezielle Ausdauer (= spezifische Adaptation) von Langstreckenläufern, Skilangläufern, Straßenradfahrern und Langstreckenschwimmern primär in der vom Bewegungsablauf geprägten Funktionsmuskulatur begründet, in zweiter Linie erst in der Sauerstoffaufnahme und Herzfunktion. Die nahezu übereinstimmenden Ausprägungen in den letztgenannten Bereichen ergeben die gemeinsame *Grundlagenausdauer (= unspezifische Adaptation).* Die Entwicklung zu einem hohen Leistungsniveau in bestimmten Fähigkeitsbereichen erfordert nun – auf der Basis unspezifischer Anpassungen – spezifische Adaptationen und damit tätigkeitsspezifische Belastungsreize.

Anpassungs-
reserve
Mit der Spezialisierung ist rechtzeitig zu beginnen, da nach dem vorher erwähnten Adaptationsmodell die *Anpassungsreserve* beschränkt ist. Eine zu umfangreiche Ausschöpfung dieser mit unspezifischen Anpassungen wäre demnach für die hohe spezifische Leistungsfähigkeit nicht von Nutzen.

Im Trainingsgeschehen bedeutet dies insgesamt
– innerhalb der *Trainingsstufen* (Grundlagen → Aufbau → Hochleistungstraining) einen zunehmenden Anteil des speziellen Trainings gegenüber dem allgemeinen Training,
– im Verhältnis *Konditions-, Technik-, Taktik-* und *intellektuellem Training* eine zunehmend sportartbezogene Ausrichtung,
– eine *Vorrangigkeit* des Trainings der *leistungsbestimmenden konditionellen Fähigkeiten* und *technomotorischen Fertigkeit* im Rahmen der übrigen optimierenden Trainingsmaßnahmen.

Prinzip der regulierenden Wechselwirkung der einzelnen Trainingselemente

Angesprochen ist hier die dosierte Abstimmung des Trainings der verschiedenen konditionellen Fähigkeiten und des Verhältnisses von Konditions- und Techniktraining. Für die Entwicklung zur individuellen sportartspezifischen Höchstleistung ist dies ein wesentlicher Grundsatz, da die verschiedenen Elemente des Trainings sich positiv und negativ beeinflussen können.

Prinzipien des
Techniktrainings
Konditionstraining im Bereich des Leistungs- und Spitzensports ist überwiegend im Zusammenhang mit dem jeweiligen spezifischen Techniktraining zu sehen. Es erscheint somit zweckmäßig, auch **Prinzipien des Techniktrainings** bei der Belastungsplanung und der Durchführung des Konditionstrainings zu berücksichtigen. Erfahrene und erfolgreiche Trainer nennen zehn grundlegende und bewährte »Praxisregeln« (vgl. Hossner 1996, 84 ff.), von denen zwei kurz erläutert werden sollen:

Prinzip der Komplexität

Im Bereich des Spitzensports dominiert ein kombiniertes, komplexes Training, häufig mit gleichzeitigen technischen, taktischen und konditionellen Zielstellungen. Die jeweiligen konditionellen Leistungsvoraussetzungen müssen in sehr techniknaher Weise geschaffen und die so erworbenen Bewegungsmuster auch noch unter hoher bzw. höchster Beanspruchung der konditionellen Fähigkeiten zuverlässig, wettkampfnah abgerufen werden können. Dies erfordert seitens der Trainer und Athleten viel Erfahrung und ›Fingerspitzengefühl‹.

Prinzip der Qualität
Können Spitzenleistungen nur mit sehr hoher Ausführungsqualität, wie beispielsweise in den Mehrkämpfen des Kunstturnens und der Leichtathletik, realisiert werden, müssen die Athleten auch während des Trainings an diesen »Qualitätsdruck« gewöhnt werden. Dies kann, z. B. in Trainingswettkämpfen, durch Anweisungen wie

Prinzip der Qualität beim Techniktraining

– »nur noch drei technisch saubere, aber bestleistungsnahe Versuche im Kugelstoßen« oder
– »voller Rumpfeinsatz, phasenverschoben zur Beinarbeit, beim Mittelzug des Ruderschlages auf den letzten 300 Metern«
angesteuert werden.
Ein Beispiel, wie im Bereich des Kampfsports (Hochleistungstraining) – orientiert am Leitziel »Einheit von Technik, Taktik und Kondition« – versucht wurde, die Sportler über einen längeren Zeitraum (26 Wochen, Planung der Trainingsziele) konditionsakzentuiert auf die unterschiedlichen Beanspruchungen durch die Kampfhandlungen auszubilden, ist in der Tabelle 7 (S. 32) angeführt.
Hintergrund sind wiederum die *unspezifische* und *spezifische* Reaktion des Organismus auf unterschiedliche Belastungsreize und ihre Wechselwirkungen. Die unspezifischen Anpassungen erstrecken sich nicht wie die spezifischen Anpassungen primär auf den durch die Bewegungstätigkeit unmittelbar geforderten Nerven-Muskel-Bereich, sondern in erster Linie auf die »Zuträgersysteme«. Damit finden sie vorwiegend in den *vegetativ-nerval* und *hormonell gesteuerten Organen* und deren Regulationszentren (Herzkreislauf, Atmung, Stoffwechsel) ihren Niederschlag.
Diese unspezifische, mehr übergreifende Anpassung gewährleistet – nach vorheriger spezifischer Anpassung – erst den richtigen Funktionsablauf der zusammenarbeitenden Systeme auf höherem Leistungsniveau. Man darf nicht übersehen, daß bei spezifischer Anpassung die hochgradige Ausbildung eines Systems in der Regel auf Kosten anderer Bereiche abläuft.
Aus der dargelegten Wechselwirkung von spezifischer und allgemeiner Adaptation wird deutlich, daß zum Erreichen und zum Erhalt eines hohen sportlichen Leistungsniveaus *spezielle und allgemeine Trainingsbelastungen im Wechsel* notwendig sind.
Die genannten **Trainingsprinzipien** stehen nicht so isoliert nebeneinander, wie sie der Übersicht wegen dargestellt worden sind. Sie überschneiden sich inhaltlich, ergänzen sich und schließen sich teilweise auch gegenseitig aus. Sie sind deshalb nicht alle gleichzeitig anwendbar. Es muß vielmehr immer geprüft werden, welche Prinzipien wann in Abstimmung mit der zutreffenden Trainingsstufe, Trainingsklasse und dem jeweiligen Periodisierungsabschnitt praktisch umzusetzen sind. Wissenschaftlich sind sie noch nicht in allen Punkten voll bestätigt (vgl. HARTMANN/MADER 1999).
An zwei Beispielen soll diese »fakultative Nutzung« abschließend kurz verdeutlicht werden:

Tabelle 7 Beispiel einer Trainingsplanung von mehreren Mesozyklen (nach LEHMANN 1997, 17)

Trainingsperioden/ Mesozyklen	Trainingsziele		
	übergreifend	technisch-taktisch	konditionell
Vorbereitungsperiode 1 1. Mesozyklus (4 Wochen)	Entwickeln eines hohen Leistungsgrundniveaus	Entwickeln des vielseitigen technisch-taktischen Repertoires	Aufbau aerober und alaktazider Grundlagen
2. Mesozyklus (4 Wochen)	Entwickeln eines hohen Leistungsgrundniveaus	Festigen des vielseitigen technisch-taktischen Repertoires, Arbeit an der genauen und schnellen koordinativen Beherrschung der individuellen Kampfhandlungen	Erhöhen des Grundlagenausdauerniveaus durch Training im aerob-anaeroben Bereich, Schnelligkeits-, Maximalkrafttraining
Vorbereitungsperiode 2 3. Mesozyklus (4 Wochen)	Entwickeln eines hohen Leistungsniveaus, Vorbereiten wettkampfspezifischer Fähigkeiten	Festigen des vielseitigen technisch-taktischen Repertoires, Arbeit an der situationsangemessenen Beherrschung individueller Kampfhandlungen	Erhöhen des Grundlagen- und Kraftausdauerniveaus an der anaeroben Schwelle, Schnelligkeits-, Schnellkrafttraining
Wettkampfperiode 4. Mesozyklus (5 Wochen)	Festigen des Leistungsgrundniveaus, Ausbilden wettkampfspezifischer Fähigkeiten, Entwickeln der komplexen Leistungsfähigkeit	weiteres Festigen des vielseitigen technisch-taktischen Repertoires, Festigen der situationsangemessenen und konditionsorientierten Beherrschung individueller Kampfhandlungen	Erhalt des Grundlagenausdauerniveaus, Weiterentwicklung des aeroben und laktaziden Kraftausdauerniveaus, Entwickeln der Schnellkraftausdauerfähigkeit
5. Mesozyklus (5 Wochen)	Erhalt des Leistungsgrundniveaus, Festigen der wettkampfspezifischen Fähigkeiten bzw. der komplexen Leistungsfähigkeit	Festigen der situationsangemessenen und konditionsorientierten Beherrschung individueller Kampfhandlungen	Erhalt des Grundlagen- und Kraftausdauerniveaus, Ausbau der Schnelligkeits- und Schnellkraftausdauerfähigkeiten, Entwickeln der Mobilisationsfähigkeit
Unmittelbare Wettkampfvorbereitung (UWV) 6. Mesozyklus (4 Wochen)	weiteres Festigen der komplexen wettkampfspezifischen Leistungsfähigkeit	weiteres Festigen der situationsangemessenen und konditionsorientierten Beherrschung individueller Kampfhandlungen	Erhalt des Grundlagenausdauerniveaus, Ausprägen eines hohen Kraftausdauer- und Schnellkraftausdauerniveaus sowie der Mobilisationsfähigkeit

Beispiel 1: Nutzung von Trainingsprinzipien im Rahmen des Konditionstrainings mit Anfängern

Für ein Konditionstraining mit Anfängern, auch für ein fitneßorientiertes Konditionstraining, lassen sich mit Hilfe der angeführten Trainingsprinzipien einige »biologisch-methodische« Merksätze ableiten. Vorab sei festgehalten: Konditionstraining mit Anfängern zielt auf die Summe der trainierbaren Fähigkeiten, es orientiert sich also an unserem »weiten« Konditionsbegriff.

Beispiel für Anfänger

Zur Erinnerung:

Konditionstraining kann als geplante Homöostaseauslenkung angesehen werden, es zielt auf die Einregulierung eines neuen (labilen) Fließ-Gleichgewichts der beanspruchten Funktionssysteme auf höherem Niveau. Es schafft energetische, morphologische (auch informationelle) Voraussetzungen, um sportliche Handlungen auf unterschiedlichsten Leistungsniveaus ausführen zu können.

Diese erarbeiteten (motorischen) Voraussetzungen sind auch als wesentliche Komponenten – »Bausteine« – des individuellen Fitneßzustandes anzusehen.

Zur Auslösung der Anpassung

- Anpassungswirksame Belastungen können nur individuell festgelegt werden – beispielsweise mit Hilfe von Test- bzw. Meßdaten, die im Rahmen eines »Konditions-Schnuppertrainings« erhoben wurden.
- Die Steigerung der Trainingsbelastung sollte allmählich und in kleinen Schritten erfolgen.
- Variationen in der Trainingsbelastung ergeben sich auch durch die Hereinnahme eher allgemeinentwickelnder Übungen aus »bewegungsverwandten« Sportarten – beispielsweise im ausdauerorientierten Konditionstraining: Laufen → Radfahren → Schwimmen.

Zur Sicherung der Anpassung

- Im Konditionstraining mit Anfängern sollte das Prinzip der Langfristigkeit und Regelmäßigkeit im Trainingsaufbau beachtet werden: Umfang vor Intensität!
- Es scheint lohnend, den Belastungsaufwand pro Woche auf mehrere Trainingseinheiten zu verteilen (»Belastungssplitting«).
- Regenerationsphasen – im wöchentlichen Training – müssen sich auf den individuellen körperlichen Leistungszustand beziehen. Dabei sollten u. a. berücksichtigt werden:
  - körperliche Verfassung,
  - durch vorausgegangenes Training gegebenenfalls unterschiedlich (Intensität, Dauer, Umfang) beanspruchte biologische Systeme (Herz-Kreislauf-System, Muskulatur, Nervensystem),
  - Trainingshäufigkeit (Erholungszeitraum nach vorausgegangenen Belastungen),
  - Lebensführung (Schlaf, Ernährung usw.).

Als Orientierungswert für ein Training im mittleren Belastungsbereich kann ein Erholungsintervall von ungefähr 48 Stunden gelten.

- Längerfristig, über Wochen, Monate und Jahre erarbeitete Konditionsniveaus sind vergleichsweise stabil, weniger störanfällig und stellen eine wichtige, erhaltenswürdige individuelle Fitneß- und Gesundheitsressource dar.

Beispiel 2: Nutzung von Trainingsprinzipien im Rahmen der Leistungs-/Trainingssteuerung – Bereich Sportspiele

Beispiel für Leistungssportler

Unter Berücksichtigung der Ausarbeitungen von HOHMANN (1994) lassen sich für einzelne Arbeitsschritte der Leistungs-/Trainingssteuerung in den Sportspielen (für die jeweiligen Trainingsstufen) einige Sätze mit »Prinzipiencharakter« formulieren, die auch zur weiteren kreativen Erprobung bzw. Überprüfung anregen sollen:

Vorab sei – als eine wesentliche Zielperspektive – festgehalten:

Als wichtigste Konditionskomponenten in den Sportspielen auf höchstem Leistungsniveau werden die speziellen Schnelligkeits- und Schnellkraftfähigkeiten und die speziellen Ausdauerfähigkeiten erachtet.

Zur Erinnerung:

Bei der **Belastungsplanung für mittel- und langfristige Trainingsabschnitte** gilt es zu bedenken, daß mit zunehmender Leistungshöhe immer höhere Trainingsbelastungen absolviert werden müssen, wobei der Leistungszuwachs bzw. die »Trainingsgewinne« immer geringer werden.

Berücksichtigt man in diesem Zusammenhang das Prinzip der zunehmenden Spezialisierung, so wird es im Verlauf der Sportlerkarriere erforderlich, sowohl die Trainingsbelastung als auch die Anzahl und Schwierigkeit der Wettkämpfe langfristig zu erhöhen. Zudem muß vor allem das Verhältnis von überwiegend allgemeinem zu überwiegend speziellem Training schrittweise verändert werden.

Wird als übergeordnete **Zielsetzung** ein **langfristiger, allseitig systematischer Leistungsaufbau** angestrebt, müssen auch die perspektivisch bedeutsamen koordinativen, konditionellen und psychischen Leistungsvoraussetzungen rechtzeitig optimiert werden; dazu sollten diese trainierbaren Leistungsvoraussetzungen zu entwicklungsgemäß angeordneten Wettkampfinhalten des Nachwuchstrainings aufgewertet werden. Hier muß natürlich das Prinzip der Alters- bzw. **Entwicklungsgemäßheit** besonders in einem auf Effektivität ausgerichteten Nachwuchstraining berücksichtigt werden: Die Gestaltung des Sportspiel-Trainings hat sowohl dem biologisch-motorischen als auch dem intellektuell-psychischen Entwicklungsstand der Kinder und Jugendlichen zu entsprechen. Das bedeutet auch, in den Phasen lohnender Trainierbarkeit die jeweiligen Fähigkeiten akzentuiert anzusteuern und sie in die komplexe Leistungsentwicklung zu integrieren (näheres vgl. Kapitel 6).

Verknüpfte Reihenfolgen

Entsprechend des Prinzips der zunehmenden Spezialisierung sind im Hochleistungstraining auch die langfristig verzögerten und kumulativen Trainingsadaptationen mit Hilfe konzentrierter und akzentuierter Trainingsbelastungen zu sichern. In der Praxis finden hierbei beispielsweise die »verknüpften Reihenfolgen« (man spricht auch vom »Prinzip der verknüpften Reihenfolge«), wie sie in den Abbildungen 10, 11, 12 dargestellt sind, Anwendung.

Bei der **Belastungsplanung für kürzere Trainingsabschnitte** hat sich – auch zur **Sicherung der Anpassungsprozesse** – bewährt, die Trainingsbelastungen im Rahmen mehrerer Mikrozyklen zu »dynamisieren«. Je nach Belastungsgrad können

– einfache Mikrozyklen,
– Stoßmikrozyklen und
– Wiederherstellungsmikrozyklen

unterschieden werden.

Abbildung 10 Langfristig »verknüpfte Reihenfolge« am Beispiel eines Dreijahres-Trainings in Sportspielen (nach HOHMANN 1994, 115)

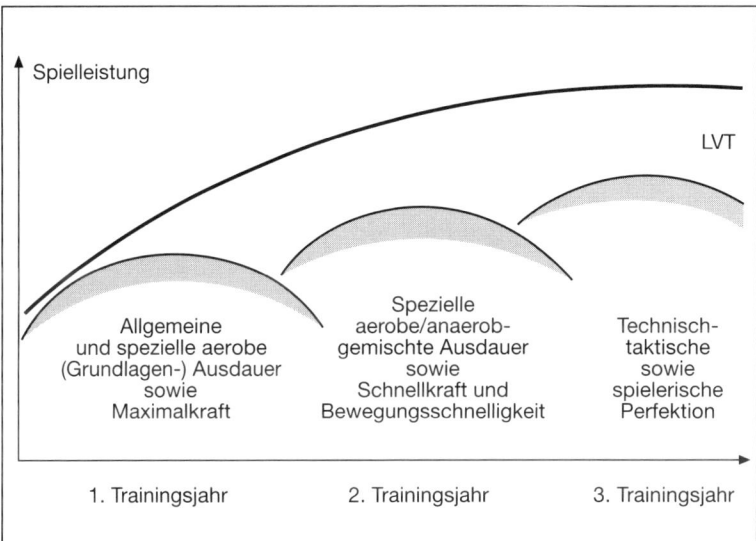

Abbildung 11 »Verknüpfte Reihenfolge« am Beispiel von Trainingsformen aus dem Sprungkrafttraining (nach HOHMANN 1994, 170)

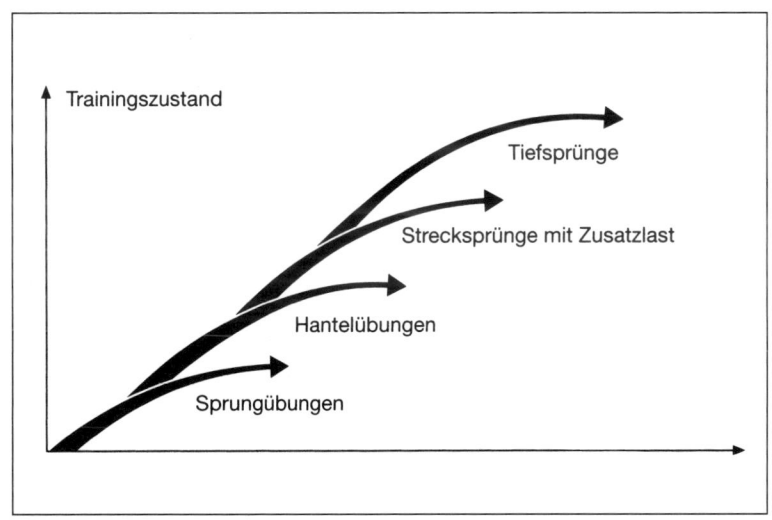

Abbildung 12 Schematische Darstellung der Belastungsdynamik von vier Mikrozyklen der allgemein vorbereitenden Etappe (MAZ I) im Sportspieltraining (nach HOHMANN 1994, 152)

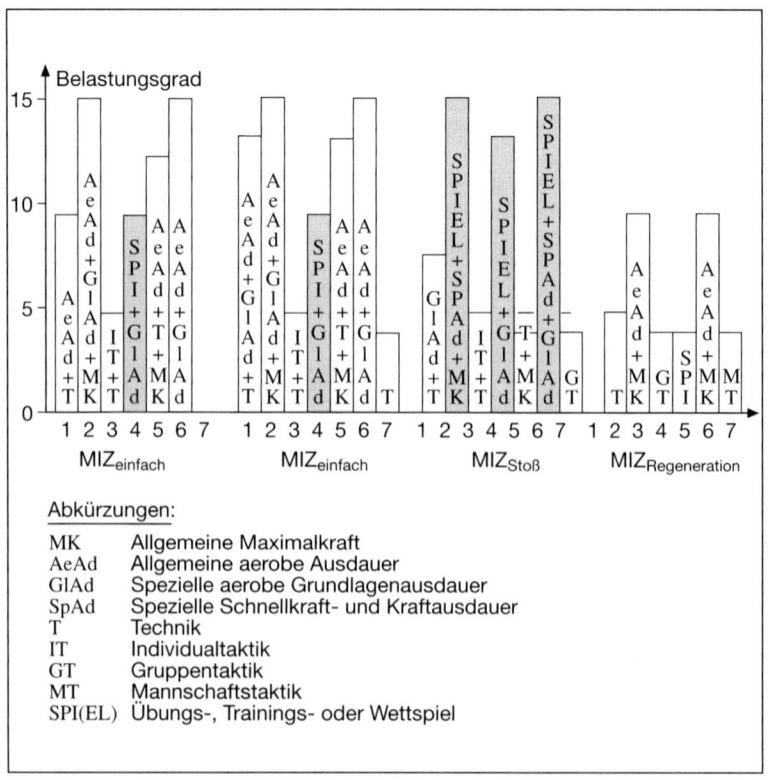

Die Abbildung 12 soll die Belastungsdynamik – am Beispiel von vier Mikrozyklen im Rahmen einer Vorbereitungsperiode – verdeutlichen.

Erfahrungsgemäß sind nämlich Maßnahmen der praktischen Trainingssteuerung (vgl. nächstes Kapitel), die der Trainer ergreift, nichts anderes als die Umsetzung einzelner Trainingsprinzipien.

Konditionssteuerung

Vorbemerkung

Ziel eines jeden Leistungssportlers ist das Erreichen einer individuellen höchstmöglichen Leistungsfähigkeit, die sich in Wettkämpfen realisiert. Die Leistungsfähigkeit selbst ist aufgrund genetischer Bedingungen und biologischer Anpassungsprozesse herauszubilden. Im Bereich der konditionellen und koordinativ-konditionellen Fähigkeiten adaptieren insbesondere neuronale, tendo-muskuläre, energetische und hormonelle Einflußgrößen. Der Weg zum höchstmöglichen Anpassungsniveau ist meist hart und langwierig (ca. 6–15 Jahre) und muß in ständig sich wiederholenden planmäßigen und methodisch zwingenden Schritten begangen werden. Diese Schritte orientieren sich an der Trainingspraxis und basieren auf trainingswissenschaftlichen Grundlagen; in Anlehnung an die Kybernetik (= Wissenschaft von den Regelsystemen) stellen sie sog. *Steuerungs- und Regelungsvorgänge* dar, die wir vereinfacht als Leistungssteuerung (= Trainingssteuerung) bezeichnen und die in Form eines Regelkreismodells aufgezeigt werden können (vgl. Abb. 13).

Definition

Definitorisch verstehen wir folglich unter Leistungssteuerung (in Training und Wettkampf) die gezielte, wissenschaftlich unterstützte kurz- und langfristige Abstimmung aller für die Planung, Durchführung, die Kontrollen, Auswertung und Korrekturen notwendigen Maßnahmen zum Zwecke der Leistungsoptimierung.

Definition Leistungs- steuerung

Die komplexe sportliche Leistung bzw. die einzelnen Konditionsformen werden in einem modernen Training folglich nach den Erkenntnissen und Zusammenhängen des Leistungssteuerungsprozesses herausgebildet.
Im folgenden geben wir einen kurzen allgemeinen Überblick der Schrittfolge des Leistungssteuerungsprozesses (ausführliche Darlegungen finden sich in: GROSSER et al.: Leistungssteuerung in Training und Wettkampf. BLV Sportwissen Bd. 414, 1986).

Literaturhinweis

Die Steuerungs- und Regelungsschritte im Überblick

Voraussetzung für den gesamten Steuerungs- und Regelungsprozeß in einer bestimmten Sportart ist die sog. *Sportartanalyse* bzw. ein *Anforderungsprofil.* Das bedeutet: Kenntnisse
– über die biomechanischen, physiologischen und funktionell-anatomischen Bedingungen der Bewegungsabläufe und Belastungen sowie
– des konditionellen, kognitiven, psychischen, anthropometrischen, sozialen und materialen Anforderungsprofiles.

37

Abbildung 13 Modell der Steuerung und Regelung der sportlichen Leistung in Training und Wettkampf (= Leistungssteuerung/Trainingssteuerung) (nach GROSSER)

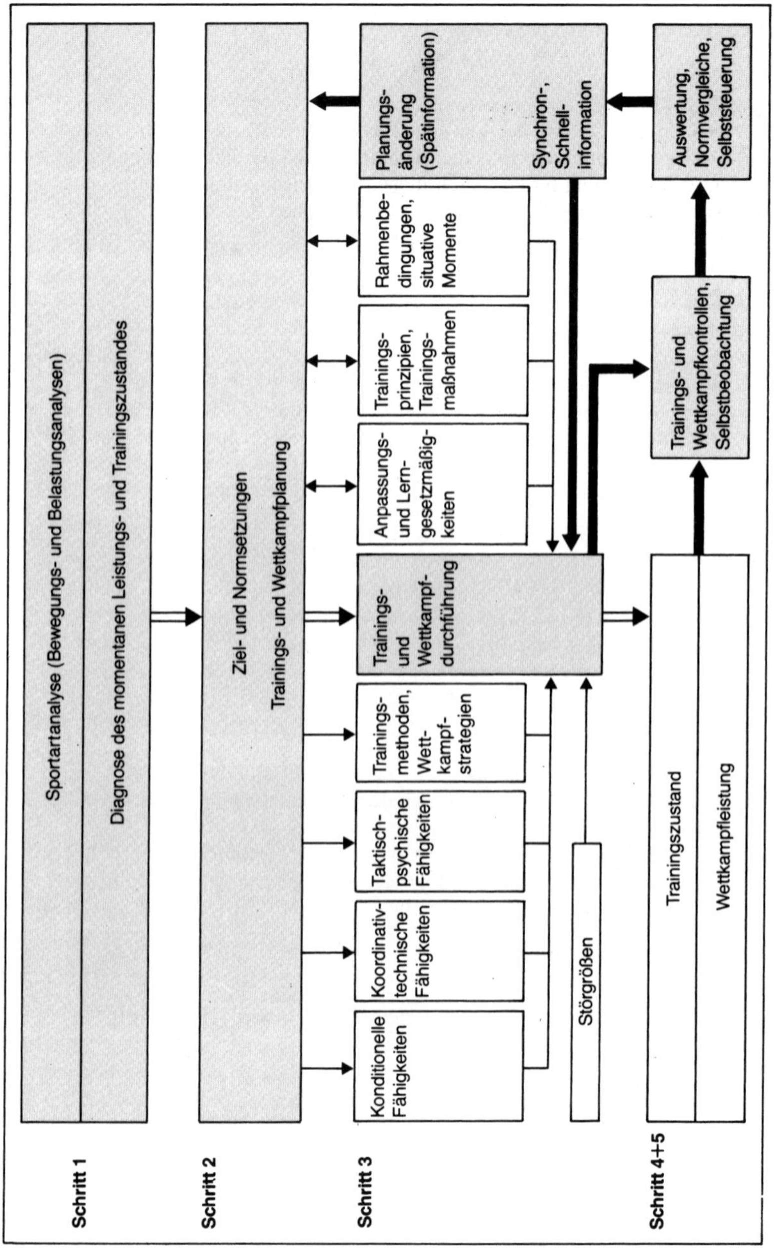

Schritt 1 bei Beginn einer Leistungsentwicklungsphase bei Anfängern oder bei Wiederaufnahme des Trainings (z. B. nach Übergangsperioden oder Verletzungen) ist eine mittels sportwissenschaftlicher und/oder -praktischer Tests erhobene *Leistungs- bzw. Trainingszustandsanalyse* (Eingangsdiagnose).

Schritte der Leistungssteuerung

Aus den Ergebnissen solcher Leistungsanalysen lassen sich Kinder, Jugendliche und Anfänger leicht in die bekannten Trainingsstufen (Grundlagentraining für Anfänger, Aufbautraining für Fortgeschrittene, Hochleistungstraining für Könner und Höchstleistungstraining für Spitzenathleten) einordnen.

Schritt 2 legt die über länger- und kurzfristig geplante Zeiträume zu erreichenden *Leistungsziele* fest, wobei bestimmte *Normen* als Richtwerte gelten können. Gleichzeitig findet eine planerische Abstimmung (z. B. über ein Jahr) zwischen Trainingsphasen und Wettkampfterminen (bzw. -höhepunkten) statt (= *Periodisierung*).

Schritt 3 bedeutet das eigentliche praktische Handeln, nämlich die *Durchführung von Trainingseinheiten und Wettkämpfen.*

Schritt 4 beinhaltet die möglichst in jeder Trainingseinheit anzuwendenden *Kontrollen* mittels Beobachtung, Messungen, Tests. Wettkampfergebnisse selbst erfüllen Kontrollfunktion; darüber hinaus können im Wettkampf zusätzliche Kontrollverfahren angewendet werden (z. B. Videobeobachtung).

Schritt 5 bedeutet die sofortige Auswertung (im Vergleich mit Normen) von Kontrollwerten, um unmittelbare *Korrekturen* im Trainings- und/oder Wettkampfablauf bzw. spätere Anweisungen für Änderungen (oder Beibehaltungen) geben zu können.

Die fünf dargelegten Schritte sind wie erwähnt nach kybernetischen Regelprinzipien aufgezeigt, d. h. in diesem Fall, daß die Schritte 1 bis 3 den Steuerungsvorgang und die Schritte 4 bis 5 den eigentlichen Regelungsvorgang widerspiegeln.

Eine optimale Konditionsentwicklung ist heute nur mittels dieser trainingswissenschaftlich fundierten Steuerungs- und Regelungsabläufe gewährleistet.

2 | Krafttraining

Kraft und ihre Erscheinungsformen

Kraft

Definition der Kraft physikalisch
Sportliche Leistungen sind ohne motorische Kraft nicht zu verwirklichen. Grundlage aller Kraftbetrachtungen ist die physikalische Gesetzmäßigkeit, nämlich Kraft als das Produkt aus Masse und Beschleunigung ($\vec{F} = m \cdot \vec{a}$). Über den physikalischen Kraftbegriff kann die Wirkung von Kräften quantitativ erfaßt werden. Die biologische Kraftdefinition zeigt, welche Möglichkeiten es gibt, durch Training auf die Kraftentfaltung Einfluß zu nehmen.
Der biologische Kraftbegriff:

Definition der Kraft biologisch
Kraft im Sport ist die Fähigkeit des Nerv-Muskelsystems, durch Innervations- und Stoffwechselprozesse mit Muskelkontraktionen Widerstände zu überwinden (konzentrische Arbeit), ihnen entgegenzuwirken (exzentrische Arbeit) bzw. sie zu halten (statische Arbeit).

Im einzelnen ergeben sich im Sport folgende **Kraftsituationen:** Es müssen
- der Schwerkraft und dem eigenen Körpergewicht entgegengewirkt werden (z. B. Kreuzhang beim Turnen),
- die eigene Körpermasse oder zugeschaltete Lasten beschleunigt werden (z. B. Weit-, Hochsprung, Wurf, Gewichtheben),
- die Reibungs-, Luft- oder Wasserkraft überwunden werden (z. B. Rudern, Schwimmen),
- die Kräfte des Gegners überwunden werden (z. B. Judo, Ringen),
- die elastischen Kräfte von Gegenständen überwunden werden (z. B. Expander, Gummiband).

Für die Wahl von **möglichen Krafttrainingsmaßnahmen** ist es weiterhin wichtig, nach dem Ziel der Bewegung zu unterscheiden. Folgende Ziele sind möglich:
- Eine Bewegung in einer möglichst kurzen Zeit durchführen (z. B. Fechten, Sprinten: das erfordert einen hohen Kraftanstieg und in Abhängigkeit von der Last auch eine hohe Ausprägung der Maximalkraft).
- Durch eine Bewegung einem Körper eine hohe Endgeschwindigkeit geben (z. B. Kugelstoß, Speerwurf: das erfordert eine hohe Kraftentwicklung bei hoher Verkürzungsgeschwindigkeit der Muskulatur).
- Eine möglichst große Masse auf eine bestimmte Geschwindigkeit beschleunigen (z. B. Gewichtheben: das erfordert hohe Maximalkraft, hohe muskuläre Leistungsfähigkeit in bestimmten Bereichen der Kontraktionsgeschwindigkeit).

Tabelle 8 Hierarchische Gliederung der Kraft in verschiedene Kraftarten und ihre Komponenten

Basisfähigkeit	Maximalkraft			Subkategorien der Kraft
Subkategorien	**Schnellkraft** (statisch, konzentrisch)	**Reaktivkraft** (exzentrisch-konzentrisch)	**Kraftausdauer** (statisch, dynamisch)	
Komponenten	– Maximalkraft – Explosivkraft – Startkraft – muskuläre Leistungs-fähigkeit	– Maximalkraft – Explosivkraft – Startkraft – reaktive Spannungs-fähigkeit	– Maximalkraft – anaerob-alaktazider Stoffwechsel – anaerob-laktazider Stoffwechsel – aerob-glykolytischer Stoffwechsel	

Erscheinungsformen (Kraftarten)

Die Trainingspraxis und Trainingswissenschaft fassen die unterschiedlichen Ergebnisse aus der Muskeltätigkeit bei sportlichen Bewegungen mit den Begriffen *Maximalkraft, Schnellkraft, Reaktivkraft* und *Kraftausdauer* zusammen.

Seit den Untersuchungen von SCHMIDTBLEICHER (1980) zur Bedeutung der Maximalkraft sind die Schnellkraft, Reaktivkraft und Kraftausdauer als Subkategorien der Maximalkraft zu verstehen; sie sind folglich in ihrer Ausprägung stark von der Maximalkraft abhängig. Die Maximalkraft stellt eine Basis dar. Diese Tatsache ist auch für die Trainingsmethodik von Bedeutung.

In der Tabelle 8 ist die hierarchische Gliederung der Kraft in die verschiedenen Kraftarten und ihre Komponenten dargestellt. Im folgenden erhalten die wissenschaftsorientierten Kraftbegriffe eine kurze Erklärung. Die Abb. 14 zeigt den Drehmoment-Zeitverlauf, der bei einer eingelenkigen Messung erhoben wurde. An ihm werden wichtige Kraftbegriffe erläutert.

Abbildung 14 Schematische Darstellung der Schnellkraftkomponenten, die an der Kraft-Zeit-Kurve erhoben werden können. S = Startkraft (50 ms), ΔF/Δt = Explosivkraft (aus: EHLENZ et al. 1998, 70)

Kraft-Zeit-Kurve

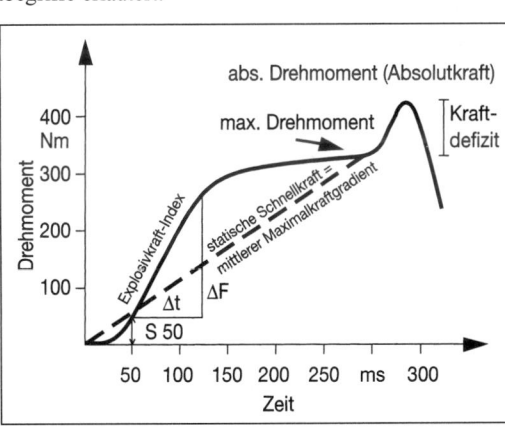

41

Maximalkraft

Die Maximalkraft ist die höchstmögliche Kraft, die willkürlich gegen einen un-
überwindlichen Widerstand erzeugt werden kann.

Muskuläre Leistung Die Definition zeigt, daß die Maximalkraft bei statischer Arbeitsweise der Muskulatur gemessen wird. In der Trainingspraxis wird zur Bestimmung der aktuellen
Maximalkraft nach wie vor von der Grenzlast für die Einer-Wiederholung ausgegangen. Man spricht von konzentrischer Kraft, wenn man die Kraftentfaltung bei
konzentrisch arbeitender Muskulatur betrachtet. Untersuchungen von HILL (1938)
haben schon gezeigt, wie die Krafthöhe von der Verkürzungsgeschwindigkeit der
Muskulatur abhängt. Der in der Trainingspraxis oft verwendete Begriff der »konzentrischen Maximalkraft« wird vor diesem Hintergrund unsinnig, da die maximale
konzentrische Kraft eindeutig von der Verkürzungsgeschwindigkeit der Muskulatur
abhängt. Der Begriff der **muskulären Leistung** drückt auf einer physikalischen
Basis das bisherige Verständnis von der »konzentrischen Maximalkraft« deutlich
besser aus.

Die **exzentrische Kraft,** die bei Dehnung eines maximal kontrahierten Muskels
vorliegt, zeigt höhere Werte als die statische Maximalkraft (5–40% je nach Muskelgruppe und Trainingszustand). Der Unterschied wird in erster Linie auf die zusätzliche reflektorische Kraftentfaltung aus dem Dehnungsreflex (= Muskelspin-
delreflex) zurückgeführt.

Exzentrische Maximalkraft Die **Absolutkraft** ist das höchstmögliche Kraftpotential, das ein Muskel aufgrund
seines physiologischen Querschnitts und seiner Qualität zur Verfügung hat. Sie
setzt sich zusammen aus der (willkürlich entwickelbaren) Maximalkraft und der
willkürlich nicht erfaßbaren Kraftreserve (autonom geschützte Reserven). Meß-
methodisch wird die Absolutkraft durch die *exzentrische Maximalkraft* (z. B. mit
Drehmomentenmeßstühle; vgl. TUSKER 1994) oder über die elektrische Stimulation
des Nerven, der den Muskel innerviert, erfaßt.

Kraftdefizit Der Unterschiedsbetrag (in Prozent) zwischen exzentrischer und statischer Maximalkraft wird als **Kraftdefizit** bezeichnet. Einschlägige Werte liegen bei untrainierten Personen für die Beinmuskulatur bei 10–25%, für die Armstrecker bei
25–40%, bei der Kniegelenkstreckmuskulatur zwischen 5% und 30% und bei der
Kniegelenkbeugemuskulatur häufig unter 10%.

Bei Trainierten kann das Kraftdefizit bis auf 5% und weniger abgesunken sein. In
der Trainingssteuerung wird das Kraftdefizit als ein Maß für die willkürliche Akti-
vierungsfähigkeit (intramuskuläre Koordination, vgl. S. 55) bei Maximalkraftent-
faltung gesehen.

Die **relative Maximalkraft** ist das Verhältnis der Maximalkraft zum Körpergewicht. Sie ist von Bedeutung, wenn in sportlichen Bewegungen die Kraft gegenüber dem eigenen Körpergewicht bzw. Körperteilen zu entfalten ist (z. B. beim
Turnen, in Sprüngen).

Startkraft Die **Startkraft** ist der Kraftwert, der 50 ms nach Kontraktionsbeginn erreicht wird,
d. h. die Fähigkeit, einen hohen Kraftwert schon zu Beginn der Kontraktion zu erreichen.

Die **Explosivkraft** wird durch den maximalen Kraftanstieg innerhalb einer Kraft-Zeit-Kurve bestimmt, der bei maximal schneller Kontraktion gegen einen statischen Widerstand erzeugt wird (vgl. Abb. 14, S. 41).

Explosivkraft

Schnellkraft

> Schnellkraft wird als die Fähigkeit des neuromuskulären Systems definiert, in der zur Verfügung stehenden Zeit einen möglichst großen Impuls zu erzeugen.

In Abhängigkeit von der Sportart kommt es zu einer unterschiedlichen Gewichtung der Einflußfaktoren auf die Schnellkraft. Hat ein Sportler nur wenig Zeit (weniger als 250 ms), um einen Impuls zu erzeugen, dann sind die Höhe der Startkraft und die Größe des Kraftanstieges (Explosivkraft s. u.) von Bedeutung. Solche Sportarten sind z. B. das Fechten, das Boxen, der Sprint und alle reaktionsabhängigen Sportarten. Hat ein Sportler Zeit, um einen Impuls zu erzeugen, wie beim Hammer-, Diskus-, Speerwurf, beim Kugelstoßen oder auch bei Sprüngen, die eindeutig mit langen Bodenkontaktzeiten ausgeführt werden können (z. B. Volleyball), dann tritt die Leistungsfähigkeit der Muskulatur als bestimmende Eigenschaft für die Schnellkraft in den Vordergrund. Bei diesen Sportarten kommt es darauf an, daß die Muskulatur in konzentrischer Arbeitsweise noch große Kräfte aufbringen kann.

Nach diesen Erklärungen ist es günstig, zwei Definitionen der Schnellkraft zu unterscheiden, eine Definition, die das Ziel ausdrückt, eine Bewegung in kurzer Zeit auszuführen, und eine Definition, die erkennen läßt, daß man nicht zeitlimitiert einem Gegenstand eine hohe Endgeschwindigkeit erteilen muß. Die Schnellkraft für Bewegungen unterhalb 250 ms ist hauptsächlich die Fähigkeit, möglichst große Kraftwerte innerhalb kürzester Zeit zu erzielen; sie kann durch die Schnellkraftparameter bestimmt werden.

Die Schnellkraft für Bewegungen über 300 ms ist durch die muskuläre Leistungsfähigkeit bestimmt und kann durch sie erfaßt werden (siehe TUSKER 1994, 66 ff.).

Reaktivkraft

In sog. *Reaktivbewegungen,* wie beispielsweise Niedersprüngen, Absprüngen mit Anlauf, schnellende Liegestütze und schnellen Laufschritten, tritt der sog. *Dehnungs-Verkürzungs-Zyklus* auf. Es kommt hierbei zunächst zu einer kurzen exzentrischen Dehnung der Muskulatur, verbunden mit einem eigenständigen Innervations- und Elastizitätsverhalten, dann zur konzentrischen Phase, in die die Wirkung der Voraktivierung, die gespeicherte elastische Spannungsenergie und Wirkung der Reflexinnervation aus der vorhergehenden Phase eingehen. Entscheidend für das Ergebnis sind hier neben den Faktoren Muskelfaserquerschnitt und -zusammensetzung das Elastizitäts- und Innervationsverhalten von Muskeln, Sehnen und Bändern (vgl. auch S. 54 ff.). Dieses Elastizitäts- und Innervationsverhalten wird auch als *reaktive Spannungsfähigkeit* bezeichnet; sie ist die Grundvoraussetzung der Reaktivkraft. Die Reaktivkraft selbst kann als eine Form der Schnellkraft gesehen werden. Definitorisch ist deshalb die

Dehnungs-Verkürzungs-zyklen

Reaktive Spannungsfähigkeit

Definition der Reaktivkraft

Reaktivkraft die *exzentrisch-konzentrische Schnellkraft* bei kürzest möglicher Kopplung (< 200 ms) beider Arbeitsphasen, also in einem Dehnungs-Verkürzungs-Zyklus.

Kraftausdauer

Allgemein und unspezifisch wird die Kraftausdauer als *Ermüdungswiderstandsfähigkeit* bei statischen und dynamischen Krafteinsätzen (mit mehr als 30% der Maximalkraft) bezeichnet.

Damit ist jedoch keine Festlegung auf Höhe und Dauer des Krafteinsatzes getroffen. Infolgedessen wird aus trainingsmethodischen Gründen nach dem Kriterium »Größe des Krafteinsatzes« unterteilt in:

– **Maximalkraftausdauer** (auch: hochintensive Kraftausdauer): über 75% der Maximalkraft bei statischer und dynamischer Arbeitsweise.
– **(Submaximale) Kraftausdauer** (auch: mittelintensive Kraftausdauer): 75–50% der Maximalkraft bei dynamischer Arbeit, bis 30% bei statischer Arbeitsweise.
– **(Aerobe) Kraftausdauer** (auch: Ausdauerkraft): 50–30% der Maximalkraft bei dynamischer Arbeitsweise.

In dieser Gliederung (nach Kraftgröße und Arbeitsweise) sind indirekt auch die unterschiedlichen Stoffwechselvorgänge und damit typischen Zeitverhältnisse für Kraftausdauerleistungen berührt. Um die Kraftausdauer quantitativ zu erfassen, können die Definitionen lauten:

Definition der Kraftausdauer

Dynamische Kraftausdauer ist die Fähigkeit, bei einer bestimmten Wiederholungszahl von Kraftstößen (= Kraft mal Zeit) innerhalb eines definierten Zeitraums die Verringerung der Kraftstöße möglichst gering zu halten (nach MARTIN et al. 1991, 109).

Statische Kraftausdauer ist die Fähigkeit der Muskulatur, einen bestimmten Kraftwert über eine definierte Anspannungszeit möglichst ohne Spannungsverlust zu halten.

Biologische und biomechanische Grundlagen von Muskelkontraktionen und Muskelkräften

Die Kraftentfaltung in den verschiedenen Kraftarten unterliegt insgesamt einer Reihe von Einflußfaktoren aus mehreren Bereichen. In der Tabelle 9 (S. 46 f.) sind diese überblicksartig zusammengestellt, und im folgenden gehen wir näher auf die Einflußfaktoren ein.

Zum morphologischen Bereich

(Bau und Organisation des Muskel-Sehnen-Apparates)

Zur Muskelstruktur

Der menschliche Skelettmuskel besteht aus vielen Faserbündeln, diese aus Fasern, diese wiederum aus sog. Myofibrillen und diese schließlich aus sog. Sarkomeren (vgl. Abb. 15). Letztere sind ca. ein 2000stel mm lang. Beispielsweise baut sich der menschliche Bizepsmuskel aus etwa 10 Milliarden Sarkomeren auf. Die makromolekularen Einheiten des Sarkomers bilden die dicken und dünnen Filamente; sie bestehen aus Eiweißen (vgl. auch FÜRST 1999, 218 ff.).

Die Muskelkontraktion selbst kommt durch eine Brückenbildung zwischen Eiweißmolekülen (Myosin und Aktin) aufgrund der Freisetzung von Calcium-Ionen und der Spaltung des in der Muskelzelle vorhandenen Energiedepots ATP (Adenosintriphosphat) zustande. Das ATP ist auch dafür verantwortlich, daß die Brückenbildung wieder aufgehoben wird und der Muskel sich wieder entspannt. Wenn also in einem Muskel die ATP-Konzentration nach Drosselung der Energiezufuhr absinkt (z. B. im stark ermüdeten Zustand), so kann sich der Muskel nicht entspannen, er bleibt »hart« (z. B. im Extremfall beim Muskelkrampf oder nach dem Tode). Das ATP hat folglich zum einen die Aufgabe der Energielieferung und zum anderen die eines »Weichmachers«.

Muskelkontraktionsvorgang

Der Vorgang der Muskelkontraktion geht von einer zentralnervösen Erregung im Gehirn aus und führt über die Alpha-Motoneurone des Rückenmarks zu den motorischen Endplatten der Muskelfasern.

Aufbau eines quergestreiften Muskels

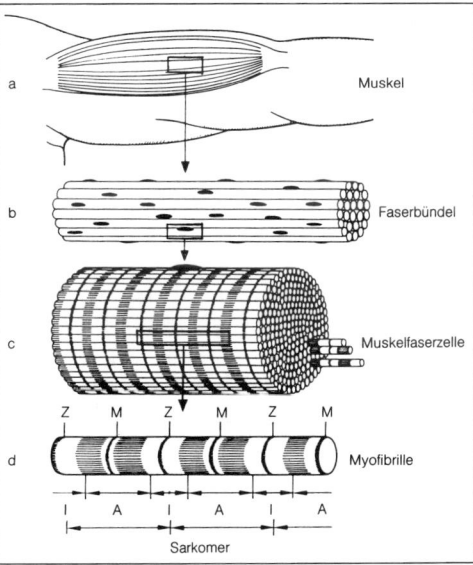

Abbildung 15 Histologischer Aufbau eines quergestreiften Muskels. Der M. biceps des Oberarmes (a) enthält eine große Anzahl von Faserbündeln (b), welche sich wiederum aus vielen Muskelfasern (c) zusammensetzen. Jede Muskelfaser ist angefüllt mit Myofibrillen (d), die vom Sarkoplasma umspült werden. Die kleinste Organisationseinheit ist das Sarkomer. M = M-Linie; Z = Z-Linie; A = anisotrope Bande; I = isotrope Bande (nach AFTING 1981; aus: GROSSER et al. 1999, 16)

45

Tabelle 9 Übersicht zu den Kraftformen, ihren Komponenten und hauptsächlichen Einflußfaktoren

Kraftform	Komponenten	Hauptsächliche Einflußfaktoren			
		Morphologisch, Biomechanisch	Nerval	Energetisch	Motivational
Maximal-kraft	– Maximalkraft – Explosiv- u. Startkraft – muskuläre Leistungs-fähigkeit	– physiologischer Querschnitt – %-Satz FT-/ST-Faserfläche – Muskellänge	– Frequenzierung und Synchronisation (= intramuskuläre Koordination) – zentrales Innervations-muster (= intermuskuläre K).	– anaerob-alaktazider Stoffwechsel mit EnergiefIußrate	– Willensstoßkraft – Verarbeitung hemmender Faktoren
Schnell-kraft	– Maximalkraft – Explosiv- u. Startkraft – muskuläre Leistungs-fähigkeit	– physiologischer Querschnitt – %-Satz FT-/ST-Faserfläche – Vordehnung – Kontraktions-geschwindigkeit	– Frequenzierung und Rekrutierung in der Zeit mit Asynchronität (= intramuskuläre Koordination) – zentrales Innervations-muster und reflekto-rische Steuerung (= intermuskuläre K.)	– anaerob-alaktazider Stoffwechsel mit EnergiefIußrate	– Willensstoßkraft – Verarbeitung hemmender Faktoren
Reaktiv-kraft	– Maximalkraft – Explosiv- u. Startkraft – reaktive Spannungs-fähigkeit	– physiologischer Querschnitt – %-Satz FT-/ST-Faserfläche – Kontraktions-geschwindigkeit – Stiffness des tendomuskul. Systems	– Rekrutierung und Frequenzierung in der Zeit mit Asynchronität – zentrales Innervations-muster (= Basisinnervation) – Vorinnervation – Reflexinnervation	– anaerob-alaktazider Stoffwechsel mit Energiefußrate – Speicherung und Nutzung elastischer Energie	– Willensstoßkraft

Tabelle 9 (Fortsetzung)

Kraftform	Komponenten	Hauptsächliche Einflußfaktoren			
		Morphologisch, Biomechanisch	Nerval	Energetisch	Motivational
Maximalkraftausdauer	– Maximalkraft – alaktazide Stoffwechselleistung	– physiologischer Querschnitt – %-Satz FT-/ST-Faserfläche	– Frequenzierung und Rekrutierung – zentrales Innervationsmuster – Transmitterkonzentration – Ca^{2+}-Konzentration (interfilamentär)	– anaerob-alaktazider Stoffwechsel – H$^+$-Ionenbildung (pH-Wert-Senkung)	– Willensspannkraft
(Submaxim.) Kraftausdauer	– Maximalkraft – laktazide Stoffwechselleistung	– physiologischer Querschnitt	– Frequenzierung und Rekrutierung – zentrales Innervationsmuster	– anaerob-alaktazider Stoffwechsel – pH-Wert (intrazellulär)	– Willensspannkraft
(Aerobe) Ausdauerkraft	– (Maximalkraft) – aerobe Stoffwechselleistung	– physiologischer Querschnitt – %-Satz der ST-Fasern	– Frequenzierung und Rekrutierung – zentrales Innvervationsmuster	– aerob-glykolytischer Stoffwechsel	– Willensspannkraft

Muskelarbeitsweisen

Die motorisch-konditionelle Fähigkeit Kraft wird infolge verschieden auftretender bzw. einwirkender Widerstände und Bewegungsaufgaben von der Muskulatur durch zwei physikalisch-physiologisch unterschiedliche *Arbeitsweisen* realisiert, denen jeweils spezifische *Muskelkontraktionsformen* zugrunde liegen (s. Tab. 10 und Abb. 16).

In der Praxis wird die Muskulatur in den seltensten Fällen in einer Reinform kontrahiert (z. B. nur *isotonisch,* das kann eine Längenveränderung der Muskelfasern ohne Veränderung der Muskelspannung bedeuten, oder nur *isometrisch,* das bedeu-

Tabelle 10 Arbeitsweisen und Kontraktionsformen der Muskulatur

**Kontraktions-
formen**

Muskelarbeitsweisen*	Kontraktionsformen bezogen auf:	
	Muskellängenänderung	Spannungsänderung
dynamisch-positiv (überwindend)	konzentrisch	auxotonisch (isotonisch)
dynamisch-negativ (nachgebend)	exzentrisch	auxotonisch (isotonisch)
statisch**	isometrisch	(isotonisch) isometrisch

* In Reinform selten; meist Mischformen bei sportlichen Bewegungen.
** Statische Bedingungen liegen vereinbarungsgemäß auch vor, wenn die Belastungen in einer Größenordnung liegen, die eine nur sehr langsame Kontraktion ermöglichen bzw. eine nur sehr langsame Dehnung im Sinne eines Nachgebens des Muskels erzwingen.

Abbildung 16 Bewegungen mit dynamischer und statischer Arbeitsweise der Muskulatur

**Arbeits-
weisen**

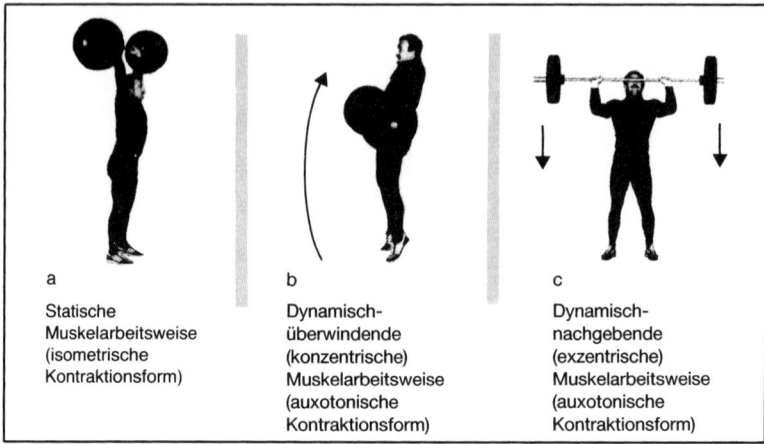

a	b	c
Statische Muskelarbeitsweise (isometrische Kontraktionsform)	Dynamisch-überwindende (konzentrische) Muskelarbeitsweise (auxotonische Kontraktionsform)	Dynamisch-nachgebende (exzentrische) Muskelarbeitsweise (auxotonische Kontraktionsform)

tet eine Spannungs- ohne eine Längenveränderung des Muskels); die meisten sportlichen Bewegungen erfordern Mischformen (mit vorwiegend *auxotonischer* Kontraktion, d. h. sowohl Längen- als auch Spannungsveränderung des Muskels), die schwerpunktmäßig dynamisch (= bewegend) sind.

Zur Krafthöhe der eingesetzten Arbeitsweisen
Die Höhe der entwickelten Kraft liegt bei konzentrischer Arbeitsweise niedriger als bei statischer, bei dieser wiederum niedriger als bei erzwungener exzentrischer Arbeitsweise.

Krafthöhe

Physiologischer Muskelquerschnitt

Es ist eine erwiesene Tatsache, daß zwischen maximaler Kraft und dem Querschnitt eines Muskels eine enge Beziehung besteht. Als maximaler Kraftwert pro Querschnittsfläche sind folgende Angaben zu finden:

Mittelwert (männlich) 7 ± 1 kp/qcm (70 ± 10 N/cm²)
Mittelwert (weiblich) 6 ± 1 kp/qcm (60 ± 10 N/cm²)
Variationsbreite ca. 3–12 (5–10) kp/qcm (30–120 [50–100] N/cm²)

Entscheidend ist dabei nicht der anatomische Querschnitt, sondern der physiologische Querschnitt (= gesamte Querschnittsfläche senkrecht zu den einzelnen Faserbündeln; siehe Abb. 17).

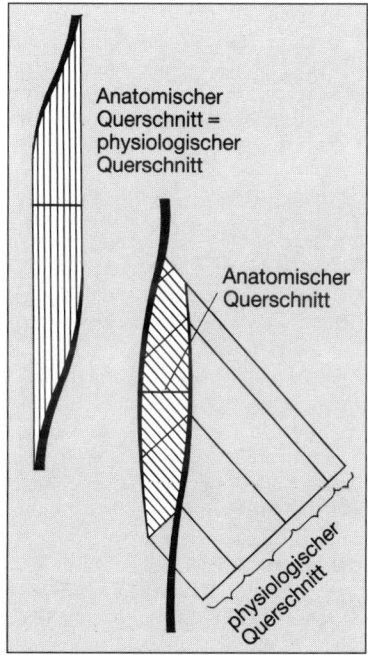

Abbildung 17 Unterschied zwischen anatomischem und physiologischem Querschnitt eines gefiederten Muskels. Anatomischer Querschnitt = Schnitt im rechten Winkel zur Muskellängsachse; physiologischer Querschnitt = Gesamtquerschnittsfläche senkrecht zu den einzelnen Faserbündeln

49

Fasertypenzusammensetzung

Innerhalb des physiologischen Querschnitts spielt eine entscheidende Rolle die genetisch bedingte prozentuale Verteilung von Fast-Twitch-(FT-) und Slow-Twitch-(ST-)Fasern, genauer: das *Verhältnis der Querschnittsflächen von FT- zu ST-Fasern*. FT-Fasern haben nicht nur eine höhere Kontraktionsgeschwindigkeit, sondern auch eine ca. doppelt so hohe Spannungsentwicklung wie die ST-Fasern (vgl. auch Tab. 34, S. 127).

Faser-Umwandlung Hinsichtlich der **Umwandlung von Fasern** durch Training besagen neueste wissenschaftliche Erkenntnisse folgendes:

– Die *Fasertypenveränderung ist sehr komplex* und bis heute nicht in allen Einzelheiten geklärt,

– eine *Umwandlung* der FTG-Fasern (IIb-Fasern) *durch Ausdauertraining* ist möglich; die FTG-Fasern können völlig verschwinden; die Veränderung der FTG-Fasern in langsame ist dabei eine Mischung aus funktioneller Anpassung und morphologischer Umwandlung (Hoppeler 1992),

– auch durch *Krafttraining* kann ein Fasertypenwechsel stattfinden; so wiesen STARON et al. (1991) und ADAMS et al. (1993) nach, daß nach einem 7wöchigen Querschnittstraining eine erhebliche Reduktion der IIb-Fasern zugunsten der IIa- und I-Fasern eintrat und nach 13–20 Wochen Hypertrophietraining überhaupt keine IIb-Fasern mehr nachweisbar waren. Durch spezifisches Schnellkrafttraining ist eine entsprechende Rückbildung wieder möglich (vgl. in diesem Zusammenhang unsere Periodisierungsvorschläge auf S. 83), ebenso durch mehrwöchige Trainingspausen,

– eine trainingsbedingte morphologische Umwandlung von langsam zuckenden Fasern in IIb-Fasern ist bislang nicht nachgewiesen worden; durch entsprechendes selektives Krafttraining ist jedoch der ganze Muskel schneller zu machen (vgl. HILLsche Kurve, Abb. 20, S. 53).

Stiffness des tendomuskulären Systems

Reaktive Spannungs-fähigkeit Darunter wird die Härte des Muskel-Sehnen-Gewebes verstanden, die aufgrund des Widerstands gegen dehnende Kräfte entsteht. Bestimmt wird sie durch den Quotienten aus dehnender Kraft und der Längenänderung des Muskels. Sie ist von großer Bedeutung für die Speicherung elastischer Energie und deren Wiedergewinnung. In Abhängigkeit von einer hohen Dehnungsgeschwindigkeit und geringer Dehnungslänge ist die Muskelhärte infolge eines starken initialen Spannungsanstiegs zu Dehnungsbeginn besonders hoch. Im weiteren Dehnungsverlauf kann die Härte wieder abnehmen. Dies wird mit der kurzen Lebensdauer (maximal 200 ms) der ersten Brückenbildungen zwischen Myosin- und Aktinfilamenten erklärt. Für eine günstige Ausnutzung der gespeicherten elastischen Energie in diesem Zeitraum ist deshalb die sog. **kurzzeitige reaktive Spannungsfähigkeit** (= short range elastic stiffness, SRES), wie sie beim Reaktivkraftverhalten auftritt, von besonderer Bedeutung. Die Entstehung der Stiffness während des Reaktivkraftverhaltens ist ein neurales und materiales Geschehen: Ursächlich wirken Vorinnervation, Reflexinnervation (= neurales Geschehen) sowie die Elastizität, Viskosität und Plastizität des Muskel-Sehnen-Gewebes (= viskoelastisches Verhalten) zusammen.

Zum biomechanischen Bereich

(Muskuläre Kraftentfaltung unter mechanischen Bedingungen)

Hebel- bzw. Gelenkwinkelverhältnisse

Im Sport wird die für die sportliche Leistung notwendige Kraft immer über bestimmte Gelenkwinkelbereiche aufgebracht. Die Kraft der Muskelkontraktion bedingt ein Drehmoment in dem Drehpunkt dieser Gelenke, das bestimmt ist durch das Produkt aus der Kraft, die der Muskel aufbringt, und dem kürzesten Abstand, den die Wirkungslinie der Kraft von dem Drehpunkt hat. Bei Körpergelenken ändert sich dieser Abstand mit der Änderung des Gelenkwinkels, dadurch ändert sich auch das erzeugte Drehmoment (vgl. Abb. 18). Den Winkelbereich um das maximale Drehmoment nennt man den optimalen Arbeitswinkel (Beispiele: Ellenbogenbeugung bei 60°–120°, Kniestreckung bei 110°–120° Innenwinkel).

Hebel und Gelenkwinkel

Abbildung 18 Änderung der Drehmomente bei der Beugung im Ellbogengelenk (nach DE MARÉES 1981, 114): Der Musculus biceps verkürzt sich von Stellung 1 nach Stellung II bei konstanter Last L. In Stellung II ist der Lastarm a_2 kleiner, der Kraftarm b_2 größer als in Stellung 1; d.h., das Drehmoment der Kraft wird größer unter der Voraussetzung, daß der Muskel die gleiche Kraft aufbringen kann wie in Stellung I (aus: GROSSER et al. 1987, 109)

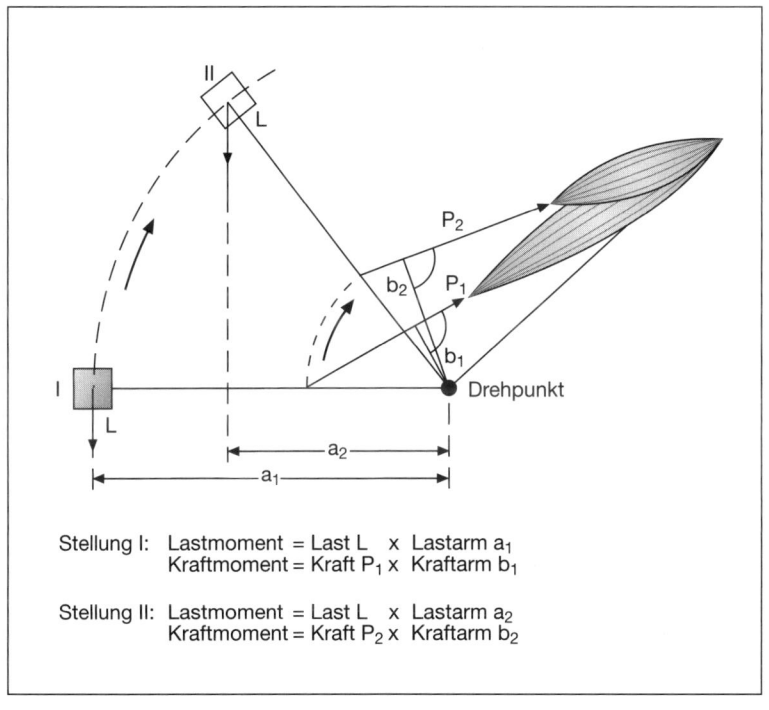

Stellung I: Lastmoment = Last L x Lastarm a_1
Kraftmoment = Kraft P_1 x Kraftarm b_1

Stellung II: Lastmoment = Last L x Lastarm a_2
Kraftmoment = Kraft P_2 x Kraftarm b_2

51

Kraft-Längen-Verhältnis des Muskels

Muskel-komponenten

Im biomechanischen Modell kann der Muskel als Dreikomponentensystem betrachtet werden: Das *kontraktile Element* (= Aktin-Myosin-Komplex) entwickelt willkürlich Kraft; die *parallelelastischen* (= Bindegewebe der Fasermembranen und Faszien) und *serienelastischen Elemente* (= elastisches Material in Sehnen und in den Myosin-Aktin-Querbrücken) wirken bei Dehnung wie eine Feder und entwickeln passive Kräfte (Elastizitätskräfte).

Die Gesamtkraft des Muskels, die nach außen abgegeben wird, ist immer die Summe aus der Kraft des kontraktilen Elements und der passiven Kraft des parallel-elastischen Anteils. Die Abb. 19 verdeutlicht diesen Zusammenhang. In Abhängigkeit von der Menge des Bindegewebes im Muskel ergeben sich unterschiedliche Charakteristika.

Bei bindegewebsreichen Typen kann die Gleichgewichtslänge kürzer als die Ruhelänge sein. Das bedeutet, daß hier schon bei einer kurzen Muskellänge elastische Energie in den parallelelastischen Komponenten gespeichert werden kann. Bei den bindegewebsarmen Typen kommt es erst in einer großen Streckung des Gelenkes, um das der Muskel greift, zu einer Speicherung von Energie. Für die an der Körperperipherie meßbare Kraft bedeutet das, daß bei bindegewebsreichen Muskeln über einen großen Winkelbereich hohe Kräfte meßbar sind, bei den bindegewebsarmen ist die Nutzung elastischer Kräfte in den parallelelastischen Komponenten von untergeordneter Bedeutung.

Die Vordehnung wird in zahlreichen Sportbewegungen durch Auftakt- oder Ausholbewegungen unbewußt genutzt. Dabei befindet sich der Muskel nicht nur in seiner optimalen Ausgangslänge, sondern es kommt auch die Fähigkeit der serien-

Abbildung 19 Abhängigkeit der Zugkraft von der Länge des aktiven Muskels (nach CARLSON/WILKIE 1974). Links bindegewebereicher Typ, rechts bindegewebearmer Typ. A = Gleichgewichtslänge, B = Ruhelänge, 1 = Gesamtzugkraft, 2 = Kraft aus der parallelelastischen Komponente, 3 = Kraft aus der kontraktilen Komponente (nach ZAZIORSKI et al. 1984, 62)

Zugkraft und Länge

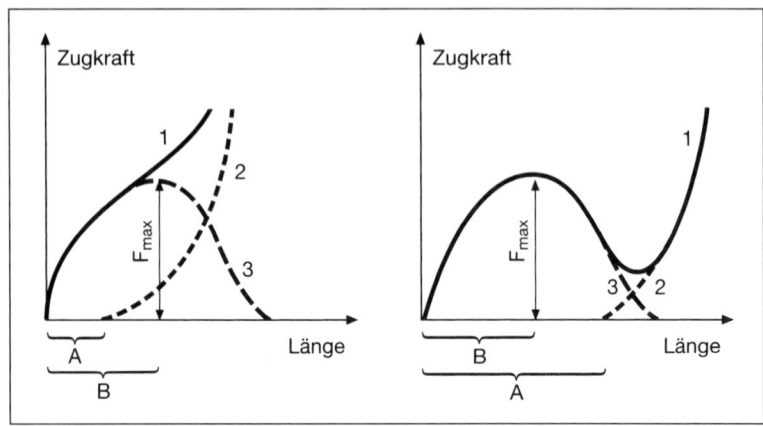

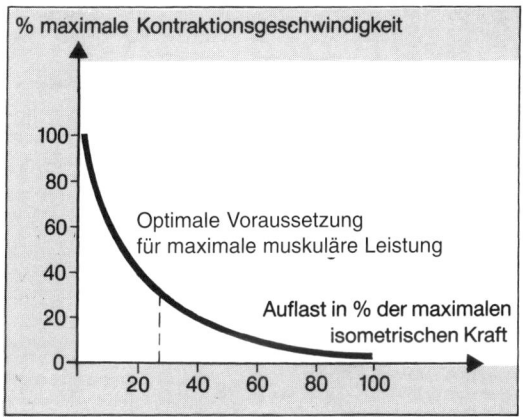

Hill'sche Kurve

Abbildung 20 Abhängigkeit der maximalen Kontraktionsgeschwindigkeit von der Größe der Auflast bzw. der aufzuwendenden Kraft (HILLsche Kurve): geringere Kontraktionsgeschwindigkeit mit zunehmender Auflast und umgekehrt (aus: GROSSER et al. 1987, 132)

elastischen Komponente, nämlich Energie zu speichern, zur Wirkung. Während der Bewegung kann diese Energie, die durch das Abbremsen der Ausholbewegung in den elastischen Komponenten des Muskels gespeichert wird, für die Erzeugung eines Impulses genutzt werden. Für die Effektivität von Trainingsübungen ist die Kenntnis über Gelenkstellungen, in denen Muskeln ihre wirkungsvollste Ausgangslänge haben, von Nutzen.

Bewegungsgeschwindigkeit (Kontraktionsgeschwindigkeit)

Bei dynamischer Arbeitsweise ist die Krafthöhe von der Kontraktionsgeschwindigkeit (= Verkürzungsgeschwindigkeit) des Muskels abhängig. Oder: Die zur Bewältigung der zu befördernden Last notwendige Kraftgröße beeinflußt die Kontraktionsgeschwindigkeit. Dieser Zusammenhang ergibt sich aus der Hillschen Kurve (Abb. 20). Häufig ist es so, daß durch *Steigerung der Maximalkraft* auch die Bewegungsgeschwindigkeit erhöht werden kann. Es ist aber zu beachten, daß bei schnellen Bewegungen gegenüber geringen Widerständen die maximale Verkürzungsgeschwindigkeit der begrenzende Faktor ist. In solchen Fällen führt eine Maximalkraftsteigerung über Training mit submaximalen bis maximalen Lasten zu keiner weiteren Verbesserung. Die günstigere Belastungsmethode ist hier die *»Muskelleistungsmethode«* (s. S. 74 f.), mit der die höchsten Zuwachsraten für die kombinierte Entwicklung von Kontraktionsstärke und Bewegungsschnelligkeit erreicht werden.

Die Abb. 21 zeigt die Muskelleistungskurve. Hier erkennt man, daß bei ca. 30–35% der maximalen Last (= Kraft) die höchsten Muskelleistungen (= Kraft mal Geschwindigkeit) erbracht werden können. Dieser Zahlenwert bezieht sich auf Untersuchungen an Einzelmuskeln. Für die Tätigkeit von Muskelgruppen bzw. Muskelschlingen treffen mehr die folgenden Prozentzahlen zu: KOMI (1975, 13) weist auf ein »Leistungstraining« im Bereich zwischen 30 und 60% der Maximalkraft hin. MARTIN et al. (1991, 127) haben bei ihrer Bestimmung der Muskelleistungs-

Kontraktionsgeschwindigkeit

Muskelleistungsmethode

53

Abbildung 21 Kraft-Geschwindigkeits-Kurve (a) und Muskelleistungskurve (b) im Vergleich. Beim isolierten Muskel liegt die maximale Leistung bei einem Krafteinsatz von ca. 30–35% der Maximalkraft vor

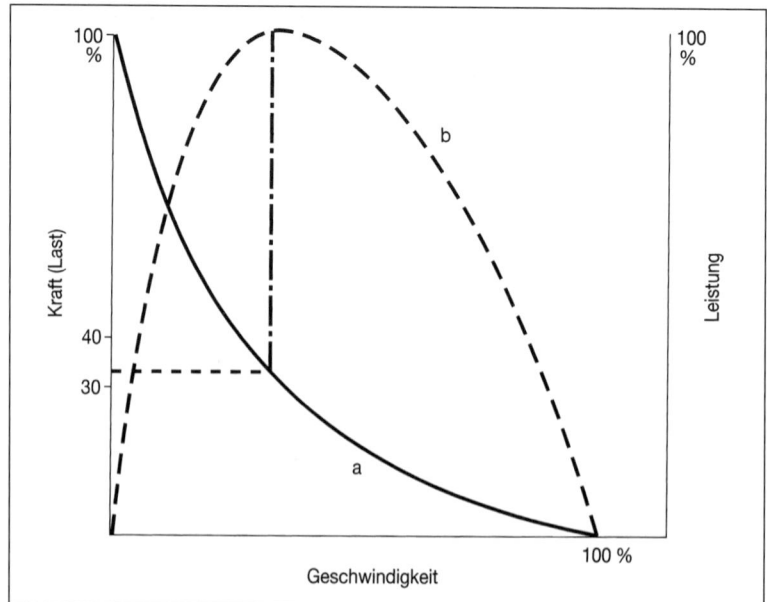

Muskel-leistungs-kurve

schwelle (mit der Übung »Bankziehen«) eine Schwellenlast (= Lastgröße, mit der die maximale Leistung erreicht wird) im Bereich von 55–60% des konzentrischen Lastmaximums gefunden (hier wurde jedoch die Leistung als durchschnittliche während eines Bewegungsabschnittes bezeichnet). Aber auch die Übertragung dieses Zahlenwerts auf andere Trainingsübungen (z.B. Bankdrücken oder Kniebeugen) ist nicht problemlos möglich. Es muß die Schwellenlast für jede Trainingsübung eigens bestimmt werden.

Zum nervalen Bereich

Basis für die Muskelkraft ist die kontraktile Substanz des Muskels. Sie muß durch die Wirkung des zentralen und peripheren Nervensystems zur Kontraktion angeregt werden. Die wichtigsten Mechanismen werden kurz angesprochen.

Frequenzierung und Rekrutierung

Bei einer willkürlichen Kraftbewegung (= bewußte Zielmotorik) hat die finale Erregung der Muskelzelle ihren Ausgang im motorischen Bezirk der Großhirnrinde. Von dort werden mit dem zentralen Bewegungsprogramm bestimmte Innervationsmuster über die absteigenden Bahnen des Rückenmarks zu den motorischen Vorderhornzellen (α-Motoneuronen) der zugehörigen Muskeln ausgesandt. Diese supraspinalen (von oberhalb des Rückenmarks kommenden) Impulsmuster werden größtenteils im Interneuronenapparat (= Schaltzellen des Rückenmarks) erregend oder hemmend mit Impulsen aus der Körperperipherie und Impulsmustern des Eigenapparats des Rückenmarks (= Spinalmotorik) verschaltet, bevor sie die α-Motoneurone erreichen. Je nach der Höhe der Erregungsfrequenz (= Impulse/s) des so entstandenen Erregungsmusters sprechen weniger oder mehr α-Motoneurone (motorische Einheiten) an und senden ein Erregungsmuster an alle zugehörigen Muskelfasern. Die Abstufung der Impulsfrequenz wird als **Frequenzierung** bezeichnet, das Erfassen einer bestimmten Zahl von motorischen Einheiten als **Rekrutierung.** Beides zusammen macht die *intramuskuläre Koordination* aus.

Intramuskuläre Koordination

Nach dem *Rekrutierungsprinzip* von HENNEMANN et al. (1965) ist für die Aktivierung der Motoneurone deren Rekrutierungsschwelle (= Erregungsschwelle) maßgebend. Abb. 22 zeigt den prinzipiellen Zusammenhang von Rekrutierungsschwelle, Fasertypus und Rekrutierungsbeitrag. Die *Rekrutierungsreihenfolge* ist

- *immer* (bei statischer, dynamischer, explosiver Kraftentfaltung) *dieselbe:* Zuerst werden die langsamen motorischen Einheiten (ST-Fasern) mit kleinen Motoneuronen und niedriger Erregungsschwelle, dann bei steigenden Krafterfordernissen die schwächeren FT-Fasern und schließlich die starken FT-Fasern mit großen Motoneuronen und hoher Erregungsschwelle erfaßt.
- Bei *explosiven Krafteinsätzen* kommt es zu einer zeitlichen Verdichtung der Rekrutierung (auf ca. 10 ms), so daß nahezu von gleichzeitiger Erfassung (Synchronisation) aller motorischer Einheiten von Beginn an ausgegangen werden kann. Wird dabei *gegen geringe Widerstände* (kleine Lasten) gearbeitet, so ist der Beitrag der ST-Fasern in der Kontraktion für die Beschleunigung gering, da die FT-Fasern infolge ihrer größeren Verkürzungsgeschwindigkeit (Kontraktionsdauer FT-Fasern 40–90 ms, ST-Fasern 90–140 ms) den Hauptbeitrag leisten können. *Gegen hohe und höchste Lasten* mit langsamerer Bewegung können und müssen die ST-Fasern ihren vollen Arbeitsbeitrag beisteuern.

Eine Umkehr in der Rekrutierungsreihenfolge der motorischen Einheiten gibt es nicht. Es kann jedoch sein, daß bei fast gleichzeitiger Rekrutierung eines ganzen Motoneuronenpools durch die verschiedenen Leitungsgeschwindigkeiten der peripheren Nervenfasern (von den Motoneuronen zur Muskelzelle hin) das Erregungsmuster eines großen Motoneurons (FT-Einheit) schneller ihre Muskelfasern erreicht als das einer kleinen Vorderhornzelle (ST-Einheit). Meist ist jedoch selbst bei ballistischen Kontraktionen die oben beschriebene Rekrutierungsordnung gültig.

Ballistische Kontraktionen sind solche, die aufgrund einer Stoßinnervation (= Impulsserie mit folgender Innervationsstille) mit abrupter Anfangsrekrutierung eingeleitet werden und in »freier« Kontraktion enden, da die beschleunigte Last in freien Flug übergeht. Zur Beschleunigung größerer Lasten (ohne freien Flug) ist für die Kontraktion eine kontinuierliche Impulsfolge erforderlich. Bei *Krafteinsätzen unter ca. 80% der Maximalkraft* erfolgt die Entladung der eingesetzten motorischen Einheiten asynchron, und es findet ein rotatorischer Wechsel mit den freien motorischen Einheiten statt. Bei *langsamer Kraftentfaltung* sind bei den meisten Muskeln mit Erreichen von 85–90% der Maximalkraft bereits alle motorischen Einheiten

Ballistische Kontraktionen

Abbildung 22   Schematische Darstellung des Rekrutierungsprinzips anhand von 4 motorischen Einheiten eines Muskels mit unterschiedlicher Rekrutierungsschwelle.
ST = Slow-Twitch-Fasern von motorischen Einheiten mit kleinen Motoneuronen und niedrigen Rekrutierungsschwellen; FT_O = oxidativ ausgestattete Fast-Twitch-Faser, FT_G = glykolytisch ausgestattete Fast-Twitch-Faser. Beide FT-Einheiten haben größere Motoneuronen und höhere Rekrutierungsschwellen

**Rekrutierungs-
prinzip**

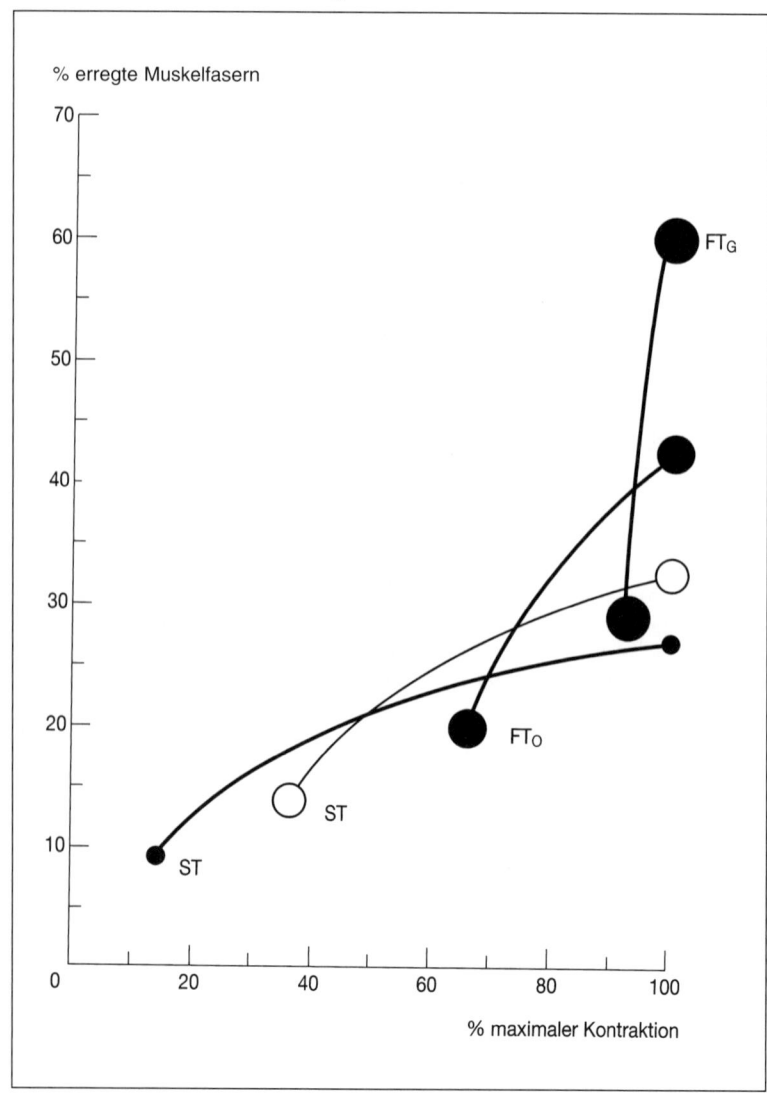

rekrutiert (ausgenommen die autonom geschützten Reserven). Die weitere Kraftsteigerung erfolgt dann nur noch über Frequenzierung und synchrone Entladung (Synchronisation) der motorischen Einheiten. Bei *explosiver Kraftentfaltung* liegt volle Rekrutierung bereits beim Erreichen von ca. 25% der statischen Maximalkraft vor. Dies hängt damit zusammen, daß der Kraftbeitrag der einzelnen Muskelfasern erst mit einer gewissen Verzögerung gegenüber dem Rekrutierungszeitpunkt an der Körperperipherie meßbar wird. Diese Verzögerung nennt man das »elektro-mechanische delay«. Es wird erklärt über das visko-elastische Verhalten des Muskels (Anfangsreibung). Die Rekrutierung der motorischen Einheit erfolgt jedoch so, daß die Muskelfasern ihren Kraftbeitrag für den erforderlichen Gesamtkraftwert rechtzeitig liefern.

Explosive Kraftentfaltung

Stellt man die nach außen abgegebene Maximalkraft von 400 N in Bezug zu dem Zeitpunkt der Rekrutierung für eine motorische Einheit, dann werden bei langsamer Kraftentfaltung die motorischen Einheiten bei 400 N rekrutiert, während sie bei explosiver Kraftentfaltung der gleichen Muskulatur ab 100 N rekrutiert werden. Resultierend kann über den Beitrag von Frequenzierung und Rekrutierung zur Kraftentwicklung festgehalten werden:

– Beide Geschehen laufen miteinander ab.
– Etwa ein Drittel der Gesamtkraft wird durch die Rekrutierung, zwei Drittel davon werden durch Frequenzierung erreicht.
– Im unteren Kraftbereich sind mehr die Rekrutierung und asynchrone Entladung von Bedeutung, im oberen Kraftbereich ist mehr die Frequenzierung der bestimmende Faktor, im Grenzbereich die Synchronisation der motorischen Einheiten.
– Die Rekrutierung der Fasertypen zum prozentualen Maximalkraftbeitrag geschieht im allgemeinen so, wie das Schema in Abb. 23 zeigt.

Abbildung 23   Möglicher Fasereinsatz bei langsamen Bewegungen und ansteigender Kraftrealisierung

Muskelfasereinsatz

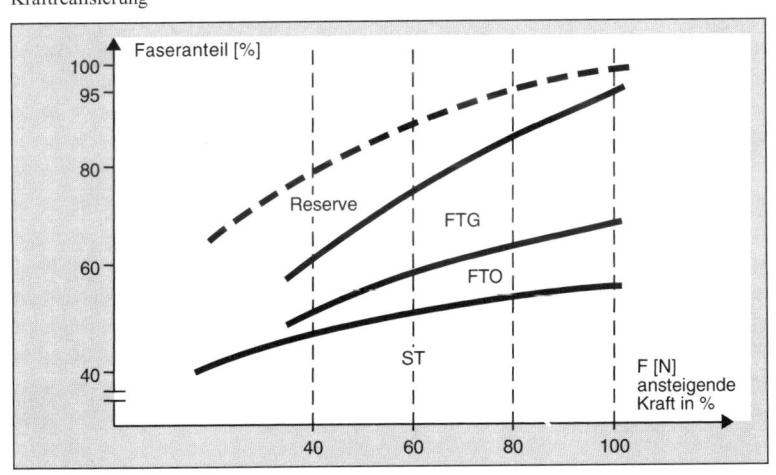

Zentralprogrammierte und reflektorische Bewegungssteuerung

(Intermuskuläre Koordination)

Kraftbewegungen unterliegen wie alle Bewegungen einer zentralen und reflektorischen Steuerung.

Zentrale Steuerung
Unter *zentraler Steuerung* wird die von den motorischen Zentren der Großhirnrinde (= Steuerzentrale) ausgehende und von weiteren supraspinalen Zentren (v. a. Basalganglien bei langsamen, Kleinhirn bei schnellen Bewegungen) beeinflußte Innervation der an einer Bewegung beteiligten Muskeln verstanden. Sie stützt sich auf gespeicherte Programme und neuronale Verschaltungen im Rückenmark (absteigende Bahnen), so daß z. B. die Beugemuskeln eine Erregung und die zugehörigen Strecker eine Hemmung (Beugerstimulation, Streckerhemmung) oder umgekehrt erfahren.

Dem Rückenmark laufen aus den Propriozeptoren (= sensible Organe in Muskeln, Sehnen, Gelenken) auch Erregungen zu (= sensorische Afferenzen). Diese Afferenzen erfahren auf spinaler Ebene eine direkte oder indirekte (über Interneurone) Verschaltung zu den motorischen Vorderhornzellen. Diese nervalen Verschaltungen sind die propriozeptiven Reflexe. Die wesentlichen sind die Eigenkontraktion (= Dehnungsreflex) und die reziproke Antagonistenhemmung (beide von der Muskelspindel ausgehend) sowie die Eigenhemmung und reziproke Antagonistenerregung (beide von der Sehnenspindel ausgehend). Unter Verarbeitung zusätzlicher Afferenzen aus Schmerz- und Drucksensoren entsteht der gekreuzte Beuge-Reflex: Mit der Beugererregung der einen Extremität kommt es gleichzeitig zu einer Zunahme des Streckertonus in der anderen Extremität.

Darüber hinaus hat noch die sogenannte γ-Innervation Einfluß auf die Kraftsteuerung. Über die γ-Motoneurone und γ-Fasern verfügt die Muskelspindel über eine eigene motorische Innervation. Sie untersteht höheren Zentren und geschieht bei Willkürbewegungen mit der Aktivierung der α-Motoneurone. Die Muskelspindel reagiert darauf (wie bei Dehnung) mit Entladungsfrequenzen, die im Rahmen der sensorischen Afferenzen verarbeitet werden. Die γ-Innervation ist von Bedeutung für eine hohe Kontraktionsgeschwindigkeit bei Schnelligkeits- und Schnellkraftübungen sowie bei willkürlichen Maximalkrafteinsätzen. Die willkürliche Anstrengung kann also einen hohen Beitrag zur reflektorischen Spannungsentwicklung leisten.

Alle diese Reflexe bewirken die reflektorische Regulation der Kontraktionskraft bei Bewegungen und spielen eine bedeutende Rolle bei sehr schnellen Kraftbewegungen.

Intermuskuläre Koordination
Die zentralen und reflektorischen Steuermechanismen zusammen bilden die Grundlage der *intermuskulären Koordination,* unter der man allgemein das Zusammenwirken von synergistisch und antagonistisch wirkenden Muskeln innerhalb eines gezielten Bewegungsablaufs versteht (vgl. hierzu auch die nervalen Vorgänge bei der Dehnung von Muskeln und Bindegewebe wie sie im Zusammenhang mit Beweglichkeitstraining auf den S. 160 ff. dargestellt sind).

Vorinnervation

Darunter wird die Aktivierung eines Muskels vor (ca. 70–150 ms) der eigentlichen Kraftbeanspruchung verstanden. Sie dient einem zeitlich vorausgenommenen Spannungsaufbau in den kontraktilen Fasern und der Feineinstellung der Muskelspindel (über die γ-Innervation). Diese Vorinnervation ist Teil eines zentralen Bewegungsprogramms. Dauer und Stärke sind von der bevorstehenden Belastungsgröße und vom Übungsgrad (Trainingszustand) abhängig. Sie sind nicht bei allen Bewegungen gleich groß. Eine visuelle Kontrolle des bevorstehenden Belastungszeitpunkts spielt dabei keine Rolle. Es ist zu vermuten, daß die Entstehung auch mit vom Gleichgewichtssinn (Beschleunigung) beeinflußt wird.

Vorinnervation

Reflexinnervation

Reflexinnervation ist die Aktivierung eines Muskels durch den Dehnungsreflex, der bei Dehnung eines Muskels durch die Muskelspindel ausgelöst wird. Die Aktivitätsspitze tritt, je nach Muskel, ca. 25–40 ms nach Dehnungsbeginn auf, was mit der Laufzeit der Impulse im Reflexbogen von 20–40 ms zu erklären ist. Die Innervationsstärke wird von der Dehnungsgeschwindigkeit beeinflußt. Die damit erzeugte Muskelspannung kann selbst in kurzen Belastungsphasen, wie sie etwa beim Sprintschritt oder Weit-Absprung (ca. 100–200 ms), also im sogenannten Dehnungs-Verkürzungs-Zyklus vorliegen, zur Speicherung elastischer Energie genutzt werden.

Reflexinnervation

Zum energetischen Bereich

Grundsätzliches (vgl. auch S. 119 ff.)

Die Krafterzeugung ist auch unter energetischem Aspekt zu betrachten. Die Kontraktionsintensität (maximal, submaximal, mittel etc.) und Arbeitsweise (statisch, dynamisch) sind nämlich von einer bestimmten Energieflußgröße abhängig. Deshalb ist entweder die anaerob-alaktazide oder anaerob-laktazide oder aerob-glykolytische Energiebereitstellung schwerpunktmäßig maßgebend, wenn auch stets alle diese Stoffwechselvorgänge gleichzeitig ablaufen. Kurz dargestellt ergeben sich folgende Grundsätzlichkeiten der Energiebereitstellung:
Maximalkraft-, Schnellkraft-, Reaktivkraft-Einsätze erfordern den höchsten Energiefluß pro Zeit. Die Energie wird über die Spaltung des ATP geliefert und ist zeitlich zunächst auf 4–6 Sek. durch die Phosphatspeichergröße von ATP und KrP begrenzt. Durch Training kann man diesen hohen Energiefluß eventuell auf 20 Sek. ausdehnen. Die hohe Intensität kann aus energetischer Sicht durch Substraterschöpfung (Phosphatpool) nicht mehr aufrechterhalten werden. Zu diesem Zeitpunkt hat die Übersäuerung (pH-Wert-Senkung) durch Laktatbildung aus der anaeroben Glykolyse eingesetzt. Große bzw. vergrößerte Phosphatspeicher sind also wesentlich für das Aufrechterhalten maximaler Kontraktionsintensitäten. Wiederholtes Ausschöpfen des KrP-Speichers durch entsprechende Trainingsbelastung führt zu einer Speichervergrößerung (ATP ca. + 40–50%; KrP bis + 70%).

Höchster Energiezufluß

59

Kraftausdauer-Einsätze mit submaximaler Intensität erfordern einen Energie-fluß/Zeit, der nur aus der anaeroben Glykolyse unterhalten werden kann (aerober Beitrag gering). Für das Aufrechterhalten dieser Intensitäten ist deshalb eine hohe Glykolyserate (= Laktatbildungsfähigkeit), aber auch ein großer Phosphatspeicher von Nutzen. Die anaerobe Glykolyse setzt nach ca. 60% Dephosphorylierung des KrP ein. Die Einsatzdauer der anaeroben Energieproduktion (alaktazid + laktazid) kann damit verlängert werden (40–90 Sek.). Die Krafteinsätze sind in diesem Fall wegen Übersäuerung (»Enzymvergiftung« durch stark gefallenen pH-Wert) nicht mehr aufrechtzuerhalten. Die anaerobe Glykolyse bremst sich gewissermaßen selbst.

Ausdauerkraft wird aus einer gemischten anaerob-glykolytischen und aerob-gly-kolytischen Energieproduktion unterhalten. Wird das Laktat-steady-state über-schritten, so ist die Laktataufstockung und damit die Übersäuerung die Ursache für den Intensitätsabbruch. Die Belastungsdauer bis dorthin hängt von der prozentu-alen Beanspruchung der anaeroben Glykolyse ab: 100%ig ist sie kaum länger als 3–4 Min. in Anspruch zu nehmen, bei ca. 70–80% Inanspruchnahme ist mit einer Dauer von 7–10 Min. zu rechnen. Bleibt die Belastungsintensität im Bereich des maxi-malen Laktat-steady-states, so ist die Ursache für den Intensitätseinbruch im Schwinden des Glykogenspeichers zu sehen. Derartige Ausdauerkraft-Belastungen liegen dann im Zeitbereich der LZA I (10–35 Min.; s. S. 117 f.).

Phosphatresynthese und Laktatbeseitigung

Im Hinblick auf Wiederbelastung nach Krafttraining sind die Zeiten für Phos-phatresynthese und Laktatbeseitigung von Interesse.

ATP wird im allgemeinen laufend resynthetisiert. Kommt es im Extremfall zur ma-ximalen Ausbeute (bis auf 40% der Ausgangsmenge), so ist der ATP-Pool nach we-nigen Sek. wieder ersetzt.

KrP-Halbwertzeit

KrP kann maximal bis auf 20% abgebaut werden. Die Resynthese läuft exponen-tiell ab (schnellere erste Hälfte), da am Anfang die Wiederherstellung über laktazide Energiegewinnung (Laktatanfall am Anfang der Pause!) geschieht, später das oxi-dative Geschehen im Vordergrund steht. Die *Halbwertzeit* (= Zeit, in der 50% der fehlenden Menge ersetzt sind) der Phosphatresynthese liegt bei ca. 15 Sek. (andere Angaben 22 s). Nach 1 Minute sind ca. 90% ersetzt, nach 3 Minuten ist die *volle Resynthese* geschehen.

Laktat-Halbwertzeit

Die **Beseitigung des Laktats** aus der Muskelzelle durch die Zellwand hindurch be-ginnt bereits im arbeitenden Muskel. Bei sehr hoher intrazellulärer Anreicherung (bis 40 mmol/l) kommt es allerdings zu einer Art Behinderung der Laktatpassage. Nach der Belastung geschieht die weitere Beseitigung durch Übertritt ins Blut (gemäß dem Konzentrationsgefälle) und z. T. im ruhenden Muskel durch Wieder-aufbau zu Glykogen. Die Laktatverteilung (im Blut) läuft mit einer Halbwertzeit von 2 Min., die Blutlaktateliminierung durch Aufnahme in Leber und Niere sowie Verbrennung im Herzmuskel mit einer Eliminationsrate von 0,5 mmol/l/Min. (so-weit Konzentrationen über 5 mmol/l vorliegen). Die *Halbwertzeiten* der Beseiti-gung werden für Konzentrationen um ca. 5 mmol/l mit etwa 10 Min., für ca. 10 mmol/l mit 15 Min., für über 20 mmol/l mit 25 Min. und mehr angegeben. Nach

1–3 Std. ist im allgemeinen das ganze Laktat beseitigt. Durch *aktive Pausengestaltung* kann der Laktatabbau weiterhin bis auf die Hälfte der Zeit reduziert werden. Mit Hilfe dieser Kenntnisse lassen sich die notwendigen Pausenzeiten (7–15 Min.) bei stark übersäuerndem Kraftausdauertraining abschätzen. Die Pausendauer (3–5 Min.) beim Maximalkrafttraining richtet sich mehr nach der Phosphatresynthese. Die (schnellere) Laktatelimination aus der Zelle ist in dieser Zeit auch abgelaufen. Im Rahmen der Regenerationsvorgänge im Muskel darf nicht übersehen werden, daß eine *gute Kapillarisierung der Muskulatur* eine notwendige Voraussetzung für einen optimalen Erholungsvorgang ist. Damit wird die Bedeutung eines Ausdauerniveaus im Sinne einer guten **Grundlagenausdauer** auch für Kraftarbeit hervorgehoben.

Grundlagenausdauer

Zum motivationalen Bereich

Für die Kraftentfaltung spielt wie bei allen sportlichen Leistungen auch die **Motivation** als allgemeines Aktivierungsniveau eine entscheidende Rolle. Es ist bekannt, daß die für Kraftmessungen unter Normalbedingungen bekannten Standardabweichungen von ca. 4% (bis 8,5%) aus motivationalen Gründen um ein Mehrfaches sich ändern können. Im engeren Sinne geht es hier um die bewußte Mobilisierung zusätzlicher Kraftreserven über das gewöhnliche Maß hinaus. Dazu ist notwendig der Wille als Fähigkeit zum Handeln trotz der unangenehmen Gefühle, die mit starken körperlichen Anstrengungen verbunden sind (Überwindung des »inneren Schweinehundes«). Der Wille kann Hemmungen psychogener Art und hemmende Reflexe aus unangenehmen Gefühlen abbauen. Er beeinflußt auch das sympathische Nervensystem (Katecholaminausschüttung) und stimuliert damit verschiedene Organe zu höherer Leistung.

Motivation

Eine Wirkungssteigerung, hemmende Reflexe auszuschalten, wird durch Überlagerung der Hemmreflexe durch andersartige Reize – gewissermaßen durch Hemmung von Hemmungen – erreicht. Derartiges wird in der Sportpraxis z. B. bei Werfern, Stoßern, Gewichthebern durch lautes Schreien zu erreichen versucht. Der größte Einfluß auf Kraftleistungssteigerung wurde bei Versuchen mit Hypnose erreicht. Unter normalen Wettkampf- und Trainingsbedingungen ist hohe **Willenskraft** von Bedeutung. Darunter wird die Fähigkeit verstanden, den Willen ins Spiel zu bringen. Sie ist nicht durch Belehrung zu erreichen, sondern bedarf einer langfristigen Schulung durch Übung im praktischen Krafttraining.

Willenskraft

Für Maximalkraft-, Schnell- und Reaktivkraft-Einsätze ist die Verbesserung der **Willensstoßkraft** (= Willenseinsatz für kurze maximale Anstrengungen), für Kraftausdauerleistungen die Verbesserung der **Willensspannkraft** (= Willenseinsatz für längerfristige Anstrengung) von Bedeutung.

Hochtrainierte Sportler haben deshalb nach jahrelangem Training ihre *Mobilisationsschwelle* in Bereiche von 90–95% der absoluten Leistungsfähigkeit vorgeschoben.

Zur Ermüdung bei Kraftübungen

Ermüdung als vorübergehende (reversible) Herabsetzung der Leistungsfähigkeit ist ein *sehr komplexes Geschehen,* in dem sich primäre Ursachen und Folgen nicht immer klar trennen lassen.

Ursachen von Ermüdung Bei muskulärer Ermüdung, verstanden als Nachlassen der Krafterhaltungsfähigkeit, werden folgende Ursachen in der Diskussion favorisiert:

– Störungen in der Erregungsfortleitung an der Muskelzellmembran wegen ungenügender Leistung der Na-K-Pumpe (Elektrolytverschiebung),
– Störung des Ca^{2+}-Regulationsmechanismus für die elektromechanische Koppelung in der Muskelzelle (Ca^{2+}-Defizit zwischen den Myofibrillen wegen verzögerter Rückresorption in die Vesikel),
– Transmitterermüdung, vor allem des Azetylcholins an der motorischen Endplatte (wegen Verzögerung in der Rückresorption),
– Transmitterermüdung im Zentralnervensystem (GABA, Glutamat) als Ursache für zentrale Ermüdung,
– metabolisch: Die Anreicherung von H^+-Ionen, die eine hemmende Wirkung auf die Ca^{2+}-Aktivität zur Brückenbildung besitzen sollen. Damit wäre eine Aktin-Myosin-Brückenbildung stark beeinträchtigt, obwohl ausreichend Ca^{2+} und ATP vorhanden sind. Eine Erschöpfung der energiereichen Phosphate wird nur noch selten als unmittelbare Ursache angeführt.

Wenn in diesem komplexen Geschehen auch noch nicht alles geklärt ist, so kommt es doch zum Ausdruck, daß die **Ermüdung** bei intensiven Krafteinsätzen **mehr im Bereich der Muskelerregung** und unmittelbaren H^+-Ionenwirkung ihren Ausgang nimmt als in der Energiespeichererschöpfung.

Trainingsmethoden

Trainingsziele und Methoden-Erklärungen

Die verschiedenen Trainingsziele und die vier Erscheinungsformen der Kraft werden durch bestimmte Trainingsmethoden herausgebildet. Grundsätzlich geschieht die Ansteuerung aller Kraftformen bzw. Trainingsziele über ein Basis-Training. Hinsichtlich übergeordneter Zielsetzungen unterscheidet man:

Trainings-ziele – eine **komplexe Kraftentwicklung** (= Basistraining) für die Anwendungsbereiche
a) Gesundheitsfitneß, Kinder, Jugendliche, Prävention und Rehabilitation;
b) für sportliche Anfänger und
c) für sportliche Fortgeschrittene,
– eine **differenzierte Entwicklung** einzelner Krafterscheinungsformen wie Maximalkraft, Schnellkraft, Reaktivkraft und Kraftausdauer sowohl sportartunspezifisch als auch spezifisch für Leistungssportler, Bodybuilder, Powerlifter u. a. sowie
– ein **spezielles Krafttraining,** gänzlich ausgerichtet auf den Hochleistungssport (mittels disziplinspezifischer Bewegungen bzw. Übungen, die sowohl Kraft steigern als auch Koordinationsmuster festigen).

Mit der Tabelle 11 (S. 64) geben wir einen Überblick zu diesen Zusammenhängen. Bevor wir auf die einzelnen Trainingsmethoden näher eingehen, sind einige Erklärungen zu den Belastungskomponenten (vgl. auch S. 14) und Organisationsformen der Methoden notwendig.

Eine Krafttrainingsmethode ist exakt definiert durch konkrete Angaben zu den *einzelnen Belastungskomponenten;* diese sind:

Aw = Arbeitsweise der Muskulatur

L = Last, sie wird abgestuft in Anteilen an der Maximallast (ML): maximal (100%), submaximal (80–<100%), mittel (70–80%), leicht (50–70%), gering (50–30%).

BG = Bewegungsgeschwindigkeit, sie kann man unterscheiden in langsam (gering), zügig, schnell und explosiv-schnell.

I = Intensität der Belastung, sie wird bestimmt durch die Last (L) und die Bewegungsgeschwindigkeit (Bg). Die Intensität ist z. B. maximal, wenn die Last gering ist, die Bewegungsgeschwindigkeit aber maximal.
Bezüglich der Bewegungsgeschwindigkeit kann man unterscheiden in langsam (gering) zügig, schnell und explosiv-schnell. Dementsprechend ist die Intensität maximal, wenn die Last gering, die Bewegungsgeschwindigkeit aber höchstmöglich ist.

S = Serie, z. B. 3mal 12 Wiederholungen derselben Übungen (= 3 Serien a 12 Wiederholungen mit jeweils x Min. Pause dazwischen)

Da = Dauer einer Übung (Serie); in Zeit oder Wiederholungszahl (Wh)

P = Pause mit Zeitangabe; SP = Pause zwischen den Serien, WP = Pause zwischen den Einzelübungen

U = Gesamtumfang; ausgedrückt in Serienzahl

Die üblichen *Organisationsformen* beim Krafttraining sind:

**Organisations-
formen**

Stationstraining: sämtliche Serien einer Übung werden nacheinander an ein und derselben Station durchgeführt.

Satztraining: 1 Satz besteht aus 2–4 Übungen; diese werden nacheinander absolviert, bevor die nächste Serie durchgeführt wird. (Eine Serie wird auch als Satz bezeichnet, wenn es sich nur um eine Übung handelt; im Fitneßbereich wird z. B. vorwiegend nur mit Serien trainiert.)

Zirkeltraining: 1 Zirkel besteht aus mehr als 5 Übungsstationen, die nacheinander absolviert werden.

Basistraining

(Methoden der komplexen Kraftentwicklung)

Im sog. Basistraining unterscheiden wir in Abhängigkeit von der Zielgruppe drei Kategorien: Gesundheitstraining – Fitneßtraining für Anfänger – Fitneßtraining für Fortgeschrittene.

Muskeltraining für Gesundheit, allgemeine Fitneß, Kinder, Jugendliche (vgl. auch Kapitel 6, S. 192 ff.)

Ziele dieses Trainings sind:
– bei geringen Wiederholungszahlen (bis ca. 20) der Ausgleich muskulärer Dysbalancen, der Muskelaufbau (Hypertrophie) und die intermuskuläre Koordination,

Krafttraining

Tabelle 11 Kraftformen, Trainingsmethoden, Methodencharakterisierung und Anwendungsbereiche

Kraftformen und Trainingsmethoden

Kraft-formen	Trainingsmethode (M.)	Methoden-charakterisierung Anwendungsbereiche
Allgemeine und komplexe Kraft	– M. der geringen Kraft-einsätze mit mittlerer bis hoher Wiederholungszahl (= Gesund-heits-/Fitneßmethode) – M. der leichten Kraft-einsätze mit mittlerer Wieder-holungszahl (= Anfängermethode) – M. der mittleren Kraft-einsätze mit ermüdender Wieder-holungszahl (= Fitneßmethode für Fortgeschrittene)	Methoden der komplexen Kraftentwicklung für: – Anfänger, Kinder – Jugendliche – Gesundheit und Fitneß – (Rehabilitation) – Fortgeschrittene
Maximalkraft	– M. der erschöpfenden sub-maximalen Krafteinsätze (= Hypertrophiemethode) – M. der erschöpfenden konti-nuierlich-schnellen Krafteinsätze (= schnelligkeitsorientierte MK-Methode) – M. der explosiven maximalen Krafteinsätze (= IK-Methode, M. der intramuskulären Koordination) – Kombinationsmethode (= Pyramidenmethode)	Methoden der differen-zierten Kraftentwicklung für: – Leistungssportler – Bodybuilder – Powerlifter (Spezielles Krafttraining, s. S. 78f.)
Schnellkraft	– M. der explosiv-ballistischen Krafteinsätze (= Schnellkraft-methode) – M. der maximalen Kraftleistung (= Muskelleistungsmethode) – Kontrastmethode, Negativmethode	
Reaktivkraft	– Reaktive Methode (= plyometrische Methode)	
Kraftausdauer	– Hypertrophiemethode mit Varianten und extremen Strategien – intensive Intervallmethode mit KZI (30–45 s) – Wiederholungsmethode mit erschöpfenden MZI – extensive Intervallmethode mit MZI (60–90 s) – Wiederholungsmethode mit LZI (2–3 min)	

- bei höheren Wiederholungszahlen (> 20) die Kapillarisierung, die Verbesserung des aerob-anaeroben Stoffwechsels (lokale Muskelausdauer), der Fettabbau (gute Figur) und zum Teil auch eine Verbesserung der intramuskulären Koordination.

Gesundheits-Fitneßmethode

Methode geringer Krafteinsätze mit mittleren bis hohen Wiederholungszahlen (= Gesundheits-Fitneßmethode)
Aw: konzentrisch
I: gering; L: 30–50%; Bg: langsam bis zügig
Wh: 10–100
S: 2–5; 8–15 Übungen
P: 1–3 Min. zwischen den Serien

Literaturhinweis

Anmerkung: Ausführliche Darlegungen mit periodisierten Programmen und vielen bebilderten Trainingsübungs-Vorschlägen für den Gesundheits-Fitneß- und Rehabilitationsbereich (Training von 8–80 Jahren) finden sich in dem Buch GROSSER/ MÜLLER: Power-Stretch – Das neue Muskeltraining. BLV-Verlag München 1993, 2. Auflage. Zum Problem von Einsatz- versus Mehrsatztraining vgl. PHILIPP 1999.

Fitneßtraining für sportliche Anfänger

Im Anfängertraining sollte nicht der möglichst schnelle Kraftzuwachs die Zielsetzung sein, sondern das Schaffen einer breiten Kraftbasis für spätere Belastungssteigerungen und differenzierte Kraftentwicklung. Dies geschieht durch ein umfassendes (alle wesentlichen Muskelgruppen), ausgeglichenes (Agonisten und Antagonisten) und komplexes (verschiedene Kraftformen im Zusammenhang) Training. Es geht um eine gleichzeitige Entwicklung von Maximalkraft, Schnellkraft und Kraftausdauer und den Erhalt einer gewissen Dehnfähigkeit sowie die Verbesserung der Funktionstüchtigkeit von Binde- und Stützgewebe.

Anfängermethode

Methode der leichten Krafteinsätze mit mittlerer Wiederholungszahl (= Anfängermethode)
Aw: konzentrisch
I: mittel; L: 45–65%; Bg: zügig
Da: 50% des Wiederholungsmaximums; ca. 8–15 Wh
P: 1–3 Min.; ohne volle Erholung
U: hoch; 6–8 Sätze zu je 3–4 Übungen

Weitere Belastungsmerkmale:
- einfache Übungen (u. a. an Kraftmaschinen),
- voller Bewegungsausschlag (Dehnreiz),
- Agonisten und Antagonisten im Wechsel,
- Übungszusammenstellung nach ca. 20–25 Trainingseinheiten wechseln,
- allmähliche Steigerung der Last und Wiederholungszahl.

65

Effiziente Trainingsdauer:
6–9 Monate bei anfangs 2 Trainingseinheiten/Woche, später 4/Woche (insgesamt 75–100 Trainingseinheiten)
Trainingswirkungen: intermuskuläre Koordination, Hypertrophie, Kapillarisierung, Verbesserung des aerob-anaeroben Stoffwechsels.

Fitneßtraining für Fortgeschrittene

Im Fortgeschrittenentraining hat die komplexe Kraftentwicklung weiterhin ihre Bedeutung, wenn die Zielstellung Fitneß oder Grundlagenaufbau (im Rahmen eines periodisierten Leistungstrainings) ist.

Fortgeschrittenen-methode

Methode der mittleren Krafteinsätze mit ermüdender Wiederholungszahl (= Fitneßmethode für Fortgeschrittene)
Aw: konzentrisch
I: submaximal; L: 70–85%; Bg: zügig-langsam
Da: bis zu starker lokaler Ermüdung; ca. 5–10 Wh (je nach Last)
P: Satzpausen 2–3 Min.; innerhalb des Satzes 30–60 Sek.
U: hoch; 6–8 Sätze zu je 3 Übungen

Weitere Belastungsmerkmale:
– anspruchsvollere Übungen in bewegungstechnisch guter Ausführung (u. a. Übungen mit freier Hantel),
– explosiver Krafteinsatz und schnellstmögliche Bewegungsausführung zu Beginn jeder Serie (anstelle des normalen zügig-langsamen),
– Pausenverkürzung innerhalb der Sätze,
– dynamische Dehnübungen für die beanspruchten Muskeln, wenn Bewegungsamplitude nicht mehr ausgeschöpft werden kann.
Effiziente Trainingsdauer:
bei 3–4 Trainingseinheiten/Woche und gleichbleibendem Standardprogramm 3–4 Monate; unter Variation der Belastung durch Akzentuierung der hohen Lasten (intramuskuläre Koordination), explosiven Krafteinsätze (Schnellkraft) und höheren Wiederholungszahlen mit Pausenverkürzung (Kraftausdauer, Hypertrophie) weitere 3 Monate etwa; danach nur noch Erhalt des erworbenen komplexen Kraftniveaus. Eine extreme Ausprägung einzelner Kraftformen wird nicht erreicht.
Trainingswirkungen: Hypertrophiewirkung, intra- und intermuskuläre Koordinationsverbesserung, Kapillarisierung, Verbesserung des aneroben und aeroben Stoffwechsels.

Maximalkrafttraining

Einleitend ist darauf hinzuweisen, daß es eine isolierte Trainingswirkung nicht gibt. *Jede Kraftbelastung hat zunächst komplexen Wirkungscharakter.* Dies wird schon darin deutlich, daß bei der Belastung mehrere biologische Funktionsbereiche (z. B.

Muskel, Energiebereitstellung, Hormonsystem) angesprochen werden und die erste meßbare Kraftsteigerung – unabhängig von der gewählten Belastungsmethode – durch eine Verbesserung der Koordination hervorgerufen wird. Es ist allerdings möglich, durch bestimmte Belastungsgestaltung die eine oder andere Wirkungsrichtung zu akzentuieren. An solche Akzentuierungen ist bei der differenzierten Entwicklung von Maximalkraft und anderen Kraftformen zu denken.

Die **Maximalkraft** wird innerhalb aller Einflußfaktoren in entscheidendem Maße (Tab. 9, S. 46 f.) vom *Muskelquerschnitt* und der *intramuskulären Koordination* geprägt. Da diese beiden trainingsabhängigen Einflußfaktoren einer hohen Ausprägung unterschiedlicher Belastungsgestaltungen bedürfen, sind für Maximalkraftverbesserung folgende Methoden von Bedeutung.

Hypertrophie-
methode

Methode der erschöpfenden submaximalen Krafteinsätze
(= Hypertrophiemethode)
Aw: konzentrisch-gleichmäßig
I: submaximal; L: 80–90% (Varianten 70% und 95%); Bg: langsam bis zügig
Da: bis zur zeitweiligen lokalen Muskelerschöpfung; ca. 5–10 Wh (Varianten 3–18); ca. 20–30 Sek.
P: 3–5 Min. Serienpause; im Satztraining 2–3 Min. zwischen den Stationen
U: hoch; 5–10 Serien pro Übung (ca. 80–120 Einzelbelastungen pro Muskelgruppe bei 2–3 Übungen)

Beispiel für ein Training in Sätzen (bestehend jeweils aus 2 Übungen) und 3 Serien:
(1) 1. Satz: Übung 1 (z. B. Butterfly = Station a) – 2 Min. Pause – Übung 2 (z. B. Latissimus-Übung = Station b)
(2) 3–5 Min. (Serien-)Pause
(3) 1. Satz in zweiter Serie (also: Butterfly – 2 Min. Pause – Latissimus)
(4) 3–5 Min. (Serien-)Pause
(5) 1. Satz in dritter Serie
(6) 3–5 Min. (Serien-)Pause
(7) 2. Satz: Übung 1 (z. B. Kniegelenkstrecken = Station c) – 2 Min. Pause – Übung 2 (z. B. Kniegelenkbeugen = Station d)
(8) 3–5 Min. (Serien-)Pause
(9) 2. Satz in zweiter Serie
und so weiter.

Trainingswirkungen:
– Muskelquerschnittsvergrößerung (ST- und FT-Fasern),
– Phosphatspeicher- (auch Glykogenspeicher-)Vergrößerung,
– Verbesserung des alaktaziden und laktaziden Stoffwechsels.
Wir weisen darauf hin, daß die Belastung mit 80%–90% der Maximallast notwendig ist, um auch nach langjährigem Krafttraining den Hypertrophiereiz auszulösen, bei weniger lang Trainierenden wird dieser Reiz auch mit Lasten im Bereich von

60% ausgelöst. Wichtig ist, daß das Krafttraining bis zur Erschöpfung durchgeführt werden muß.

Die Gestaltung der Belastungskomponenten stützt sich auf die Anforderungen, die zur Auslösung eines Hypertrophiereizes (Stimulation zum Proteinaufbau) notwendig erscheinen: Überschreiten einer kritischen Muskelspannungsschwelle (ca. 70–80% der Muskelspannung für Trainierte), Arbeitsdauer bis zur Ausschöpfung des KrP-Speichers (ca. 20–30 Sek. und länger) mit Übersäuerung, Aufsummierung mehrerer erschöpfender Belastungen. Insgesamt müssen Störungen in der Muskelzelle mit dem Entstehen »proteinspezifischer Bruchstücke« verursacht werden, da dadurch die genetischen Zellanteile (v. a. Zellkern) aktiviert werden sollen und in der Folge zu Eiweißbildung führen. Die Pausenlängen sind auf die Resynthesezeit des KrP-Speichers abgestimmt. In dieser Zeitspanne (3–5 Min.) dürfte auch der Großteil des gebildeten Laktats aus der Muskelzelle eliminiert sein.

Zur grundsätzlichen Belastungsgestaltung der Hypertrophiemethode gibt es eine Vielzahl von Varianten (vgl. Tab. 12), die sich entweder aus der Lastenveränderung pro Serie oder aus Intensitätsabweichungen (über oder unter dem Optimalbereich) oder durch die Arbeitsweise ergeben.

Bei der *isokinetischen Variante* (= durch apparative Steuerung konstant gehaltene Bewegungsgeschwindigkeit über den ganzen Bewegungsbereich) kann wegen der gleichbleibenden Intensität auch mit ca. 70% Belastung die Muskelausschöpfung erreicht werden.

Noch extremer liegen die diesbezüglichen Verhältnisse beim *desmodromischen* (= durch Motorantrieb zwangsgesteuerte Bewegung) Training, weil hier durch den unmittelbaren Übergang von konzentrischer in exzentrische Arbeitsphase und umgekehrt (ohne Spannungsabfall!) dem Muskel keinerlei Erholungsphase gegönnt wird. So ist mit ca. 30–50% Belastung und einer Arbeitsdauer von 30–50 Sek. die lokale Muskelerschöpfung möglich. Wichtig: An desmodromischen Geräten muß die Bewegung erst geübt werden. Das Beibehalten einer Belastung von 30–50% ist nur möglich, wenn der Trainierende eine kontinuierliche Rückmeldung über seinen Krafteinsatz bekommt (etwa durch optische Darstellung des Drehmoment-Winkel- oder Kraft-Weg-Verlaufes auf einem Bildschirm).

Die *isometrische Variante* erfordert eine Kontraktionsdauer von 10–12 Sek. mit 100% willentlicher Maximalanspannung, wobei das tatsächliche Erreichen dieser 100% in Anbetracht der Zeitdauer und Wiederholungen in Frage steht.

Über die genannten Methodenvarianten hinaus wurden noch zusätzliche Strategien zur totalen Muskelausschöpfung entwickelt (vgl. Tab. 13, S. 70).

Schnelligkeitsorientierte Maximalkraftmethode

Methode der erschöpfenden kontinuierlich-schnellen Krafteinsätze (= schnelligkeitsorientierte Maximalkraftmethode)

Aw: konzentrisch (-exzentrisch) kontinuierlich (schnelle Bewegungsumkehr)

I: maximal; L = 40–60%; Bg: schnellstmöglich

Da: bis zum deutlichen Geschwindigkeitseinbruch; ca. 20–25 Sek.; ca. 15–25 Wh (je nach Bewegungsumfang)

P: 3–5 Min. (und mehr)

U: 3–5 pro Übungen

Tabelle 12 Varianten des Hypertrophietrainings (Methoden der erschöpfenden submaximalen Krafteinsätze) (nach SCHMIDTBLEICHER 1985; ergänzt mit desmodromischer Variante)

Varianten des Hypertrophietrainings

	Standardmethode I (konstante Lasten)	Standardmethode II (progressiv ansteigende Lasten)	Bodybuldingmethode I extensiv	Bodybuldingmethode II intensiv	Isokinetische Methode	Isometrische Methode	Desmodromische Methode
Arbeitsweise:							
– konzentrisch	×	×	×	×	×		×
– isometrisch						×	
– exzentrisch					(×)		×
Krafteinsatz:							
– explosiv							
– kontinuierlich	×	×	×	×	×	×	×
Belastungshöhe	80%	70 80 85 90%	60–70%	85–95%	z. B. 70%	100%	30–50%
Wiederholungen	8–10	12 10 7 5	15–20	8–5	15	10	
Serien	3–5	1 2 3 4	3–5	3–5	3	3–5	2–3
Belastungsdauer						10–12 s	30–45 s
Pausenlänge	3–5 min	5 min	2–3 min	3–5 min	3 min	3 min	>5 min

69

Tabelle 13 Möglichkeiten (Strategien) zur totalen Muskelerschöpfung im Rahmen des Hypertrophietrainings (Bodybuilding-Methoden)

Bodybuilding-methode	Bezeichnung	Ausführungsart
	– erzwungene oder gestützte Wiederholungen	am Serienende noch 2–3 Übungsausführungen mit Partnerhilfe
	– gewichtsreduzierte Wieder-holungen	am Serienende durch Lastreduzierung (Partnerhilfe) 2–3 weitere Übungsausführungen
	– »brennende« Wiederholungen (burns)	unvollständige Übungsausführungen am Ende der Serie (mit korrekten Ausführungen) bis zu den ungünstigen Gelenkwinkeln
	– gemogelte Wiederholungen (cheatings)	bewegungstechnisch unsaubere Ausführungen am Ende der Serie
	– Negativwiederholungen	nach konzentrischer Ausbelastung in der Serie noch 2–3 Übungsausführungen in exzentrischer Arbeitsweise; Partnerhilfe für die Ausgangs-stellung
	– Superserien (Doppelserien)	2 unmittelbar aufeinanderfolgende Serien mit verwandten Übungen (gleiche Muskelbean-spruchung)
	– Vorermüdungsserien	einer Serie mit elementaren Übungen folgt sofort eine Serie mit komplexen Übungen (z. B. Bizepscurls gefolgt von Klimmzügen)

Trainingswirkung:
– Hypertrophie, v. a. FT-Fasern (selektive Wirkung),
– Verbesserung des Kraftanstiegs,
– Erhöhung der Kontraktionsgeschwindigkeit,
– Verbesserung des alaktaziden und laktaziden Stoffwechsels.

Durch die geringe Auflast und die schnellstmögliche Bewegungsausführung werden verstärkt die FT-Fasern eingesetzt. Zur Beförderung der beschleunigten Last sind die ST-Fasern bei weitem nicht in dem Ausmaß beteiligt wie bei Verwendung hoher Lasten und langsamer Bewegung. Abbruchkriterium für die Wiederholungen muß deshalb der deutliche Geschwindigkeitsabfall (unabhängig von Zeit und Wiederholungszahl) sein. Die verwendete Last sollte – zumindest in der Anfangsphase – eine explosiv-ballistische Bewegung ermöglichen.

IK-Methode

Methode der explosiven maximalen Krafteinsätze (= IK-Methode; Methode der intramuskulären Koordination)
Aw: konzentrisch
I: maximal; L: 90–100%; Bg: zügig bei explosivem Krafteinsatz
Da: 1–5 Wh
P: 3–5 Min.
U: 5–12 Serien pro Übung (ca. 30–50 Einzelbelastungen pro Muskelgruppe bei 2 Übungen)

Trainingswirkung:
- Verarbeitung hoher Frequenzierung und gesteigerte Rekrutierung motorischer Einheiten (= verbesserte intramuskuläre Koordination),
- Verringerung des Kraftdefizits,
- Verbesserung der relativen Kraft,
- Verbesserung des Kraftanstiegs und der Schnellkraft.

Die grundsätzliche Belastungsgestaltung der IK-Methode hat die Bedingungen der nervalen Funktionsverbesserung zu erfüllen: Höchste Lasten und willentlich explosive Kraftentfaltung zur Erzeugung hoher Innervationsraten. Die Gesamtarbeit und damit auch der Energieverbrauch sind wegen der niedrigen Wiederholungszahlen gering. Die Pausendauer richtet sich auf die Wiederherstellung der vollen Funktionsfähigkeit von Erregungsleitung und elektromechanischer Koppelung aus. Infolge der sehr kurzen Kontraktionsphasen ist für eine gute Trainingswirkung eine bestimmte Mindestanzahl von Kontraktionen erforderlich.

Innerhalb der IK-Methode haben sich auch verschiedene Varianten herauskristallisiert, sie sind in Tab. 14 erfaßt.

Bei der *exzentrischen Variante* ist die Intensität auf die konzentrische Maximalkraft (100%) bezogen. Bei abbremsender (exzentrischer) Arbeit kann der Muskel gewöhnlich 30–50% mehr Kraft aufbringen (Begründung s. S. 50). Trotz höherer Kraftentwicklung ist der energetisch aufzubringende Betrag wegen des elastischen Kraftanteils geringer als vermutet. Deshalb sind einige Wiederholungen mehr möglich. In der Trainingspraxis sind spezielle Maschinen oder Partnerhilfe für dieses Training notwendig, da die Überlast ja nach jeder exzentrischen Arbeitsphase wieder in eine Ausgangsposition gebracht werden muß. Da exzentrische Belastungen sehr schnell einen Muskelkater (Mikroverletzungen im Sarkomer und Bindegewebe) verursachen, ist an dieses Training vorsichtig heranzuführen. Die Variante der **konzentrisch-exzentrischen Maximalkontraktionen** verbindet die Wirkung aus beiden Arbeitsphasen dadurch, daß nach plötzlichem Abbremsen der fast frei fallenden Last sofort die konzentrische Kontraktion angeschlossen wird. Nicht alle Trainingsübungen sind so ausführbar. Bankdrücken, Überzüge, Halb- und Viertel-Kniebeugen sind z. B. geeignete Übungen dafür.

Bei der isometrischen Variante ist zu beachten, daß die Wirkung nur im engeren Winkelbereich des gewählten Arbeitswinkels zur Geltung kommt.

Pyramiden-methode

Kombinationsmethode (= Pyramidenmethode)

Die Pyramidenmethode stellt die Vereinigung der beiden grundsätzlichen Belastungsgestaltungen für Maximalkraftentwicklung dar: Es werden Serien mit vorrangiger Hypertrophiewirkung (an der Pyramidenbasis) und Serien mit vorrangiger IK-Wirkung (in der Pyramidenspitze) absolviert (Abb. 24). Der Gesamtumfang ist relativ groß (9–12 Serien), die Serienzahl ist auf die beiden Intensitätsbereiche so zu verteilen, daß hinsichtlich der Wirkung ein ausgewogenes Verhältnis von submaximalen und maximalen Krafteinsätzen zustande kommt.

Varianten des IK-Trainings

Tabelle 14 Varianten des IK-Trainings (Methoden der explosiven maximalen Krafteinsätze) (nach SCHMIDTBLEICHER 1985)

	Quasimaximale Kontraktionen	Maximale konzentrische Kontraktionen	Maximale isometrische Kontraktionen	Maximale exzentrische Kontraktionen	Konzentrisch-exzentrische Maximalkontraktionen
Arbeitsweise:					
– konzentrisch	X	X			X
– isometrisch			X		
– exzentrisch				X	X
Krafteinsatz:					
– explosiv	X	X	X	X	X
– kontinuierlich					
Belastungshöhe	90 95 97 100%	100%	100%	ca. 150%	70–90%
Wiederholungen	3 1 1 1+1	1	2	5	6–8
Serien	1 2 3 4+5	5	5	3	3–5
Belastungsdauer			5–6 s		
Pausenlänge	3–5 min	3–5 min	3 min	3 min	5 min

Abbildung 24a Schematisches Beispiel einer »Pyramide« für die Kombinationsmethode

Abbildung 24b Schematisches Beispiel einer »Doppelpyramide« für die Kombinationsmethode

»Pyramiden«

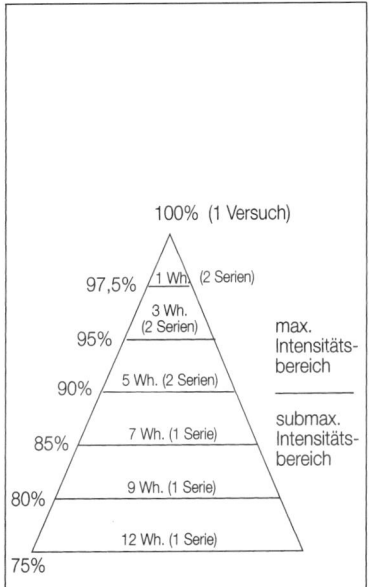

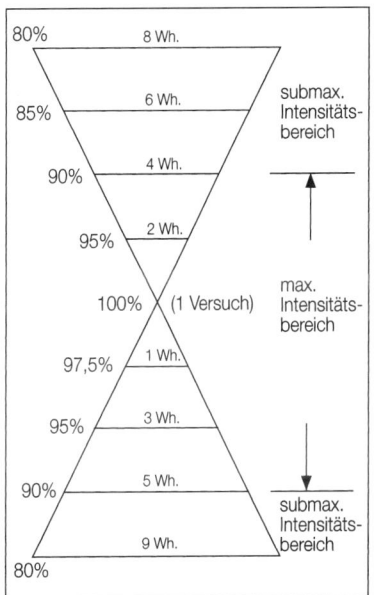

Die Reihenfolge der Serien kann unterschiedlich angelegt werden. Ein Beginn an der Basis und Abschluß im Spitzenbereich ist nur sinnvoll, wenn der Trainierende nach Ausführung der submaximalen Serien noch maximale Kraft entwickeln kann. Um Vorermüdung zu vermeiden ist deshalb ein Beginn in der Pyramidenspitze oder das Verfahren gemäß einer Doppelpyramide möglich und sinnvoll (Abb. 24b). Die gleiche Tendenz verfolgt die Vorgehensweise des »Besteigens« der Pyramide an der einen Seite und »Absteigens« an der anderen Seite. Auch so kann möglichst bald zu den maximalen Lasten gelangt werden. Aus der Neurophysiologie ist bekannt, daß durch den Ermüdungseffekt hohe Entladungsfrequenzen nicht mehr effektiv verarbeitet werden, während niedrigere Entladungsfrequenzen noch relativ hohe Kraftwerte ergeben.

Schnellkrafttraining

Die Methoden, die im folgenden beschrieben werden, sind Belastungsverfahren, die in erster Linie der Verbesserung der muskulären Leistung dienen. Das zentrale Prinzip dieser Belastungsmethode ist der Kraft-Schnelligkeits-Zusammenhang (s. S. 53), der sich aus der Muskelleistungskurve (s. S. 54) ergibt. Da in der Sportpraxis unter diesem Aspekt (Lastgröße und Geschwindigkeit) verschiedene Typen

73

von Schnellkraft trainiert werden müssen, ist für ein breitgefächertes »Leistungstraining« (KOMI 1975) mit Lasten zwischen 30 und 60% der Maximallast zu trainieren. MARTIN et al. (1991) gehen von einer sogenannten Schwellenlast von 55–60% der dynamischen Maximalkraft aus. Das ausschließliche Training in einem engeren Prozentbereich birgt allerdings die Gefahr in sich, sehr bald an eine Art »Leistungsbarriere« zu stoßen. Es ist deshalb sinnvoll, in gewissen Zeitabständen das Gewicht zwischen 30 und 60% zu ändern. Für die gleichzeitige optimale Entwicklung von Maximalkraft und Kontraktionsschnelligkeit ist die Arbeit mit 55–60% zweifellos das Günstigste.

In der Trainingspraxis werden in der Hauptsache folgende 2 Methoden favorisiert.

Schnellkraft-methode

Methode der explosiv-ballistischen* Krafteinsätze (= Schnellkraftmethode)

Aw: konzentrisch

I: maximal; L: 30–40%; Bg: explosiv-schnell

Da: 6–8 Wh (höchstmögliche Geschwindigkeit darf nicht abfallen)

P: Serienpausen 3–5 Min.; ca. 5–10 Sek. zwischen den Wiederholungen (bei alternierenden Bewegungen auch ohne Pause)

U: gering; 3–5 Serien

(* ballistisch = Bewegung, die mit abrupter Anfangsrekrutierung beginnt und in »freier« Kontraktion endet; Last geht in freien Flug über)

Trainingswirkung:
– Ausprägung einer Stoßinnervation (= Impulsserie mit folgender Innervationsstille),
– hohe Anfangsrekrutierung von FT-Einheiten (neben ST-Einheiten),
– Verbesserung der intramuskulären Koordination,
– Verbesserung der Kontraktionsgeschwindigkeit beider Fasertypen,
– Verbesserung der intermuskulären Koordination (insbesondere bei disziplinspezifischen Übungen wesentlich)

Muskel-leistungs-methode

Methode der maximalen Kraftleistung (= Muskelleistungsmethode)

Aw: konzentrisch

I: maximal; L: ca. 55–60%; Bg: explosiv-schnell

Da: 6–8 Wh; Abbruch bei Nachlassen der Bewegungsgeschwindigkeit bzw. Abfall des Bewegungsimpulses (wenn durch Messung erfaßt)

P: Serienpausen 3–5 Min.; Wiederholungspausen 5–10 Sek.

U: gering; 4–5 Serien

Trainingswirkung:
– Hohe Anfangsrekrutierung von FT-Einheiten (neben ST-Einheiten),
– Ausprägung einer Stoßinnervation mit 2 oder mehr Impulsserien (zur Anfangs- und Weiterbeschleunigung),
– damit Verbesserung der Explosivkraft,

– Verbesserung der Kontraktionsgeschwindigkeit (FT- und ST-Fasern),
– insgesamt selektive FT-Faserbeanspruchung,
– Steigerung der Maximalkraft,
– Verbesserung der intermuskulären Koordination.

Der Vollständigkeit wegen werden noch 2 weitere Belastungsverfahren, die als Varianten der grundsätzlichen Schnellkraftmethode verstanden werden können, erwähnt. In der Trainingspraxis werden sie lediglich kurzfristig als ergänzende Maßnahmen angewandt, und unterstützen die Verbesserung des Kraftanstieges.

Kontrastmethode

Aw: quasistatisch-konzentrisch

I: maximal; L: zunächst 100%, dann Reduzierung auf 30–40%; Bg: (fast) statisch (1–2 Sek.), dann explosiv-schnell

Da: 5–7 Wh

P: Serienpause 3–5 Min.; Wiederholungspause ca. 10 Sek.

U: mittel; 6–8 Serien

Trainingswirkung:
– Hohe Rekrutierung (in der statischen Phase); damit IK-Verbesserung,
– vorrangige Kontraktionsarbeit der FT-Fasern (für die Beschleunigung der Last),
– insgesamt: unmittelbare Umsetzung von Maximalkraft in azyklische Schnellkraft.

Hier werden eine statische oder quasistatische Maximalkraftphase (bei ausgewähltem Gelenkwinkel) und eine explosiv-konzentrische Phase unmittelbar hintereinander geschaltet. Die Kontrastverteilung kann nur mit speziellen Trainingsmaschinen oder behelfsmäßig durch die regulierende Widerstandsarbeit eines Helfers erreicht werden. Durch plötzliche Auflösung des maximalen Widerstands kann die Bewegung gegen die verbleibende leichtere Last (30–40%) explosiv-schnell ausgeführt werden.

Negativmethode

Aw: exzentrisch

I: maximal; L: 60–80%; Bg: schnell mit plötzlichem Abstoppen

Da: Serienpause ca. 3 Min.; Wiederholungspause 5–10 Sek.

U: mittel; 5–9 Serien

Trainingswirkung:
– Hohe Rekrutierung vieler motorischer Einheiten in der statischen und in der Bremsphase (Reflexinnervation),
– Speicherung potentieller Energie in der elastischen Komponente des Muskels.

Durch diese Bewegungsart kommt es zur Speicherung elastischer Energie. Dabei darf aber nicht übersehen werden, daß durch den Fortfall der konzentrischen Phase es zu keiner Nutzung dieser Energie kommt. Das visko-elastische Verhalten der Sehnen-Muskel-Substanz wird somit nicht so trainiert, wie es in sportspezifischen Bewegungen erforderlich ist.

Kontrast-
methode

Negativ-
methode

75

Reaktivkrafttraining

Die Reaktivkraft wurde als relativ eigenständige Kraftform definiert. Sie ist deshalb auch mit einer eigenen Belastungsmethode zu trainieren.

Reaktive Methode

Reaktive Methode (= plyometrische Methode, Schlagmethode)
Aw: exzentrisch-konzentrisch
I: maximal-supramaximal; L: keine oder gering; Bg: maximal-schnell
Da: 8–10 Wh
P: Serienpause 5–8 Min. (bis 12 Min.); ca. 5 Sek. Wiederholungspause
U: gering; 3–5 Serien

Weitere Belastungsmerkmale:
– Übungsausführung so, daß trotz exzentrischer Belastung die konzentrische Phase explosiv und betont bleibt,
– kurzer Bremsweg und schnelle Umkehrphase (Ziel: < 200 ms), dazu ist es erforderlich, eventuelle Lasten oder Niedersprunghöhen individuell so zu bemessen, daß schnelle Umkehr und Explosivität gewährleistet bleiben,
– exzentrische Krafteinwirkung muß von der Muskulatur, nicht vom passiven Bewegungsapparat aufgenommen werden.

Trainingswirkung:
– Hohe Faserrekrutierung,
– Verbesserung der reaktiven Spannungsfähigkeit (stiffness),
– Verkürzung der Umkehrphase im Dehnungs-Verkürzungs-Zyklus,
– Schulung von sog. Zeitprogrammen (vgl. Kap. 3, S. 101 f.).

Tabelle 15 Reaktive Methoden (nach SCHMIDTBLEICHER 1985)

	Hüpfen beid- und einbeinig	Sprungübungen	Tiefsprünge
Arbeitsweise:			
– konzentrisch	×	×	×
– isometrisch			
– exzentrisch	×	×	×
Krafteinsatz:			
– explosiv	×	×	×
– kontinuierlich			
Belastungshöhe	ohne Zusatzl.	ohne Zusatzl.	ohne Zusatzl.
Wiederholungen	30	10	10
Serien	3	3	3–5
Pausenlänge	5 min	5 min	10 min

Bei Anwendung der reaktiven Belastungsmethode ist auf allmähliche Belastungssteigerung zu achten. Bezüglich der Beinstreckmuskulatur stehen deshalb anfangs Hüpfübungen (beidbeinig, einbeinig), später Sprungübungen (z. B. Vertikalsprünge über niedrige Hürden, Horizontalsprünge als Sprungschritte), dann schließlich Tief-Hoch-Sprünge auf dem Programm. Bezüglich anderer Muskelgruppen (z. B. Arme, Schultergürtel) ist die allmähliche Belastungssteigerung ebenso über Fallhöhe und Lastgröße zu regulieren.

Wegen der Bedeutung des stufenweisen Vorgehens wird in der Fachliteratur sogar von der Methode des Hüpfens, Methode der Sprungübungen und Methode der Tiefsprünge gesprochen (Tab. 15).

Kraftausdauertraining

Die Gliederung der Kraftausdauer in *Maximalkraftausdauer, submaximale Kraftausdauer* und *Ausdauerkraft* ist nicht zuletzt aus trainingsmethodischen Gründen geschehen. Jede dieser Kraftausdauerfähigkeiten hat ihre typische Energiebereitstellung. Da die Verbesserung des Energieflusses das Hauptziel jeglichen Kraftausdauertrainings ist, sind auch die drei genannten Fähigkeiten jeweils mit eigenen Methoden zu trainieren (Benennung gleicht denen des Ausdauertrainings).

Maximalkraftausdauer läßt sich am günstigsten mit der Hypertrophiemethode und ihren Varianten zur starken Muskelausbeutung trainieren. In diesem Intensitätsbereich (über 75% MK) spielt die Größe der Maximalkraft noch eine überragende Rolle. Die Energiebereitstellung anaerober Art (besonders alaktazid) wird ebenfalls verbessert.

Für die **submaximale Kraftausdauer** ist neben der Maximalkraft bereits die laktazide Energiebereitstellung der leistungsbestimmende Faktor. Die zeitweilige Blutsperre durch den Muskelinnendruck und der erforderliche relativ hohe Energiefluß pro Zeit tragen wesentlich dazu bei. Diese Art der Kraftausdauer kann mit der Intervall- und mit der Wiederholungsmethode verbessert werden.

Kraftausdauermethoden

Intensive Intervallmethode mit Kurzzeitintervallen

Aw: konzentrisch-kontinuierlich (eventuell statisch)

I: fast maximal; L: 75–50% (statisch −30%); Bg: optimal-schnell

Da: 30–45 Sek.

P: 10–30 Sek. bei Satz- und Zirkeltraining, 60–90 Sek. bei Stationstraining; Pausen zwischen Sätzen bzw. Zirkeln 1–3 Min.

U: hoch; 6 Sätze zu je 3 Übungen oder 3–4 Zirkel mit 6–8 Stationen

Wiederholungsmethode mit erschöpfenden Mittelzeitintervallen

Aw: konzentrisch

I: submaximal; L: 60–50%; Bg: zügig-schnell

Da: 1–2 Min.; bis zur lokalen Erschöpfung

P: 8–10 Min. bei Stationstraining; 5–6 Min. bei Satztraining (2 Übungen)

U: mittel; 3–5 Serien

Trainingswirkung (beider Methoden):
– Erhöhung der Säuretoleranz,
– Verbesserung der Erholungsfähigkeit nach solchen Belastungen,
– Verbesserung des laktaziden Stoffwechsels,
– Vergrößerung der Muskelglykogenspeicher,
– Verbesserung der Herzarbeit.

Ausdauerkraft-Leistungen laufen energetisch bereits mit starkem aeroben Anteil, so daß das Training hinsichtlich der Belastungsmethoden und Inhalte (meist disziplinspezifische Übungen der Sportarten) mehr dem Ausdauer- als Krafttraining zugehörig ist. Für das *allgemeine Training* ist der Intervallmethode der Vorzug zu geben. Im *speziellen Ausdauerkraft-Training* kommt auch die Wiederholungsmethode zum Einsatz.

**Kraftaus-
dauer-
methoden**

Extensive Intervallmethode mit Mittelzeitintervallen
Aw: konzentrisch
I: mittel; L: ca. 30% oder 3–5% Zusatzlast zum Körpergewicht; Bg: zügig
Da: 1–1½ Min.
P: ca. 1 Min. bei Zirkel- und Satztraining, 3 Min. zwischen Zirkeln und Sätzen
U: hoch; 4–6 Sätze (zu 2 Übungen) bzw. Zirkeldurchgänge (zu 6 Übungen)

Wiederholungsmethode mit Langzeitintervallen
In Verbindung mit Disziplinbewegungen (z. B. Laufen, Rudern, Radfahren, Paddeln) und einer entsprechenden Zusatzlast bzw. Bremskraft, die noch den richtigen Bewegungsablauf zulassen, belastet man im allgemeinen über 2–3 Min. (bis 8 Min.). Pausenlänge ca. 7–10 Min. (Laktal-Abbau!), bei ca. 2–3 Wiederholungen

Trainingswirkung (beider Methoden):
– Ökonomisierung der gemischt aerob-anaeroben Energiebereitstellung (d. h. bei gleicher Leistungsabgabe höherer aerober Anteil),
– Kapillarisierung und Mitochondrienvermehrung,
– Aktivierung aerober Prozesse,
– Glykogenspeichervermehrung (Muskel und Leber),
– Verbesserung der Herzarbeit,
– Laktattoleranz (bei mittleren Laktatkonzentrationen).

Spezielles Krafttraining

Schon in Zusammenhang mit den praxisorientierten Kraftbegriffen (vgl. S. 62) wurde auf den bestehenden Unterschied zwischen allgemeinem und speziellem Krafttraining aufmerksam gemacht und eine Begründung über den Aspekt des koordinativen Zusammenhangs mit der Disziplinbewegung gegeben. Im folgenden soll der Unterschied noch deutlicher herausgestellt werden.

Während im **allgemeinen Krafttraining** die wesentlichen Einflußfaktoren der einzelnen Kraftformen (Maximalkraft, Schnellkraft usw.) und vielfach Einzelmuskeln oder Muskelgruppen sportartunspezifisch trainiert werden, sind es im **speziellen Krafttraining** disziplinspezifische Kraftbewegungen. Dadurch wird berücksichtigt, daß bei häufiger Wiederholung der Trainingsübungen sich nicht nur *muskuläre Anpassungen* einstellen, sondern auch *bestimmte Innervationsmuster* (Bewegungsmuster) geprägt werden. In diesen stabilisierten Bewegungsprogrammen sind auch die kinematischen (Weg-Zeit-Verhältnisse) und dynamischen (Kraft-Zeit-Verhältnisse) Merkmale einer Bewegung enthalten. Für einen optimal hohen Transfer der erzielten Trainingswirkungen auf die Wettkampfübung ist deshalb enge Verwandtschaft bzw. Identität der Bewegungsprogramme von Bedeutung, d. h., es muß *funktionell-anatomische, kinematische und dynamische Übereinstimmung* (mit gewisser Variationsbreite) in den Übungen vorliegen. Bei der Übungsauswahl bezieht sich dies auf die Berücksichtigung von Muskelschlingen, Arbeitswinkeln, Arbeitsweisen (meist Kombinationen der grundsätzlichen), Größe sowie Zeitdauer und Wirkungsrichtung der Krafteinsätze und – bei zyklischen Bewegungen – von rhythmischer Konstanz (= Stabilität des charakteristischen Spannungs-Entspannungswechsels). Damit wird deutlich, daß z. B. selbst innerhalb eines Sprintkraft-, Sprungkraft-, Wurfkraft-, Stoßkraft-Trainings noch disziplinspezifische Unterschiede zu berücksichtigen sind.

Auf der Suche nach geeigneten Trainingsinhalten (-übungen) mit hoher Effektivität kann es deshalb nicht immer bei *Imitationsübungen* und der *Wettkampfübung mit adäquaten Zusatzlasten* bleiben. Zur Absicherung hoher Übereinstimmung in quantitativen Bewegungsmerkmalen müssen auch biomechanische Messungen (z. B. Geschwindigkeits-, Beschleunigungs-, elektromyographische Messungen) durchgeführt werden und die Meßdaten zur Konstruktion von Trainingsübungen einschließlich dazugehöriger Krafttrainingsgeräte herangezogen werden. In mehreren Sportdisziplinen liegen dazu bereits Beispiele vor (Speerwurf, Sprint, Weitsprung, Schwimmen u. a.).

Ein spezielles Krafttraining hat über das dargelegte Inhaltsproblem hinaus noch folgende zwei Fragen zu lösen:

– Welches ist das *optimale Mischungsverhältnis* einerseits zwischen den benötigten Kraftformen, andererseits zwischen allgemeinem und speziellem Krafttraining?

– Welches ist das *optimale (nicht maximale!) Maximalkraftniveau* für die disziplinspezifische Schnellkraft-/Reaktivkraft- oder Kraftausdauer-Erfordernisse?

Im Unterschied zum speziellen Krafttraining hat das **allgemeine Krafttraining** eine Art **Basisfunktion,** auch wenn dort die Kraftformen akzentuiert entwickelt werden. Es handelt sich dabei nicht um disziplinspezifische Kraftfähigkeiten. Es geht vielmehr um optimale oder maximale Ausbildung der Muskelinnervation, der Muskelstruktur und der benötigten Energiebereitstellung, mitunter auch um Schulung der Willenskraft. Auf niedrigem Leistungsniveau ist die *Transferwirkung* der allgemeinen Kraftformen auf spezielle Kraftfähigkeiten noch relativ groß. Mit steigendem Leistungsniveau geht diese mehr und mehr verloren. Im Hochleistungsbereich kann u. U. ein (zu lange betriebenes) allgemeines Krafttraining die spezielle Kraftleistungsfähigkeit beeinträchtigen.

Allgemeines und spezielles Krafttraining

Hinweise zu Trainingsprogrammen und zur Steuerung des Krafttrainings

Zu Trainingsprogrammen

Durchführung von Programmen

Ein Krafttraining wird stets »programmgemäß« durchgeführt, d. h. je nach Zielstellung werden

– die Übungen hinsichtlich der **anatomischen Bereiche** und/oder der kinematischen und dynamischen Übereinstimmung der Sportdisziplin ausgewählt; z. B. für eine komplexe Kraftentwicklung als Grundlage: alle wichtigen Muskelgruppen des Bewegungsapparates (vgl. als Beispiel Abb. 25).

– Es werden ca. **6–15 Übungen** für die unterschiedlichen Muskelgruppen entweder nach dem Satz- oder/und Serienprinzip trainiert.

– Außerdem werden die **Belastungskomponenten** (vgl. S. 14) innerhalb der einzelnen Trainingsmethoden nach den Prinzipien der allmählichen Belastungssteigerung und Variation (vgl. S. 20 ff.) angewendet, um keine Stagnationen, Rückschritte, Deckeneffekte (vgl. S. 82 f.) u. a. aufkommen zu lassen.

– Die Programme werden im ersten oder letzten Teil einer **Trainingseinheit** absolviert (dies ist abhängig vom Periodisierungszeitpunkt und Leistungszustand, sowie der Zielsetzung) oder als gesonderte Trainingseinheit.

– **Aufwärm- und Abwärmphasen** sind selbstverständlich; außerdem sollte zwischen den Sätzen/Serien ein leichtes Dehnen stattfinden.

Literaturhinweis

– Vielfältige Beispiele von *Trainingsprogrammen,* v. a. für eine komplexe Kraftentwicklung (Gesundheits-Fitneß, Anfängertraining, Altersjahrgänge von 8–80) nach muskelphysiologischen und funktionell-anatomischen Gegebenheiten finden sich in dem Buch von GROSSER/MÜLLER: Power-Stretch, BLV-Verlag München 1993.

– **Ergänzende Trainingsmaßnahmen** sollten für alle Arten des Krafttrainings sein ein 2mal wöchentliches **Grundlagenausdauertraining** zur besseren Regenerationsfähigkeit und

– ein **Beweglichkeitstraining** zur Erhaltung/Erhöhung der Dehnfähigkeit und besseren Abstimmung von Erregungs- und Hemmungsprozessen der Muskulatur.

Zur Steuerung des Krafttrainings

In einer Sportart/-disziplin kann die Steuerung des Krafttrainings nicht eine isolierte Angelegenheit sein, sondern muß grundsätzlich im Zusammenhang mit der gesamten Leistungssteuerung gesehen werden. Zum einen sind disziplinbezogene unterschiedliche Kraftformen bzw. spezielle Kraftfähigkeiten anzusteuern, zum anderen haben diese im Rahmen der komplexen Leistungsstruktur einen recht unterschiedlichen Stellenwert. Hinzu kommt die Tatsache, daß Trainingsalter und Leistungsniveau der/des Trainierenden bei einer individuellen Trainingssteuerung zu berücksichtigen sind. Die genannten Gründe schließen somit konkrete Angaben mit

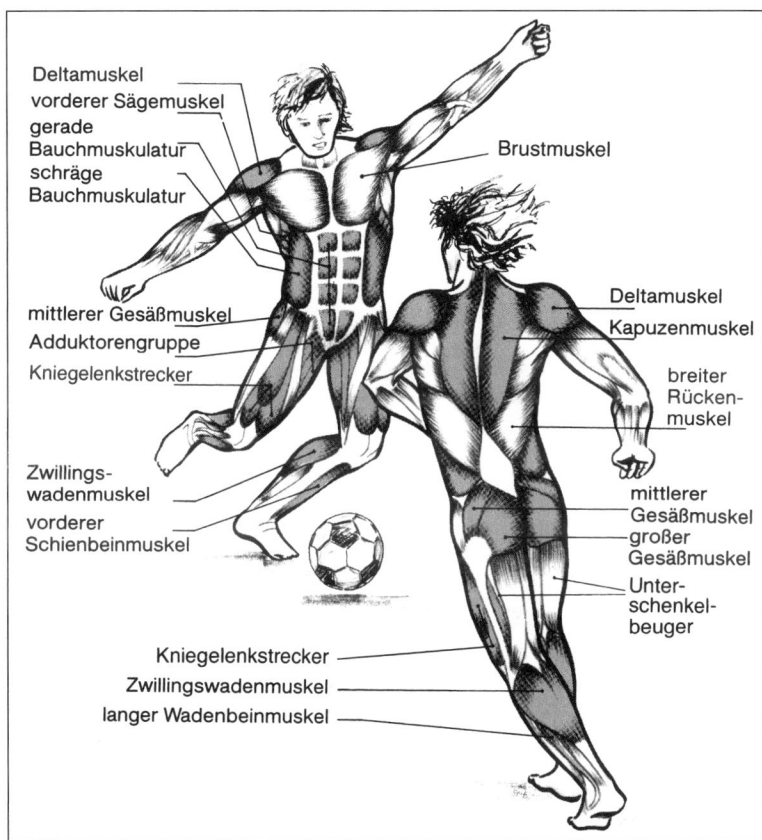

Beispiel für komplexe Kraftentwicklung

Abbildung 25 Beispiel von ausgewählten Muskeln für eine komplexe Kraftentwicklung bei Spielern

Allgemeingültigkeit aus. Differenzierte Ausführungen sind bestenfalls im Rahmen einer disziplinspezifischen Trainingssteuerung mit konkreter Kenntnis der Voraussetzungen möglich.

Hier soll im folgenden mehr auf Grundsätzliches hingewiesen werden, das sich erstens aus Erfahrungswissen und zweitens aus bestehenden Theorien des Trainings ableiten läßt.

Erfahrungsbedingte Grundsätze

Zur **komplexen Entwicklung der Kraft** wurde auf die Zahl der Trainingseinheiten (2–4/Woche) mit ausgewogener Verteilung und auf die effiziente Trainingsdauer (6–9 Monate bzw. 6 Monate) bei den zutreffenden Trainingsmethoden (Anfängermethode, Fitneßmethode, s. S. 63 ff.) bereits hingewiesen.

81

Krafttraining

Differenzierte Kraftentwicklung

Bei der **differenzierten Entwicklung einzelner Kraftformen** sind für die kurzfristige Steuerung (Plazierung der Trainingseinheiten im Mikrozyklus) vor allem die *Regenerationszeiten* nach Krafttrainingseinheiten zu berücksichtigen. Die Zeitangaben in Tabelle 16 sind nur als generelle Orientierungswerte zu verstehen, da die Erholungsdauer auch vom Gesamtbelastungsumfang (sonstiges Training, Zahl der Trainingseinheiten/Woche insgesamt), von der Ermüdungsaufstockung im Laufe eines Mikrozyklus, vom Trainingszustand (v. a. Grundlagenausdauerniveau) bzw. Leistungszustand und regenerationsfördernden Maßnahmen (z. B. Warmwasserbad, Ernährung) abhängig ist.

Abweichungen von den Zahlenangaben können auch vorliegen, wenn über 2–4 Trainingseinheiten hintereinander die vollen Regenerationszeiten bewußt nicht abgewartet werden, um in Verbindung mit einer folgenden Entlastungsphase (Entlastungsmikrozyklus) eine erhöhte Trainingswirkung zu erreichen. Trotz wesentlicher Bedeutung der Regenerationsphasen ist für eine optimale Trainingswirkung eine gewisse Zahl von *Trainingseinheiten/Woche* erforderlich. In Abhängigkeit von der Bedeutung der Kraft innerhalb der sportartspezifischen Leistungsstruktur ist dabei von 2 (z. B. Ausdauersportarten) bis maximal 4–5 Trainingseinheiten/Woche (z. B. Kraft-, Schnellkraftsportarten) in der entscheidenden Krafttrainingsperiode auszugehen.

Für die **mittelfristige Steuerung** ist die effiziente Trainingsdauer bezüglich einzelner Kraftformen bzw. Trainingsmethoden interessant. Durch Beobachtungen aus der Trainingspraxis ist bekannt, daß nach einer gewissen Zeitdauer prinzipiell gleichbleibender Belastungsgestaltung eine Art **Deckeneffekt** (und mögliche Fasertypen-Umwandlungen, vgl. S. 50) erreicht wird. Das bedeutet, daß trotz hohen Trainingsaufwandes keine nennenswerte Leistungssteigerung zu erzielen ist. Aus Tab. 17 gehen die Zeiten hervor, die dafür bekannt sind. Auch hier ist zu beachten, daß individuelle Abweichungen vorliegen. Die Fasertypenzusammensetzung der Muskulatur spielt z. B. eine wesentliche Rolle. Es ist bekannt, daß im Rahmen des Hypertrophietrainings für eine gleich große Dickenzunahme der ST-Fasern – ge-

Tabelle 16 Regenerationsdauer in Abhängigkeit von der Belastungsart (nach Trainingseinheiten)

Regenerationszeiten

Belastungsart		Leistungsfähigkeit	
		Eingeschränkte 90–95% Regeneration	Volle 100% Regeneration
– Hypertrophietraining	Umfang hoch	18–24 Stunden	(48)–72 Stunden
– Maximalkraftausdauertr.	Umfang mittel	12–18 Stunden	48 Stunden
– Kraftausdauertraining			
– IK-Training	Intensität hoch	18–24 Stunden	72–84 Stunden
– Schnellkrafttraining			
– Reaktivkrafttraining			
– Ausdauerkrafttraining	Stark aerob	12 Stunden	24–36 Stunden

Tabelle 17 Zeitspannen für Trainingswirkungen im Krafttraining (Erfahrungswerte) und daraus abzuleitende Periodisierungsmöglichkeiten

Zeitspannen für Trainings-wirkungen

Belastungsart	Erste deutliche Verbesserung nach	Deckeneffekt nach
Hypertrophietraining	15–18 TE 4–5 Wochen	40–48 TE 10–12 Wochen
IK-Training	9–12 TE 3–4 Wochen	24–32 TE 6–8 Wochen
Spezifische Schnellkraft (Intermuskul. Koordination)		6–9 TE 3–4 Wochen

1. Periodisierungsschema:
8–9 Wochen Hypertrophie → 5–6 Wochen IK → 3–4 Wochen spezielle SK (insges. 16–18 Wochen)

2. Periodisierungsschema:
4–5 Wochen Hypertrophie → 2–3 Wochen IK → 4 Wochen Hypertrophie → 3 Wochen IK → 3–4 Wochen spezifische SK (insges. 16–18 Wochen)

genüber den FT-Fasern – mit der etwa doppelten Trainingsdauer zu rechnen ist. Eine weitere Erfahrung ist, daß bei hohem Trainingsalter eine **Variation der Trainingsbelastung** in kürzeren Zeitspannen vorteilhafter ist. Die Wirksamkeit der jeweiligen Belastungsart ist letztlich nur durch *laufende Kontrolle* mittels geeigneter Tests (3–4 wöchiger Abstand) feststellbar.

Theoriegeleitete Grundsätze

Zum Problem der **Adaptation** an Trainingsbelastungen wurden verschiedene Theoriebeiträge anhand von Beobachtung des Trainings in Schnellkraftsportarten entwickelt. Deshalb soll hier auf das Wesentliche daraus, was für die Periodisierung des Krafttrainings von Bedeutung sein kann, aufmerksam gemacht werden:

WERCHOSCHANSKI (1988) hat auf der Grundlage seines allgemeinen Adaptationsmodells im Schnellkrafttraining, das sich auf eine 3–5monatige Haupteinheit des Trainingsaufbaus stützt, zwei Typen der sog. **Kompensationsadaptation** (= Typen des Verlaufs der Trainingswirkung) ermittelt (vgl. Abb. 26, S. 84).

Kompensations-adaptation

Typ 1 zeigt eine allmähliche Vergrößerung aller Kennwerte für Schnellkraft über einen Zeitraum von 18 Wochen, wobei (im Beispiel) die Explosivkraft am Ende eine Steigerung von +30% erfahren hat. Dieser Anpassungsverlauf ergab sich durch mäßige Umfangssteigerung (der Belastung und des Einsatzes spezieller Inhalte) und durch nicht optimale Nutzung der aktuellen Adaptationsreserve. Der laufende Energieverbrauch konnte stets kompensiert werden. In einem solchen Falle ist fortlaufendes Training über ca. 5–6 Wochen möglich, bevor eine Regenerationsphase von ca. 7–10 Tagen erforderlich wird. Insgesamt ist die Aneinanderreihung von 2–3 solcher Belastungsblöcke möglich. Das läuft auf eine Krafttrainingsperiode von ca. 18–22 Wochen hinaus, in der es natürlich zunehmend zu einer Ver-

83

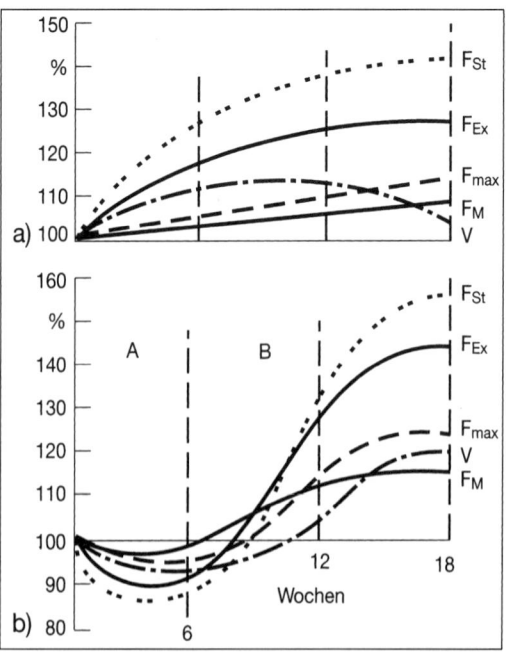

Abbildung 26 Zwei Formen der Kompensationsadaption in der großen Trainingsetappe

F_M – absolute Muskelkraft
F_{Ex} – Explosivkraft
F_{St} – Startkraft der Muskeln
F_{max} – Maximum der Explosivkraft
v – Bewegungsgeschwindigkeit
(aus: WERCHOSCHANSKI 1988, S. 44)

lagerung auf Inhalte und Mittel des speziellen Krafttrainings kommt. Dann ist zur Stabilisierung des erworbenen Niveaus eine längerfristige Entlastung notwendig. Ein derartiger Verlauf der Belastungsgestaltung und damit der Trainingswirkung ist **für Anfänger- und Nachwuchstraining** empfehlenswert. Auch in Ausdauersportarten ist auf hohem Leistungsniveau ein systematisches Kraftausdauertraining in der Vorbereitungsperiode nach diesem Modell sinnvoll. Dabei ändert sich im Laufe der gesamten Periode das Krafttraining vom allgemeinen Kraftausdauer- über spezielles Kraftausdauer- zum Schnellkraftausdauer-Training hin. – Anfänger- und Fitneßtraining können auf der Grundlage dieses Verlaufstyps konzipiert werden. Die aus der Erfahrung gewonnenen Richtzeiten decken sich in etwa (s. S. 65 f.) mit den Zeitspannen dieses Modells.

Langfristig verzögerter Trainingseffekt

Typ 2 stellt die Verlaufsform des **langfristig verzögerten Trainingseffekts (LVTE)** dar. Durch eine tiefgreifende und lange Homöostasestörung kommt es zu einer stabilen Verringerung der Kennwerte der Schnellkraft. Nach 6–8 Wochen ist das Ausgangsniveau wieder erreicht. Im Zuge einer Entlastung kommt es in weiteren 6–8 Wochen zu einem beschleunigten Anstieg der Kennwerte. Nach 18 Wochen zeigte (im Beispiel) die Explosivkraft eine Steigerung um +45%. Dieser Anpassungsverlauf ist verbunden mit einer anfangs konzentrierten Kraftbelastung hohen Umfangs (Kraftblock) von ca. 6 Wochen und einer folgenden Umfangsreduzierung mit Intensitätssteigerung über weitere 6–9 Wochen. Fortlaufendes Training ist hier bestenfalls 3–4 Wochen möglich. Dann ist eine 7–10tägige Regenerationsphase

Abbildung 27 Vorschlag der Periodisierung des Krafttrainings für Sprinter (in Anlehnung an GROSSER et al. 1985, 310); im Vergleich die Blöcke des langfristig verzögerten Trainingseffekts (LVTE) nach WERCHOSCHANSKI 1988, 132

Periodisierung für Sprinter

Allg. Kräftigung Kraftausdauer	Maximalkraft (MK)		Schnell-kraft (SK)	SK-MK	Fitneß
Konditions-gymnastik Circuit u. ä.	Muskel-aufbau-training	Intra-musku-läres Koordi-nations-training (IK)	SK MK	SK Training KO Training IK Training	
	Reaktivkrafttraining (Hüpfen, Sprünge, Tiefsprünge) → u. Techniktraining				

```
Wo   |  | | | |     | | | | | | |    | | | | | |    | | | | | |  | | | | |   |      |
Mon. | Nov. | Dez. | Jan. | Feb. | März | Apr. | Mai | Juni | Juli | Aug. | Sept. | Okt. |
```

VP I	VP II	VP III	WP	ÜP

Block A	Block B
gemäß	LVTE

Abbildung 28 Periodisierungsmodell für Krafttraining in technomotorischen Sportarten (hier wird berücksichtigt, daß umfangreiches Krafttraining negative Auswirkungen auf die Bewegungstechnik haben kann) (aus: WERCHOSCHANSKI 1988, 132); AKV = allgemein körperliche Vorbereitung; F_{Ex} = Explosivkraft; T = Technik

Periodisierungs-modell für den LVTE

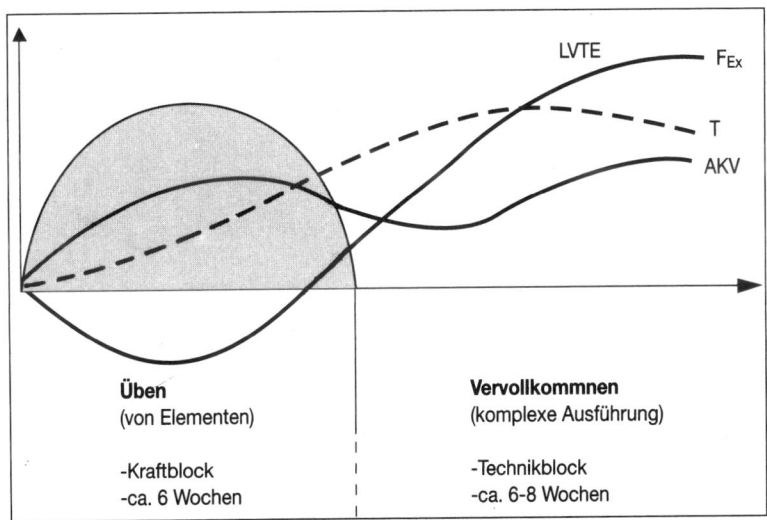

LVTE

F_{Ex}

T

AKV

Üben
(von Elementen)

-Kraftblock
-ca. 6 Wochen

Vervollkommnen
(komplexe Ausführung)

-Technikblock
-ca. 6-8 Wochen

einzuschieben. Insgesamt können (von Trainierten) drei solche Belastungsblöcke hintereinander verkraftet werden. Damit wird eine Krafttrainingsperiode von 12–18 Wochen erreicht. Dieser Belastungs- und Wirkungsverlauf ist typisch für hohes Leistungsniveau, also **für Training im Spitzenbereich** empfehlenswert.

Auf der Basis dieses langzeitig verzögerten Trainingseffektes sind z. B. das Periodisierungsmodell für Sprinter (nach GROSSER et al. 1985, 310; vgl. Abb. 27) und das Modell für technomotorische Sportarten (nach WERCHOSCHANSKI 1988, 132; vgl. Abb. 28) entwickelt worden. In letzterem ist neben der konzentrierten Kraftbelastung (Kraftblock) auch die Differenzierung von Kraft- und Techniktraining (Technikblock nach dem Krafttraining) berücksichtigt worden.

Hinweise zu ausgewählten Krafttests

Tests sind – insbesondere im Hochleistungssport – eine notwendige Maßnahme im Rahmen der Leistungssteuerung; mit anderen Worten: sie sind Möglichkeiten der Überprüfung der momentanen Leistungsfähigkeit bzw. des Trainingszustandes (vgl. auch Abb. 13, S. 38), außerdem natürlich auch Maßnahmen zur Eignungsfeststellung (Talentbestimmung – jedoch bei Kindern und Jugendlichen nur über einen mehrjährigen Beobachtungsverlauf). Tests können jeweils alle 4–6 Wochen eingesetzt werden.

Im folgenden geben wir für den umfangreichen Komplex der Krafttests lediglich weiterführende Hinweise.

Sportpraktische Krafttests In Abhängigkeit von der Genauigkeit und dem Gültigkeitsbereich lassen sich sportpraktische und biomechanische Krafttests unterscheiden. Die **sportpraktischen Tests** orientieren sich in ihren Aussagen an der Sportartspezifik. Das heißt, es können die horizontale Sprungkraft, die vertikale Sprungkraft, die Wurfkraft, die Sprintkraft, Schußkraft usw. abgetestet werden. Die Meßgrößen sind dann die erzielte Sprung- oder Wurfweite und die Sprunghöhe.

Eine Auswahl dieser Tests findet sich in:

Literaturhinweise Bös, K.: Handbuch sportmotorischer Tests. Frankfurt 1987; Bös, K.: Fit für das Leben. Oberhaching 1987; FETZ, F./KORNEXL, E.: Sportmotorische Tests. Berlin 1978; GROSSER, M./STARISCHKA, St.: Konditionstests. München 1981; NEUMAIER, A.: Sportmotorische Tests in Unterricht und Training. Schorndorf 1983; WEINECK, J.: Optimales Training. Landshut 1994.

Die genannten Autoren geben für die Bewertung der Testergebnisse Tabellen an, die alters- und geschlechtsabhängige Normwerte zeigen.

Biomechanische Tests Bei den **biomechanischen Tests** werden einzelne Krafterscheinungsformen differenzierter und exakter bestimmt. Es gibt Meßmöglichkeiten für einzelne Muskeln, Muskelgruppen und Muskelschlingen. Dabei können die Explosivkraft, Maximalkraft, Startkraft, Schnellkraft und die muskuläre Leistungsfähigkeit bestimmt werden. Ebenso sind Kraftmessungen während der sportlichen Bewegung möglich. Diese Tests können oft nur in einem aufwendigen Verfahren durchgeführt werden. Wir wollen an dieser Stelle darauf hinweisen, daß viele in Deutschland etablierten Olympiastützpunkte in der Lage sind, diese Messungen durchzuführen.

 Schnelligkeitstraining

Schnelligkeit und ihre Erscheinungsformen

Undifferenziert versteht man unter dem in der Sportpraxis gewachsenen Begriff Schnelligkeit die Fähigkeit, höchstmögliche Reaktions- und Bewegungsgeschwindigkeiten (vorwiegend gegen geringe Widerstände) zu erzielen, und zwar bezogen auf

1. einen Bewegungsbeginn nach Signalgebung (= Reaktionszeit, Reaktionsschnelligkeit),
2. Einzelbewegungen (= Schnelligkeit bei azyklischen Bewegungen, z. B. Beinanreißen, (Tisch-)tennisschlag, Ballaktionen),
3. fortlaufende gleichförmige Bewegungen (= Schnelligkeit bei zyklischen Bewegungen, z. B. Skippings, Sprints),
4. Bewegungskombinationen bzw. Bewegungshandlungen (= azyklische und zyklische Bewegungen hintereinander unter Einbeziehung technisch-taktischer (kognitiver), wahrnehmungs- und antizipationsbezogener Komponenten, z. B. Spiel- und Kampfaktionen).

Schnelligkeitsaktionen

Schnelligkeit im Sport ist wissenschaftlich nach wie vor ein nicht voll überzeugend geklärtes Phänomen. Aus den jüngsten vielfältigen Definitionsversuchen verschiedener Autoren greifen wir die folgenden zwei heraus:

Schnelligkeit im Sport ist die Fähigkeit, mittels »kognitiver Prozesse, maximaler Willenskraft und der Funktionalität des Nerv-Muskelsystems maximale Reaktions- und Bewegungsgeschwindigkeiten unter bestimmten gegebenen Bedingungen zu erzielen« (GROSSER 1991, 13).

Definitionen Schnelligkeit

»Schnelligkeit ist die elementare psychophysische Leistungsvoraussetzung zur Realisierung hoher Schnelligkeitsleistungen. Sie beruht auf zwei Basisfähigkeiten:
(1) der Fähigkeit, elementare Zeitprogramme zu realisieren und
(2) der Fähigkeit der optimierten Verbindung elementarer schneller Zeitprogramme im Verbund eines generalisierten Bewegungsprogramms« (WEIGELT 1995, 156).

Die Unterschiede beider Definitionen beruhen darauf, daß in der ersten Schnelligkeit als komplexe Fähigkeit (mit unmittelbarer Nähe zur Schnelligkeitsleistung, s. S. 97) und in der zweiten als elementare Leistungsvoraussetzung (s. S. 88 f./95 f.) gesehen wird. Empirisch hat man versucht, Schnelligkeit als elementare Voraussetzung (und nahezu unabhängig von allen weiteren Komponenten, die maximale Bewegungsgeschwindigkeiten beeinflussen) zu isolieren (vgl. BAUERSFELD/VOSS 1992). Das ist wissenschaftlich berechtigt und notwendig, bedarf jedoch in diesem

87

Fall weiterer Untersuchungen. Trainer dürfen letztlich – trotz elementarer Teilbetrachtung – nie die komplexe Funktion schneller Bewegungsleistungen aus den Augen verlieren.

Schnelligkeits-fähigkeiten

So gesehen wird derzeit eine Unterscheidung in »**reine**« bzw. »**elementare**« **Schnelligkeitsfähigkeiten** einerseits und in »**komplexe**« andererseits getroffen. Diese Unterscheidung orientiert sich sowohl an Erfahrungswerten aus der Sportpraxis als auch an neuesten wissenschaftlichen Erkenntnissen (vgl. u. a. BAUERS-FELD/VOSS 1992; LEHMANN 1992; 1993; WEIGELT 1995). Eine Sonderform der Schnelligkeitsfähigkeiten ist die Reaktionsschnelligkeit. Wir unterteilen die motorische Schnelligkeit im folgenden in Reaktionsschnelligkeit, elementare und komplexe Schnelligkeitsfähigkeiten (vgl. auch Tab. 18).

Physikalisch wird Schnelligkeit als Geschwindigkeit gemessen und mit dem Verhältnis Weg pro Zeit ausgedrückt

$$\vec{V} = \frac{S}{t}$$

Reaktionsschnelligkeit

Reaktion

Die *Reaktion* eines Menschen ist die Antwort des Verhaltens auf einen Reiz. *Reize* bezeichnet man auch als Signale, die im Sport akustisch (z. B. Startschuß), optisch (z. B. anfliegender Ball) oder taktil (z. B. Berührung) wahrgenommen werden können. Auf letztere reagiert man am schnellsten, und die akustischen Signale werden meistens etwas kürzer als die optischen »verarbeitet« (vgl. Tab. 19, S. 90).

Die **Reaktionsschnelligkeit** im Sport ist folglich die Erscheinungsform der Reaktionszeit, und zwar ist es diejenige Zeit, die vom Setzen eines Signals (eines Reizes; z. B. Startschuß) bis zu einer verabredeten, geforderten Muskelbewegung (z. B. beim Sprintstart erster Muskelandruck an die Startblöcke) vergeht. Reaktionsschnelligkeit ist also die Fähigkeit, auf einen Reiz in kürzester Zeit zu reagieren. Unter *Bewegungszeit* versteht man die Zeit, »die zur Ausführung der gewünschten ersten Zielbewegung nach der Reaktion erforderlich ist« (KRÜGER 1982, 5).

Elementare Schnelligkeitsfähigkeiten

(oder: Schnelligkeit als elementare Fähigkeit)

Zeitprogramme

Darunter sind die Schnelligkeitsfähigkeiten zu verstehen, die hauptsächlich von den **elementaren Zeitprogrammen** (azyklischer und zyklischer Art nach BAUERS-FELD/VOSS 1992) bestimmt werden und damit in erster Linie von der Qualität neuromuskulärer Steuer- und Regelprozesse abhängig sind. Nach BAUERSFELD/VOSS 1992 und LEHMANN 1993 sind die elementaren Zeitprogramme kraft- und geschlechtsunabhängig. Der Begriff »Zeitprogramm« steht bei diesen Autoren synonym für elementare Schnelligkeit, wobei die Formen der azyklischen und zyklischen unabhängig voneinander sind. Die elementare Schnelligkeit ist vereinfacht durch eine Stützmessung bei einem schnellstmöglichen Nieder-Vorhochsprung aus 20 cm Fallhöhe zu ermitteln, die zyklische mittels eines maximal schnellen Fuß-

Tabelle 18 Praxisorientierte Schnelligkeitsformen und ihre primären Einflußkomponenten

Übergeordnete Charakterisierung	Eigenständige Schnelligkeitsfähigkeit	Elementare Schnelligkeitsfähigkeiten		Komplexe Schnelligkeitsfähigkeiten			
	Reaktions-schnelligkeit	Aktions-schnelligkeit	Frequenz-schnelligkeit	Kraft-schnelligkeit	Sprint-kraft	Kraft-schnelligkeits-ausdauer	Sprint-ausdauer
Schnelligkeitsform	Reaktions-schnelligkeit	Aktions-schnelligkeit	Frequenz-schnelligkeit	Kraft-schnelligkeit	Sprint-kraft	Kraft-schnelligkeits-ausdauer	Sprint-ausdauer
Bewegungsform		azyklisch	zyklisch	azyklisch	zyklisch	azyklisch	zyklisch
Beispiel		Tischtennis-schlag	Skippings	Wurf Sprung	Laufbe-schleunigung	Fechten Boxen	Sprints über 60 m
Primäre Einfluß-komponenten	Antizipation Wahrnehmung Infoverarbeitung Impulsübertragung Latenzzeit	– Zeitprogramme – intermuskuläre Koordination		– Zeitprogramme – Schnellkraft		– Zeitprogramme – spezifische Ausdauer	

Reaktionszeiten

Tabelle 19 Zeiten von Einfachreaktionen auf akustische, optische und taktile Signale (nach verschiedenen ausgewählten Untersuchungen)

Reizart	Reaktionszeiten nach verschiedenen Autoren						Versuchspersonen
	SIMKIN (1969)	ZACIORSKIJ (1972)	OBERSTE/BRADTKE (1974)	GROSSER (1976)	NOCKER (1980)	DOSTAL (1991)	
akustisches Signal (Startschuß)	0,15	0,17–0,27 0,05–0,07 (Weltklasse-sprinter)	0,12–0,10 (∅ = 0,163) 0,16–0,19 (∅ = 0,187)	0,14–0,31 0,11–0,24 0,07–0,17	0,12–0,18	0,153 ±0,0198 0,1588 ±0,0204	Nichtsportler Allround-Sportler Leistungssprinter Leistungssprinterinnen
optisches Signal	0,16–0,18	0,20–0,35 0,10–0,24 0,05–0,09					Nichtsportler Allroundsportler Leistungssportler
taktiles Signal	0,145				0,09–0,18		Nichtsportler

Anmerkung: Wie aus der Tabelle ersichtlich, sind die Reaktionszeiten auf akustische, optische und taktile Reize unterschiedlich. Reaktionen auf optische Reize sind deshalb etwas länger als auf akustische, »weil die Umwandlung von Lichtenergie in neuronale Impulse, die dann von der Netzhaut des Auges ins Gehirn weitergeleitet werden können, mindestens 30 ms länger dauert als die Umwandlung von Schallenergie in neuronale Impulse, die dem auditiven System (Gehörsinn) bereitgestellt werden« (WEINECK 1994b, 420).

tappings im Sitzen. Aus beiden Meßwerten kann ein »Schnelligkeitsquotient« zur möglichen Talentbestimmung errechnet werden. Hohes Schnelligkeitsniveau setzt dabei Stützzeiten unter 170 ms und Frequenzen über 12 Hz/s voraus (entspricht kurzen Zeitprogrammen; vgl. Abb. 29 und VOSS/WERTHNER 1994).

In der sportlichen Praxis kommen die Zeitprogramme als elementare Schnelligkeitsfähigkeiten in Bewegungen ohne bzw. mit nur geringen äußeren Widerständen zum Vorschein. Es können folgende unterschieden werden:

– **Aktionsschnelligkeit** = die Fähigkeit, azyklische Bewegungen mit höchster Geschwindigkeit gegen geringe Widerstände (z.B. Beinanreißen, Tischtennisschlag) auszuführen. **Aktionsschnelligkeit**

– **Frequenzschnelligkeit** = die Fähigkeit, zyklische Bewegungen mit höchster Geschwindigkeit gegen geringe Widerstände (z.B. Skippings, Tappings, fliegende Sprints) auszuführen. **Frequenzschnelligkeit**

Abbildung 29 Die elementaren Schnelligkeitsfähigkeiten und der sog. Schnelligkeitsquotient (nach LEHMANN 1993, 15)

Schnelligkeitsquotient

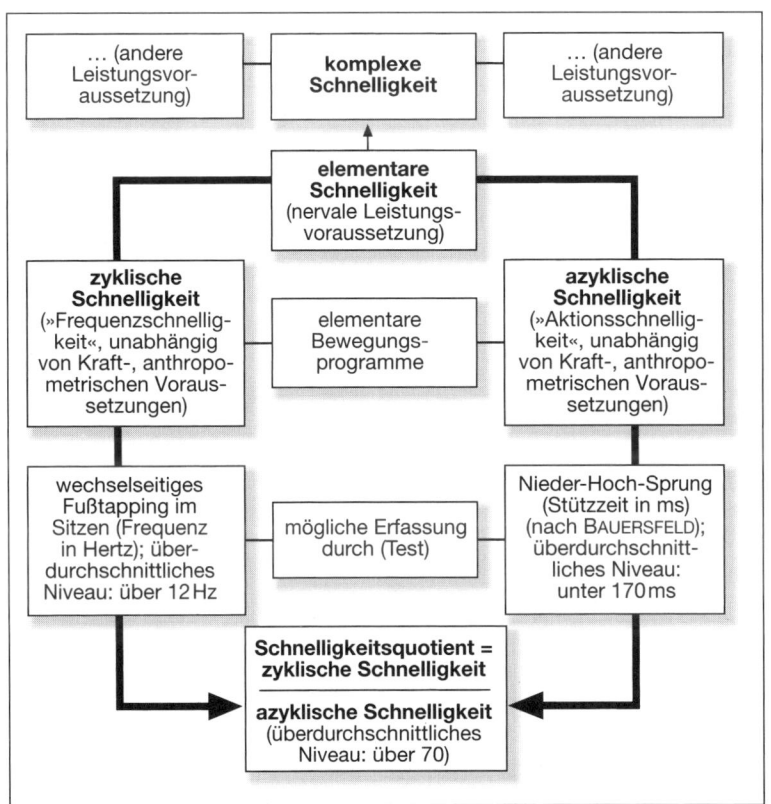

Komplexe Schnelligkeitsfähigkeiten

(oder: Schnelligkeit als komplexe Fähigkeit)

Bei diesen komplexen Formen handelt es sich um schnelle Bewegungsleistungen, auf die **neben den elementaren Schnelligkeitsfähigkeiten** (Steuer- und Regelprozessen) **auch Kraftfähigkeiten, Ausdauerfähigkeiten und bestimmte Bedingungen** einen ebenso großen Einfluß haben. Die bestimmten Bedingungen beziehen sich unter anderem auf:

– die Art der disziplinspezifischen Bewegung, gleichsam auf die Bewegungsaufgabe (Laufen, Eisschnellaufen, Radfahren, Schwimmen etc.),
– die Bewegungstechnik,
– die Größe und die Dauer des zu überwindenden Widerstandes,
– individuelle Voraussetzungen (wie z. B. geschlechtsbedingte, entwicklungsbedingte, konstitutionelle Merkmale),
– äußere Einflüsse (wie z. B. Wind, Gegner).

Die komplexen Schnelligkeitsfähigkeiten kommen in Bewegungen gegen höhere äußere Widerstände und bei Bewegungen mit ermüdungsbedingtem Leistungsabfall zum Vorschein. Es können folgende Formen unterschieden werden:

Komplexe Schnelligkeitsformen

– **Kraftschnelligkeit** = Schnelligkeitsleistung gegenüber höherem Widerstand in azyklischen Bewegungen (z. B. Absprung nach Anlauf, Kugelstoß-Armausstoß, Speerabwurf). Synonym: Schnellkraft
– **Kraftschnelligkeitsausdauer** (= Schnellkraftausdauer) = Widerstandsfähigkeit gegen ermüdungsbedingten Geschwindigkeitsabfall bei azyklischen Schnellkraftbewegungen (z. B. häufige Würfe nacheinander oder wiederholte Kampfaktionen)
– **Sprintkraft** = Schnelligkeitsleistungen gegenüber höheren Widerständen in zyklischen Bewegungen (z. B. Beschleunigungsfähigkeit beim Sprintlauf, Radfahren, Rudern)
– **Sprintausdauer** (= maximale Schnelligkeitsdauer) = Widerstandsfähigkeit gegen ermüdungsbedingten Geschwindigkeitsabfall bei maximalen Schnelligkeitsleistungen in zyklischen Bewegungen

Bei den Formen für zyklische Bewegungen haben wir uns bewußt am Sprint orientiert, da diese Formen nur in Sprintbewegungen vorkommen.

Biologische Grundlagen von Schnelligkeitsfähigkeiten

Zur Reaktionsschnelligkeit

Sie umfaßt die Zeit vom Setzen eines Reizes (z. B. Startschuß oder anfliegender Ball für den Torwart) bis zur ersten wahrnehmbaren Muskelkontraktion.

Während der Zeitspanne zwischen Reiz und erster Muskelreaktion spielen »Erregungen von Sinnesorganen, (die) Leitung zu zentralen Schaltstellen, zentrale Schaltvorgänge und efferente Impulse bis zur Erregung im Muskel eine bedeutende Rolle« (STEINBACH 1966, 8). In Anlehnung an ZAZIORSKI (1968) und KRÜGER (1982) kann dieser Vorgang in folgende hintereinandergeschaltete Ablaufphasen gegliedert werden:

1. *Wahrnehmungsphase*
   Zunächst treten Erregungen in den Rezeptoren der entsprechenden Sinnesorgane auf (z. B. Startschuß im Hörorgan; anfliegender Ball im Auge). Von hier aus werden während **Ablaufphasen der Reaktion**

2. *der afferenten Leitungsphase*
   die Erregungen über afferente Nervenbahnen zum Gehirn (ZNS) des Menschen mit einer Leitungsgeschwindigkeit von ca. 0,03 Sek. übertragen.

3. *Informationsverarbeitungsphase*
   Im ZNS werden die Informationen »schaltmusterartig« verarbeitet und zu einem entsprechenden »Aktionsplan« hinsichtlich der Bildung effektorischer Signale zusammengestellt.

4. *Efferente Leitungsphase*
   Vom ZNS aus werden mit einer Leitungsgeschwindigkeit von ebenfalls ca. 0,03 Sek. die Signale über efferente Nervenbahnen zu den aktivierenden Muskeln übertragen. Nach LEHNERT/WEBER (1975) und anderen Autoren verfügen Sportler von Schnelligkeits- und Schnellkraftdisziplinen über kürzere Leitungsgeschwindigkeiten als Sportler anderer Sportarten und Nichtsportler.

5. *Latenzzeitphase*
   Mit dem Auftreten des Nervenreizes auf den Muskel entsteht eine mechanische Aktivität im Muskel. Durch das Freisetzen von Azetylcholin, das den Reiz von der Nervenendigung der motorischen Endplatte auf die Muskelfaser überträgt, tritt eine Verzögerung bis zur Kontraktion der Faser (= mechanische Aktivität) auf. Diese Verzögerung wird *Latenzzeit* genannt; sie beträgt je nach Aktivationsmuster der Faser (FTG-, FTO- oder ST-Faser), Anspannungsgrad, Viskosität und Temperatur des Muskels (Aufwärmeffekt!) ca. 0,04–0,01 Sek.

Man unterscheidet zwischen »*einfacher*« Reaktion und *Auswahl*-Reaktion. Erstere erfordert auf ein bestimmtes Signal eine bestimmte Reaktion, die Auswahlreaktion hingegen verlangt je nach Reizauslösung eine der Situation angepaßte Reaktion vom Sportler. Es ist also entscheidend, daß der Reiz unmittelbar nach Signalauslösung wahrgenommen wird. Im Sport kann man allerdings davon ausgehen, daß eine besondere Reaktionsbereitschaft vorhanden ist (»Wachsein der Sinne«), die eine Überraschung des Athleten kaum möglich macht. **Einfach-Reaktion**

93

In einigen Fällen wird der für eine erwartete Reaktion (z. B. Tiefstart) auslösende Reiz (Startschuß) vorher angekündigt (»Auf die Plätze«). Es hat sich gezeigt, daß diese Ankündigung den besten Effekt bezüglich der Reaktionsschnelligkeit hat, wenn sie 1,5 Sek. vor der Reizsetzung (Startschuß) erfolgt (NAKAMURA 1934 und ZAZIORSKI 1968). Durch Training kann die Reaktionszeit auf ein akustisches Signal von 0,12–0,27 Sek. auf 0,05–0,17 Sek. reduziert werden (vgl. auch Tab. 19). Dies gilt allerdings offensichtlich nur, wenn das Programm feststeht, also ein bestimmter Reiz eine bestimmte Reaktion zur Folge hat (Ausbildung des sog. dynamischen Stereotyps beim Sprintstart).

Auswahl-reaktionen Bei *Auswahlreaktionen* steht der Sportler vor dem Problem, aus einer Vielzahl von möglichen Reaktionen die günstigste auszuwählen. Je erfahrener beispielsweise ein Tennisspieler ist, desto reaktionsschneller trifft er aufgrund seiner *Antizipationsfähigkeit* exakt mit entsprechend richtiger Schlägerhaltung genau zu dem Zeitpunkt den Ball, der die günstigsten Voraussetzungen für einen kontrollierten und trotzdem mit optimalem Krafteinsatz ausgeführten Schlag gewährleistet. Das gilt entsprechend für Boxer, Fechter, Hockeyspieler u. a. Untersuchungen zeigen:
– Wird das reizauslösende Objekt (z. B. Tennisball) 1 Sek. vor Reaktionsbeginn wahrgenommen, so wird die Genauigkeit der Reaktion (Treffen des Tennisballs zum optimalen Zeitpunkt) mit einer Streuung von weniger als 40–50 ms erfolgen.
– Durch gezieltes Üben kann die Streubreite bei 50% der Versuche einer Person auf ± 20 ms gesenkt werden (nach HOLLMANN/HETTINGER 1980).

Eine Sekunde stellt nun allerdings eine Zeitspanne dar, die dem Sportler meist nicht mehr zur Verfügung steht, wenn der Gegner eine Aktion durchführt. Die günstigsten Voraussetzungen schafft sich also der Sportler, der durch die eigene Aktion dem Gegner eine bestimmte Reaktion aufzwingt, auf die er selbst dann seinerseits wieder – da voraussehend – gezielt »reagieren« kann. Es handelt sich also hierbei nicht mehr um die Reaktionsschnelligkeit im engsten Sinne mit
→ schnellerer Leitung vom Sinnesorgan zum ZNS,
→ schnellerer Ausarbeitung eines Programmes,
→ schnellerer Befehlsübertragung auf ausführende Muskulatur,
sondern um die Fähigkeit, die Reaktionszeit dadurch zu verlängern, daß frühzeitig (im Fall des Tennisspielers bereits zum Zeitpunkt der eigenen Aktion) Informationen (z. B. Stellung des Gegners zum Ball, Schlägerhaltung, u. ä.) aufgenommen

Antizipation und verarbeitet werden. Diese Fähigkeit nennt man auch *Antizipation* bzw. Bewegungsvorausnahme. Dem Gehirn wird so die Wahl der günstigsten Reaktion erleichtert. Das »reizauslösende« Objekt ist nicht mehr allein der Tennisball, sondern wird repräsentiert durch alle mitverarbeiteten Informationen. Damit kann der gute Spieler die Auswahlreaktion bzgl. einer Vielzahl von möglichen Reaktionen von vornherein auf die wenigen wirklich geeigneten reduzieren → er verbessert damit seine Situation dahingehend, daß auf einen Reiz nur wenige oder gar nur eine Reaktion verlangt wird. Ein solches Handeln setzt große (Spiel)Erfahrung voraus. Hierzu gehören:
– Die Fähigkeit, den Gegner und sein Aktionsrepertoire richtig einschätzen zu können bzw. (und das vor allem im Mannschaftssport) die gegnerische Taktik frühzeitig zu durchschauen,

– entsprechendes technisches Können für einen automatisierten Bewegungsablauf
bei den »Reaktionen«,

Weitere und ausführlichere Darstellungen zur Reaktionsschnelligkeit siehe bei
GROSSER: Schnelligkeitstraining. BLV-Verlag, München 1991, 92–102.

**Literatur-
hinweis**

Zu den elementaren Schnelligkeitsfähigkeiten

Die maximalen Geschwindigkeiten von azyklischen und zyklischen Bewegungen
(Aktions- und Frequenzschnelligkeit) hängen im wesentlichen von nervalen Steuer-
und Regelprozessen und muskulär-koordinativen Faktoren ab. Der erste Bereich betrifft die Ausbildung der sogenannten Zeitprogramme (BAUERSFELD/VOSS 1992),
der zweite Bereich die intermuskuläre Koordination (Bewegungstechnik).

Die Zeitprogramme

Die »elementaren« (oder »reinen«) Schnelligkeitsfähigkeiten werden durch die
»Qualität neuromuskulärer Steuer- und Regelprozesse bestimmt, die sich bei azyklischen und zyklischen Bewegungen in **bewegungsspezifischen Zeitprogrammen** widerspiegeln« (BAUERSFELD/VOSS 1992, 41). Diese Steuer- und Regelmechanismen des Nervensystems selbst sind äußerst komplex und bis heute wenig
erforscht. Man nimmt an, daß sie als (elementare) Bewegungsprogramme gespeichert sind (vgl. auch KÜCHLER 1983) und unbewußt ablaufen, da sie bei Geschwindigkeiten unter 200 ms nicht bewußt regelbar sind. Zur Begründung sei auch die
informationstheoretische Annahme angeführt (vgl. KÜCHLER 1983; MARTIN et al.
1991), daß über afferente Nervenfasern ein maximaler Informationsfluß von ca.
10^8 bit/s (100 Millionen) im Gehirn möglich ist, jedoch von dieser unvorstellbar
hohen Informationsmenge nur etwa 10–20 bit/s bewußt wahrgenommen und verarbeitet werden können.

»Demnach gelangen nur die allerwichtigsten Meldungen ins Bewußtsein, alle anderen werden ausgeschlossen, aber zum geringen Teil unbewußt reflektorisch-mo-
torisch verwertet. Obwohl der hier beschriebene Informationsfluß auf Schätzungen
beruht, wird dennoch deutlich gezeigt, daß der aus Reflexbewegungen, Instinkt-
handlungen und variablen erlernten motorischen Handlungen bestehende motorische Aktionsbereich viel kleiner ist als der sensorische Wahrnehmungsbereich. Verantwortlich dafür ist die fünffach kleinere Zahl motorischer Neurone gegenüber der
Anzahl der Neurone der Sinnesorgane. Außerdem begrenzen Schwerkraft, Massen-
trägheit, Beweglichkeit der Gelenke, Verkürzungsgeschwindigkeit, Kraftbildung
der Muskulatur zusätzlich die motorischen Leistungen.« Das bedeutet, daß eine
Schnelligkeitsverbesserung (im elementaren Bereich) »kaum über eine Verbesserung des Informationsflusses in den beteiligten Strukturen erreicht werden kann,
sondern nur über ein dauerndes motorisches Üben und Lernen komplizierter Programme« (MARTIN et al. 1991, 154; in Anlehnung an KÜCHLER 1983, 79).

Solche motorischen Programme werden, wie bereits erwähnt, als elementare Bewegungsprogramme bezeichnet, und die Schnelligkeit wird als Ausdruck solcher
Bewegungsprogramme gesehen.

Zeitprogramme

95

Kurze und lange Zeit- programme

Von BAUERSFELD/VOSS (1992) wurden sie in Form sogenannter azyklischer »Zeitprogramme« am Beispiel beidbeiniger Nieder-Hoch-Sprünge untersucht. Die Autoren kamen dabei zur **Unterscheidung kurzer (< 170 ms) und langer (> 170 ms) Zeitprogramme** (neuerdings wird die Grenze auch bei 140 ms angegeben; vgl. VOSS/WITT 2000, 43 ff.), wobei für Spitzenleistungen im Schnelligkeits- und Schnellkraftbereich die kurzen offensichtlich Voraussetzung sind. Für die zyklische Bewegungsform der Zeitprogramme wurde ein Bein-Tappingtest herangezogen (s. o.). Sie fanden außerdem heraus, daß beide Varianten der Zeitprogramme über längere Zeit hinweg relativ stabil sind und weitgehend unabhängig von der Ausprägung anderer Leistungsvoraussetzungen des neuromuskulären Systems wie Nervenleitgeschwindigkeit, Reflexzeiten (des Muskeleigenreflexes) und der Muskelfaserstruktur. Die Zeitprogramme sind jedoch – einschränkend – an ein Niveau »mittleren Ausprägungsgrades« dieser Parameter (die wiederum genetisch determiniert sind) gebunden. Letztlich scheint für alle angesprochenen Komponenten eine bestimmte genetische Einschränkung gegeben zu sein.

Weiterhin fanden BAUERSFELD/VOSS (1992) heraus, daß die Zeitprogramme *nicht primär durch den Ausprägungsgrad der Kraft bestimmt* sind (wobei die Beziehung und Abhängigkeit zwischen Zeitprogrammen und dem Dehnungs-Verkürzungs-Zyklus – vgl. S. 43 – bis dato nicht beantwortet sind), außerdem geschlechtsunspezifisch und eine hohe Stabilität gegen Ermüdung besitzen.

Zur Entwicklung der Zeitprogramme im Kindes- und Jugendalter vgl. S. 214 ff.; zum Training s. S. 101 f.

Zur Koordinationsfähigkeit

Definition Koordination

Unter Koordination versteht man physiologisch das Zusammenwirken von Zentralnervensystem (ZNS) und Skelettmuskulatur innerhalb einer willkürlichen Bewegung.

Für eine einzelne Muskelkontraktion sind die Anforderungen an die Koordinationsfähigkeiten nicht allzu hoch. Vereinfachend dargestellt erfordert z. B. die Streckung eines Beines im Kniegelenk lediglich eine Innervation der Strecker-(muskulatur) und eine gleichzeitige Hemmung der Beuger(muskulatur). Soll eine solche Bewegung aber innerhalb eines komplexen Bewegungsablaufes (z. B. alternierendes Beugen und Strecken im Kniegelenk, Sprung, Lauf) erfolgen, so erfordert dies einen Programmentwurf vom motorischen Zentrum der Großhirnrinde, der über die sogenannte Pyramidenbahn an untergeordnete Instanzen Befehle dergestalt ausgibt, daß ein optimaler Wechsel zwischen Erregungs- und Hemmungsimpulsen zustandekommt (vgl. auch S. 58). Mit zunehmendem Übungsgrad eines solchen Bewegungsablaufes kann das extrapyramidal-motorische System die Willkürmotorik entlasten und begünstigend auf Koordinationsprobleme einwirken. Wir sprechen von der *Automatisation der Bewegung.*

Von *Seiten des Muskels* müssen Voraussetzungen gegeben sein, die den Bewegungsablauf günstig unterstützen, hierzu zählen z. B.

– Elastizität des Muskels,

– Viskosität des Muskels,

– intramuskuläre Koordination

– u. a. m. (näheres vgl. Kap. 2, S. 44–62).

Zu den komplexen Schnelligkeitsfähigkeiten

Die komplexen Schnelligkeitsfähigkeiten (= **Schnelligkeitsleistung**) kann man auch als psycho-physische oder auch als gemischt koordinativ-konditionelle Fähigkeiten bezeichnen, spielen doch für eine komplexe sportliche Leistung mit maximalen Schnelligkeitseinsätzen folgende Komponenten eine entscheidende Rolle:

– Als Grundlage dienen ein für die spezifische Bewegung (azyklisch, zyklisch oder gemischt; azyklische und zyklische Zeitprogramme sind nicht unbedingt identisch) **geeignetes Zeitprogramm** (azyklisch möglichst unter 170 ms; zyklisch möglichst unter 12 Hz, d. h. Bodenkontakte pro Sekunde) und alle damit im Zusammenhang stehenden neuromuskulären Parameter (d. h. auch mehrere ›elementare‹ Leistungsvoraussetzungen; vgl. S. 95 f.). **Komponenten der Schnellig-keitsleistung**

– Dieses Zeitprogramm muß in die **spezifische Bewegungstechnik** integriert werden, d. h., es geht dabei um die Ausbildung der **intermuskulären Koordination:** Hierunter versteht man die Abstimmung der synergistisch, agonistisch und antagonistisch tätigen Muskeln durch Verschaltung von verschiedenen Reizmustern bei der Ausführung von Bewegungen. Der Qualitätsgrad der Bewegungstechnik ist folglich eine leistungsbestimmende Komponente schneller Bewegungen (z. B. Lauftechnik beim Sprint). Bei allen Sportdisziplinen, in denen azyklische und zyklische Bewegungen mit maximaler Schnelligkeit realisiert werden müssen, ist folglich eine optimale Technikausprägung ein primäres Trainingsziel.

– Als weitere Einflußgrößen von Schnelligkeitsleistungen wirken **tendomuskuläre** und **energetische** (vgl. alle bei der *Maximal- und Schnellkraft* besprochenen Aspekte, insbesondere die Hinweise zur intramuskulären Koordination, zum Anteil der schnellen und langsamen Muskelfasern, die Viskosität und Elastizität der Muskulatur, den ATP- und KP-Gehalt im Muskel (Energiebereitstellung), den Muskelquerschnitt, die Anzahl der Muskelfasern und Frequenzierung bzw. Kontraktionsgeschwindigkeit der Muskulatur). Ebenso ist in diesem Zusammenhang die *Beweglichkeit* (Amplitudenausschlag in den Gelenken) zu nennen (vgl. Kap. 5).

– Neben den erwähnten Aspekten wirken weiterhin als Einflußgrößen: Geschlecht, Alter, z. T. Konstitution, die Muskeltemperatur (Aufwärmen) und insbesonders hoch ausgeprägte **Konzentrations-, Antizipations-** und »**Willenskraft**«-**Fähigkeiten** sowie erfahrungsgemäß eine bestimmte Veranlagung (bezogen auf neuronale Steuer- und Regelmechanismen sowie auf den Verteilungsanteil schnellzuckender Muskelfasern).

Hinweis:
Ausführliche Darlegungen zu den Einflußgrößen der komplexen Schnelligkeitsleistung finden sich bei GROSSER: Schnelligkeitstraining. BLV-Verlag München 1991; vgl. zusammenfassend auch Tabelle 20. **Literatur-hinweis**
Weiterhin können Ausführungen zu den Kraft- und Ausdauereinflußgrößen in den Kapiteln 2 und 4 nachgelesen werden.

Trainingsmethoden und Steuerungshinweise

Trainingsziele

Biologisch gesehen müssen zur Steigerung der Schnelligkeit im Sport hauptsächlich folgende *Teilbereiche menschlicher »Systeme«* ausgebildet werden (vgl. auch Tabellen 20, 21):

1. Die *neuromuskulären Steuer- und Regelprozesse* (→ Zeitprogramme) einschließlich der intermuskulären Koordination (= Bewegungs-Techniken) und
2. die *morphologischen Strukturen* und *funktional-energetischen Prozesse*.

Die Teilbereiche wirken bei allen sportlichen Bewegungen bzw. Leistungen zusammen, »folgen bei ihrer Ausbildung jedoch unterschiedlichen Gesetzmäßigkeiten und Zeitkonstanten« (BAUERSFELD/VOSS 1992, 47).

Für die Praxis aller Sportarten bedeutet dies:

Trainings-
ziele und
-schritte

– **Schritt 1**
Zunächst muß ein für die Sportart bzw. Bewegung (azyklisch und/oder zyklisch) *geeignetes Zeitprogramm* »erlernt« werden.

– **Schritt 2**
Dieses muß dann in die *disziplinspezifische Technik* integriert werden (→ Technikschulung in Verbindung mit *Reaktions-, Aktions-,* und *Frequenzschnelligkeit*).

– **Schritt 3**
Erst in einem dritten Schritt werden die grundlegenden Zeitprogramme und die elementaren Schnelligkeitsfähigkeiten mit *anderen leistungsbestimmenden (konditionellen) Komponenten* wie spezifische Kraft und/oder Ausdauer ergänzt.

Für eine **langfristige Schnelligkeitsentwicklung** stehen die Schritte 1 und 2 im *Kindes- und frühen Jugendalter* (etwa 8–14 Jahren) im Vordergrund, da sich in diesem Zeitraum die grundlegenden Bedingungen hierfür – wie die Ausprägung zentralnervaler Strukturen und die Ausdifferenzierung der Muskelfaserstrukturen (schnelle/langsame Fasern) – vollziehen; für den Schritt 3 sind das *späte Jugend- und Erwachsenenalter* ideal, da nunmehr die hormonelle Umstellung abgeschlos-

Tabelle 20 Notwendige Anpassungen in »Teilsystemen« zur Ausprägung motorischer Schnelligkeit

Neuromuskuläres System	Psychisches System	Tendomuskuläres System

– Neuronale Steuer- u. Regel-prozesse/Zeitprogramme
– Reizleitungsgeschwindigkeit
– Vorinnervation
– Reflexinnervation
– Intermuskuläre Koordination
– Intramuskuläre Koordination
  (Rekrutierung, Frequenzierung, Synchronisation)
	– Konzentration
	– Wahrnehmung
	– Motivation
	– Willenskraft
	– ...
		– Querschnittsfläche FT-Fasern
		– Stiffness
		– Viskosität
		– Energiebereitstellung
		  (morphologisch, stoffwechselbed.)
		– ...

Tabelle 21   Biologische und praktische Trainingsziele zur Verbesserung von
Schnelligkeitsfähigkeiten

Biologische Trainingsziele	Praktische Trainingsziele	Ab welchem Alter günstig trainierbar?
1. Ausbildung neuromuskulärer Steuer- und Regelprozesse	1. Erlernen von Zeitprogrammen	Ab ca. 7/9– 13/15 Jahren
2. Verbesserung der intermuskulären Koordination (in Verbindung mit Steuer- und Regelmechanismen)	2. Training der Reaktions-, Aktions- und Frequenzschnelligkeit (Technik!)	Ab ca. 9– 15/16 Jahren
3. Ausbildung morphologischer Strukturen und funktional-energetischer Prozesse	3. Ergänzung der reinen Schnelligkeitsfähigkeiten (1. + 2.) mit weiteren leistungsbestimmenden konditionellen Komponenten	Ab ca. 12/15 Jahren bis zur Ausreifung

sen ist, das Stütz- und Bewegungssystem und Parameter der aeroben und anaeroben
Energiebereitstellung biologisch (nahezu) voll entwickelt sind (vgl. auch Kapitel 6,
S. 210). Wichtig: Alle elementaren und komplexen Schnelligkeits-Leistungsvor-
aussetzungen müssen stets in die komplexe (Gesamt-)Leistung integriert werden.
Außerdem muß man immer davon ausgehen, daß sich eine Leistungsentwicklung
in allen Sportarten vom kindlichen Anfänger bis zum Spitzenathleten über 8–20
Jahre erstreckt.

Im folgenden gehen wir zunächst auf allgemeine methodische Gestaltungsricht-
linien zur Schnelligkeitsverbesserung und anschließend auf die Schulung der Zeitprogramme und die wichtigsten Trainingsmethoden nebst ausgewählter Trainingsinhalte für die Reaktions-, Aktions- und Frequenzschnelligkeit ein. Ebenso folgen
Hinweise zu den komplexen Schnelligkeitsfähigkeiten und Vorschläge zur Steuerung bzw. Periodisierung des Schnelligkeitstrainings.

Die gesamten folgenden Ausführungen gelten für alle Sportarten und -disziplinen
als Basis und Steigerung der Schnelligkeitsverbesserung. Für das Kinder- und
Jugendtraining sei gesondert auf Kapitel 6 hingewiesen (S. 209 ff.).

Für weiteres disziplinspezifisches Schnelligkeitstraining muß die betreffende **Sportart-**
Sportart-Literatur herangezogen werden: z. B. für: **spezifische**

Sprint, Leichtathletik: JOCH (Hrsg.): Rahmentrainingsplan Sprint. Aachen 1992.   **Literatur-**
FRANCIS, CH./PATTERSON, P.: The Charlie Francis Training   **hinweise**
System. Ottawa 1992.
GROSSER, M.: Schnelligkeitstraining. München 1991.

Fußball: WEINECK, J.: Optimales Fußballtraining. Nürnberg 1992.

Tennis: GROSSER, M./KRAFT, H./SCHÖNBORN, R.: Schnelligkeitstraining im Tennis. Sindelfingen 1998.

Radsport: WEISS, CHR. (Fachred.): Handbuch Radsport. Müchen
1996.

Allgemeine methodische Richtlinien und Gestaltungsrichtlinien für Trainingseinheiten (in Thesen)

Allgemeine methodische Richtlinien

- Qualität geht vor Quantität, d. h., man lernt und trainiert Schnelligkeit.
- Schnelligkeit ist nur durch spezielle Übungen erreichbar, d. h. durch
  - raum-zeitliche,
  - dynamische und
  - energetische Merkmale der Wettkampfübung.
- Notwendig: maximale bzw. supramaximale Bewegungsgeschwindigkeit (submaximale Geschwindigkeiten werden auch gelernt!).
- Man ist dann perfekt, wenn man gelernt hat, Geschwindigkeitsvariationen zu spüren!
- Konzentration und Wille voll auf die Ausführungsgeschwindigkeit richten (nur nebenbei auf die Technik!).
- Werden Schnelligkeitsübungen technisch noch nicht beherrscht, müssen diese zunächst im mittleren und submaximalen Intensitätsbereich erlernt und anschließend erst im maximalen Bereich angewendet werden.

Gestaltungsrichtlinien für Trainingseinheiten

- Schnelligkeitsübungen *vor* allen anderen Trainingseinheiten
- Schnelligkeitstraining *in einer Trainingseinheit* möglich
  - als alleiniger Inhalt
  - als Komplextraining, d. h., spielspezifische Schnelligkeitsübungen direkt in Techniktraining integrieren
- Bei Schnelligkeitstraining als *alleiniger Trainingsinhalt:*
  - viel Zeit lassen, ca. 1,5 Std.
  - lange Pausen
- Schnelligkeitstraining *1–3× pro Woche* (Regeneration ca. 48–72 Std.) und
- jeweils mit unterschiedlichen Übungen (→ Geschwindigkeitsbarriere! Siehe S. 106 f.)
- Schnelligkeitsübungen in geringer Anzahl können täglich praktiziert werden (umfassendes Training nur 1- max 3× /Woche).
- *Stets berücksichtigen:*
  - unterschiedliche Schnelligkeitsarten
  - sowohl reine Schnelligkeitsübungen
  - als auch sportartspezifische/techniknahe
  - alle Hauptmuskelgruppen
  - Alter
  - Leistungszustand
  - individuelle Stärken/Schwächen
  - mögliche Schnelligkeitsbarrieren

Schulung der Zeitprogramme

Wir sprechen hier bewußt von »Schulung« und nicht von Training, da die Ausbildung der Grundlage für elementare Schnelligkeitsfähigkeiten ein »Programm-Lernen« ist, d. h., es werden offensichtlich nach der *Engrammtheorie* (anfängliche Lerninhalte werden zunächst in Form noch nicht stabiler Gedächtnisspuren (= dynamische Engramme) gespeichert und durch gleichartige Wiederholungen in stabile statische Engramme umgesetzt) stabile Gedächtnisspuren eingeprägt. **Engrammtheorie**

Nach Untersuchungen von GUNDLACH (1987) und BEHREND (1988) sind die in einem Zeitraum von ca. 4–8 Wochen erworbenen Zeitprogramme dann ohne weitere Schulung auch nach 6 Monaten und länger noch vorhanden. Wie bereits früher erwähnt, können *azyklische und zyklische Zeitprogramme* ausgebildet werden. Nach BAUERSFELD/VOSS (1992) sollten zunächst die azyklischen, quasi als sog. Basisprogramme vor eventuell erforderlichen zyklischen ausgeprägt werden. **Azyklische und zyklische Zeitprogramme**

In den Tabellen 22, 23 sind in Anlehnung an BAUERSFELD/VOSS (1992) die Bedingungen und Möglichkeiten zur Ausbildung der elementaren Schnelligkeit in Form azyklischer Zeitprogramme zusammenfassend dargestellt.

Die Tabelle 24 gibt dies für zyklische Zeitprogramme wieder.

Tabelle 22 Bedingungen und Möglichkeiten zur Ausbildung azyklischer Zeitprogramme (verändert nach BAUERSFELD/VOSS 1992)

Ausbildung azyklischer Zeitprogramme

Übungen:
– für Beinmuskulatur: Nieder-Hoch-Sprünge, prellende Sprünge u. ä.
– für Armmuskulatur: aus Stand vorlings Anfallen an Wand mit explosiver Armstreck-Rückbewegung, ›plyometrische‹ Stöße, Würfe mit leichten Geräten,›kurze‹ Tennisaufschläge im Knien
Übungsbedingungen:
– leichtere und/oder kleinere Geräte (Wurfgeräte, Bälle, Schläger ...)
– Körpergewichtsentlastung (z. B. durch Absprunghilfen, Hilfsgeräte u. a.)
Intensitäten: maximal und supramaximal (z. B.: bei Körpergewichtsentlastung mit Zugspinne)
Umfänge: 6–8 Wiederholungen, z. B. bei Sprüngen (Nieder-Hoch-Sprünge), Würfe 2–3 Serien
Pausen zwischen Serien: in Anlehnung an Energiebereitstellung in der Muskulatur, also ca. 5–10 Minuten
Trainingseinheiten: pro Woche 2–3 (oder 1–2 parallel zum Training der Aktions- und Frequenzschnelligkeit)
Periodisierung (für alle Sportarten):
– 6 Wochen in Vorbereitungsperiode 1
– 2–4 Wochen in Vorbereitungsperiode 2

Schnelligkeitstraining

Tabelle 23 Beispiel eines Trainings unter Körpergewichtsentlastung für Beinmuskulatur

Training mit Körpergewichtsentlastung

- Training unter Körpergewichtsentlastung akzentuiert im Jahr einsetzen, z. B.
  - 1mal im Herbst oder nach dem Winterurlaub (6 Wochen)
  - 1mal im Mai (2–3 Wochen)
- 150–300 Sprünge in 6 Wochen
- Entlastung 150–200 N (in der tiefsten Beugestellung beim Nieder-Hoch-Sprung)
- Fallhöhe 20–40 cm
- körpergewichtsentlastendes Sprungtraining (azyklisches Schnelligkeitstraining) als eigenständigen Bestandteil der Trainingseinheit planen, um die maximal mögliche Konzentration der Sportler auf diesen Schwerpunkt zu sichern
- 2 Trainingseinheiten pro Woche und 2–3 Serien pro Trainingseinheit
- nach 3–4 Wochen Training eine Erholungspause sichern
- 12–24 Sprünge pro Trainingseinheit
- Zielprogramm (Stützzeit kürzer als 170 ms) soll in mindestens der Hälfte der Versuche realisiert werden

Tabelle 24 Bedingungen und Möglichkeiten zur Ausbildung zyklischer Zeitprogramme

Ausbildung zyklischer Zeitprogramme

Übungen:
Fuß- und Handtapping im Sitzen, Fußgelenk-Dribbling, Skippings, (Fahrrad-)Ergometerfahren ohne Widerstand mit maximaler Tretfrequenz, Übungen aus dem Lauf-ABC, Hopserläufe
Übungsbedingungen:
- erleichterte Bedingungen wie z. B. Zugläufe, Bergabläufe
- erzwungene Frequenzvorgaben (z. B. durch Laufbänder, Ergometer u. ä.)
Intensitäten: maximal und supramaximal
Umfänge: 6–20 Wiederholungen (Kontrollen bei Geschwindigkeitsabfällen!), 2–4 Serien
Pausen zwischen Serien: ca. 3–10 Minuten
Trainingseinheiten: pro Woche 2 (auch parallel zum Training der Aktions- und Frequenzschnelligkeit)
Periodisierung (für alle Sportarten):
- 6 Wochen in Vorbereitungsperiode 1
- 2–4 Wochen in Vorbereitungsperiode 2

Trainingsmethoden zur Reaktionsschnelligkeit

Die Trainierbarkeit der Reaktionsschnelligkeit hält sich in engen Grenzen. Eine Verkürzung der Reaktionsschnelligkeit ist vorwiegend an die Ausprägung der für die Reaktionszeit grundlegenden und angeborenen Komponenten der neuronalen Steuer- und Regelprozesse gebunden (vgl. Aussagen zur elementaren Schnelligkeit) und in der praktischen Anwendung durch eine Verbesserung der Bewegungstechnik, die reaktionsschnell ausgeführt werden soll, gegeben. Außerdem spielt die Antizipationsfähigkeit eine ganz wesentliche Rolle.

Die Verbesserung der Reaktionsschnelligkeit ist immer an bestimmte (Teil-)Bewegungen gebunden, ganz gleich, ob es sich um allgemeine Reaktionsformen, Einfachreaktionen oder komplizierte bzw. Auswahlreaktionen handelt.

Die **allgemeine Reaktionsfähigkeit,** wie sie vor allem im Grundlagentraining erforderlich ist, insbesondere bei Spiel- und Kampfsportarten, wird durch Reaktionsübungen aus den verschiedensten Ausgangspositionen mit akustischen und optischen Signalen, durch kleine Spiele, Staffelformen und Gewandtheitsübungen verbessert. Methodisch wendet man hierbei stets drei bis vier Reaktionsformen hintereinander an, um dann eine ca. zweiminütige Pause einzulegen, auf die erneut eine Serie von Reaktionsübungen erfolgt.

Einfachreaktionen werden bei vorher bekannten Bewegungstechniken (z.B. Sprintstart, Schwimmstart, Skiabsprung) und auf bekannte Signale (Startschuß) vollzogen. Ihre Verbesserung kann nach ZAZIORSKI mittels dreier Methoden erreicht werden:

Wiederholtes Üben der Reaktion: Hier werden bestimmte Bewegungen, z.B. Startbewegungen beim Sprintlauf auf akustische Signale hin, mehrfach durchgeführt. Variationen von Übungsformen und Bewegungsrichtungen sind angebracht. Jeweils nach einer Startübung sollen ein- bis zweiminütige Pausen eingelegt werden; mit maximaler Intensität können höchstens sechs Übungen mit voller Konzentration und höchster Bewegungsgeschwindigkeit durchgeführt werden, submaximal kann man bis etwa 15 Wiederholungen mit jeweils einminütigen Pausen absolvieren. Durch diese Methode erreicht man insbesondere bei Anfängern einen hohen Trainingsgewinn und eine Stabilisierung der individuellen Reaktionsfähigkeit. Ab einem bestimmten Punkt ist eine weitere Verbesserung nicht möglich, diese muß durch weitere Methoden erzielt werden (s. folgende).

Die Teilmethode: Sie wird auch analytische Methode genannt, denn hierbei werden zunächst einfachere Bewegungsreaktionen und anschließend die Zielübung (z.B. Sprintstart, Startsprung, Bobstart u.a.) getrennt geschult. Im Vordergrund stehen jedoch die Zielübungen, die auch bei dieser Methode variierend maximal und submaximal geübt werden. Eine weitere Methode ist: **Teilmethode**

Die sogenannte sensorische Methode: Hiermit sollen insbesondere Empfindungen für Zeitintervalle und die Konzentrationsfähigkeit geschult werden. ZAZIORSKI schlägt hier folgendes methodisches Vorgehen vor: **Sensorische Methode**

1. Etappe: der Sportler führt eine Bewegung aus (z.B. Startbeschleunigung über 5 Meter) und bemüht sich, auf ein Signal maximal schnell zu reagieren. Nach jedem Versuch wird ihm die benötigte Zeit mitgeteilt.

2. Etappe: Sie ist die wichtigste. Die Aufgabe ist mit zunehmender Geschwindigkeit zu erfüllen. Der Sportler wird gefragt, welche Zeit er nach seiner Meinung für die Ausführung der Übung benötigt hat. Der ständige Vergleich seiner Empfindungen mit den Aussagen des Trainers verbessert die Zeitwahrnehmung.

3. Etappe: Die Übung muß mit unterschiedlicher, vorher festgelegter Schnelligkeit ausgeführt werden. Das trägt zu einer Feinsteuerung der Reaktionsschnelligkeit bei (1968, 55).

Komplizierte und Auswahlreaktionen, wie sie von Spiel- und Kampfsportlern, Skifahrern und anderen realisiert werden müssen, werden methodisch zum einen mittels allgemeiner Reaktionsformen und zum anderen mit sportartspezifischen

Bewegungsabläufen (= Aktionsschnelligkeit) verbessert. Letztlich wird die Reaktionsschnelligkeit dieser Bereiche vorwiegend im und durch Techniktraining gesteigert.

Methodisches Vorgehen zur Verbesserung der Reaktionsschnelligkeit in Verbindung mit komplexen sportartspezifischen Bewegungen bzw. der Aktionsschnelligkeit.

Reaktions-
schnelligkeits-
methode

Intensität: maximale Bewegungsgeschwindigkeit
Umfang: höchstens 8 Sek. bzw. 8–15 Wiederholungen
Serien: 3–5; Serienpausen: 2–3 Min.
Periodisierung: in jedem Techniktraining ganzjährig

Trainingsmethoden zur Aktions- und Frequenzschnelligkeit

Aktions- und Frequenzschnelligkeit sind jene Schnelligkeitsformen, die (kurze) Zeitprogramme und technikspezifische Bewegungen (bei geringen Widerständen) beinhalten. (In der Literatur werden diese Schnelligkeitsformen auch als maximale azyklische bzw. zyklische Schnelligkeit bezeichnet.)

Das bedeutet als *Trainingsziel,* daß

– entweder bereits vorhandene Zeitprogramme (azyklische für Aktions- und zyklische für Frequenzschnelligkeit) in bestimmten Bewegungen integriert werden

– oder bestimmte azyklische und/oder zyklische Bewegungstechniken in der für die Ausbildung kurzer Zeitprogramme notwendigen Geschwindigkeit (maximal und supramaximal) geschult werden.

Grundsätzlich gilt, daß bei beiden Möglichkeiten *nur maximale und/oder supramaximale Intensitäten* zu gewünschten Ergebnissen führen. Wir haben es hier folglich mit einem **kombinierten Schnelligkeits-Technik-Training** zu tun.

Voraussetzung zur Verbesserung der Aktions- und Frequenzschnelligkeit ist folglich eine Beherrschung der Bewegungstechnik (gut ausgebildete intermuskuläre Koordination). Sollte diese nicht gegeben sein, muß zunächst in mittleren und submaximalen Bewegungsgeschwindigkeiten die entsprechende Technik geschult bzw. ausgeprägt werden.

Wieder-
holungs-
methode

Im Schnelligkeitstraining wird vorwiegend die **Wiederholungsmethode** angewendet. Charakteristika dieser Methode sind:

– Alle Übungen werden mit maximaler und/oder supramaximaler (d. h. z. B. unter Körpergewichtserleichterung oder unter Zwangsbedingungen bzw. mit Hilfsgeräten zur Erleichterung) Bewegungsgeschwindigkeit durchgeführt,

– die Konzentration des Sportlers sollte voll auf die Ausführungsgeschwindigkeit der Bewegung und nur »nebenbei« auf die Technik selbst gelenkt sein,

– die Übungen dürfen während der Ausführungsdauer nicht zu Ermüdungserscheinungen führen – ihre Anzahl und Länge ist demnach vom Alter und Trainingszustand abhängig,

– die maximalen Bewegungsgeschwindigkeiten sollten ein- bis dreimal pro Woche jeweils mit variierenden Übungsausführungen und Streckenlängen angewendet werden, um zum einen keine nervalen Ermüdungserscheinungen hervorzurufen (nach einem »maximalen« Sprinttraining z. B. benötigt der Organismus ca. 72 Std. bis zur Regeneration) und zum anderen keine nervale Stabilisierung zu produzieren, die zu einer *Geschwindigkeitsbarriere* (vgl. S. 106 f.) führen könnte.

Methodisches Vorgehen zur Verbesserung der Aktionsschnelligkeit
(für Sportdisziplinen wie Badminton, Basketball, Boxen, Fechten, Fußball, Squash, Tennis, Tischtennis, Volleyball u. a. m.)

Aktionsschnelligkeitsmethode

Trainingsübungen: Technikteilbewegungen, ganze Technikbewegung, Imitationsübungen, Wettkampfübung
Intensität: maximal/supramaximal
Wiederholungen: 6–12 (gesamt nicht länger als 6 Sek.)
Serien: 3–5
Pausen zwischen den Serien: 2–10 Min.
Variationen: in der Intensität maximal/supramaximal,
in der Übungsauswahl,
in der Verkleinerung des Aktionsraumes,
in der zeitlichen Einengung
Trainingseinheiten pro Woche: 1–3, jeweils als Teil einer gesamten Trainingseinheit
Jahresperiodisierung: 4–6 Wochen Training, 1–3 Monate Pause, erneut 3–5 Wochen Training usw.

Methodisches Vorgehen zur Verbesserung der Frequenzschnelligkeit
(für Sportdisziplinen wie z. B. leichtathletischer Sprint, Radsprint, Eisschnellauf, Schwimmen, alle »Lauf«-Spiele)

Frequenzschnelligkeitsmethode

Trainingsübungen: fliegende Sprints oder mit Hochstart 10–60 m (Jugendliche unter 16 Jahren höchstens bis 40 m), Schwimmsprints, Frequenzübungen wie Skippings, Tretfrequenzen u. ä., Übungen des Sprint-ABCs (jedoch jeweils maximal 6 Sek.)
Intensität: maximal/supramaximal
Wiederholungen: 4–12
Serien: 3–4 (maximal insgesamt 20 Wiederholungen)
Pausen zwischen den Serien: 2–10 Min.
Variationen: in der Intensität maximal/supramaximal,
in der Übungsauswahl (Streckenlängen, Bewegungsumfänge),
in der zeitlichen Dauer
Trainingseinheiten pro Woche: 1–3, jeweils als Teil einer gesamten Trainingseinheit
Jahresperiodisierung: 4–6 Wochen Training, 1–3 Monate Pause, erneut 3–5 Wochen Training usw.

Hinweis:
Weitere und ausführlichere Darlegungen zum Training der allgemeinen und sportartspezifischen Aktions- und Frequenzschnelligkeiten finden sich bei GROSSER; Schnelligkeitstraining. BLV-Verlag München 1991 und MARTIN et al. 1999, 350 ff.).

Zur Geschwindigkeitsbarriere und supramaximalen Schnelligkeit

Die Begriffe Geschwindigkeitsbarriere und supramaximale Geschwindigkeit betreffen ausschließlich Sprinter bzw. das Sprinttraining.

Geschwindigkeitsbarriere

Bei der Zielstellung von Sprintern, ihre Bewegungsschnelligkeit zu erhöhen und gleichzeitig ihre Bewegungssicherheit zu vervollkommnen, gelangen sie teilweise an ein Geschwindigkeitsniveau, das scheinbar eine Weiterentwicklung der Schnelligkeitsfähigkeiten nicht mehr zuläßt. Dieses »Niveau« nennt man *Geschwindigkeits- oder Schnelligkeitsbarriere.*

Wie ist so etwas möglich? »Dem Auftreten einer Geschwindigkeitsbarriere liegt zumeist ein innerer Widerspruch bei der Anwendung der Wiederholungsmethode zugrunde: Zur Verbesserung der Maximalgeschwindigkeit ist die häufige Wiederholung von speziellen Bewegungsabläufen (z. B. Sprintlauf) mit maximalem Tempo erforderlich. Die innere und äußere Bewegungsstruktur werden hierdurch ›eingebahnt‹ (im Sprint z. B. das Zusammenspiel von Schrittlänge und Schrittfrequenz). Es kommt schließlich zur ›Automatisation‹ der Bewegung (dem sog. dynamisch-motorischen Stereotyp). Dieses einerseits erwünschte Ziel – die Bewegung ist optimal gesteuert – birgt aber die Gefahr in sich, daß sich durch das ständige Wiederholen ein und derselben Bewegung in gleichem Tempo die räumlichen und zeitlichen Merkmale der Bewegung so verfestigen, daß anstelle eines Leistungsfortschritts eine Stagnation in der Schnelligkeitsentwicklung eintritt. Eine Geschwindigkeitsbarriere kann besonders dann auftauchen, wenn das Nachwuchstraining zu einseitig auf Sprintübungen ausgerichtet war und im Hochleistungstraining schnellkraftfördernde Spezialübungen vernachlässigt werden« (STEIN 1982, 150; vgl. auch WEINECK 1994, 445 ff.).

Solch eine Geschwindigkeitsbarriere kann von vornherein durch die Anwendung des *Trainingsprinzips der Variation* (vgl. S. 22) vermieden werden. Das heißt z. B. die ständige Variation im Training von Bewegungstempo, Sprintübungen, Streckenlängen, die Anwendung von Spezialübungen, Kraftübungen, Ausdauerläufen u. a. m.

Supramaximale Geschwindigkeit

Zur *Überwindung* einer bereits eingetretenen Geschwindigkeitsbarriere eignen sich u. a. Trainingsformen unter erleichterten Bedingungen wie z. B. Bergabläufe, Schrittmacher- und akustische Hilfen und Trainingsmaßnahmen unter sog. Zwangsbedingungen wie beispielsweise Zugläufe hinter Motorrädern oder speziellen Zugmaschinen. Mit solchen Zugläufen werden sog. *supramaximale Geschwindigkeiten* erreicht.

Mannigfache praktische Versuche und wissenschaftliche Untersuchungen zum Training unter Zwangsbedingungen haben in unterschiedlichen Ausformungen zusammenfassend folgende Ergebnisse erbracht (vgl. u. a. GROSSER 1991):

– Insgesamt eine Erhöhung der *Bewegungsschnelligkeit* und Verbesserung der *Bewegungssicherheit;* im einzelnen:

- eine Verbesserung der *neuronalen Aktivierung* und Verkürzung der Impulsverarbeitungszyklen,
- eine *Schrittfrequenz-* und *Schrittlängenzunahme,* bedingt durch eine Stimulierung der Beinmuskulatur, Entwicklung der Stiffness, größere Kraftentfaltung in der Stützbremsphase und eine leicht erhöhte
- Aktivierung des M. gastrocnemius,
- eine niedrigere *anaerobe Energieproduktion.*

Zum Training der supramaximalen Geschwindigkeit verweisen wir auf GROSSER: Schnelligkeitstraining, 1991, 110 und KOSZEWSKI 2000, 31–32. **Literaturhinweis**

Trainingsmethoden zu den komplexen Schnelligkeitsfähigkeiten

Diese psycho-physischen Fähigkeiten beinhalten, wie bereits erwähnt, ein geeignetes Zeitprogramm, die disziplinspezifische Technik und weitere Leistungsvoraussetzungen – wie spezifische Kraft, Ausdauer, Beweglichkeit –, die für die Gesamtleistung (z. B. 100-m-Lauf oder Spielhandlung) bestimmend sind; außerdem entsprechende kognitive (z. B. für Zweikampfsituationen) und psychische (z. B. Konzentration, Wille) Anteile.

So gesehen muß periodisch für die Entwicklung einer komplexen Schnelligkeitsleistung zunächst ein Zeitprogramm ausgebildet, dieses dann in die Bewegungstechnik integriert werden, um dann die Gesamtbewegung (Wettkampfübung) mit entsprechenden Kraft- und/oder Ausdaueranteilen zu ergänzen.

Trainingsmethodisch werden die *erforderlichen Kraft- und Ausdaueranteile,* wie in den Kapiteln 2 und 4 beschrieben, zunächst erarbeitet, um dann mittels Spezial- und Wettkampfübungen (in maximaler und supramaximaler Intensität) in einem *komplexen Schnelligkeitstraining* zur disziplinspezifischen Ausprägung gebracht werden.

Langfristig gesehen steht die Ausbildung der Zeitprogramme und ihrer Integration in die Technik im späten Kinder- und frühen Jugendalter im Vordergrund, das Training der konditionellen Komponenten und der Handlungsschnelligkeit im späten Jugend- und auch Erwachsenenalter (bzw. im Hochleistungstraining).

Methodisches Vorgehen zur komplexen Schnelligkeits-Verbesserung
(für alle azyklischen und zyklischen Bewegungen/Sportdisziplinen)

Methode zur komplexen Schnelligkeitsverbesserung

Trainingsübungen: spezielle Technikübungen, spezifische Übungen zur Verbesserung der disziplinspezifischen Beschleunigungsfähigkeit, der Schnellkraft, Schnellkraftausdauer und maximalen Schnelligkeitsausdauer, Wettkampfübungen (in denen zumindest teilweise das kurze Zeitprogramm erreicht wird)
Intensität: maximal/supramaximal, als Variation auch gering anteilig submaximal
Wiederholungen/Zeitdauer: 4–12/6–10 Sek. (dazu ca. 50% im bewegungsspezifischen Zeitprogramm)
Serien: 3–5
Serienpausen: 2–5 Min.
Trainingseinheiten pro Woche: 1–2
Jahresperiodisierung: abhängig von gegebenen »Grundlagen« und der Sportart; mehrwöchig bis mehrmonatig (mit Unterbrechungen von 1–6 Wochen; vgl. auch Beispiel für alle Spielsportarten in Tabelle 25).

Hinweis:
Weitere Ausführungen siehe bei GROSSER: Schnelligkeitstraining. BLV-Verlag München 1991.

Tabelle 25 Beispiel einer Jahresperiodisierung im Schnelligkeitstraining für alle Spielsportarten

Jahresperiodisierung

Monat	Training von	TE/ Woche	Ganzjährig
November bis Mitte Dezember	– Zeitprogramme – Grundkraft	2× 2×	Reaktions- und
Mitte Dezember bis Januar	– Frequenzschn. – Grundkraft	2× 2×	Aktions-Schnelligkeit
Mitte Februar bis Mitte März	– Zeitprogramme – Maxim. Kraft	1–2× 2×	in jedem Technik-
April bis August	– Komplexe Antrittsfähigkeit	2×	Training

Anmerkung: Diese Periodisierung kann ab etwa 15/16 Jahren angewendet werden. Eine Verbesserung der Zeitprogramme ist in späteren Altersstufen dann notwendig, wenn diese bei 9–15jährigen noch nicht durchgeführt wurde.

Hinweise zu ausgewählten Schnelligkeitstests

Tests sind – insbesondere im Hochleistungssport – eine notwendige Maßnahme im Rahmen der Leistungssteuerung; mit anderen Worten: sie sind Möglichkeiten der Überprüfung der momentanen Leistungsfähigkeit bzw. des Trainingszustandes (vgl. auch Abb. 13, S. 72), außerdem natürlich auch Maßnahmen zur Eignungsfeststellung (Talentbestimmung – jedoch bei Kindern und Jugendlichen nur über einen mehrjährigen Beobachtungsverlauf). Tests können jeweils alle 4–6 Wochen eingesetzt werden.

Im folgenden geben wir für den umfangreichen Komplex der Schnelligkeitstests lediglich weiterführende Hinweise.

Tests für Zeitprogramme

- Für azyklische Zeitprogramme: Nieder-Hoch-Sprung
- Für zyklische Zeitprogramme: Fuß-(Hand-)Tapping
- Für beide Zeitprogramme: Ermittlung des Schnelligkeitsquotienten

Literaturhinweis: Siehe unsere Seiten 88 ff.; außerdem:
LEHMANN 1993; WEINECK 1994, 459–461.

Literaturhinweise zu Tests

Reaktionstests

- Auge-Hand-Koordination: Fallstabtest (s. GROSSER/STARISCHKA 1986, 80–82)

Tests für Frequenzschnelligkeit (Beine)

- Skipping-Test (s. GROSSER/STARISCHKA 1986, 89)
- 20/30-m-Sprint fliegend (s. GROSSER/STARISCHKA 1986, 75)

Tests für komplexe Frequenzschnelligkeit (Beine)

- Japan-Test für alle Spielsportler (s. GROSSER/STARISCHKA 1986, 78)
- Connors-Test für Tennisspieler
- Test 9-3-6-3-9 für Volleyballer (und andere Spieler) (s. GROSSER/STARISCHKA 1986, 82–83)
- Tests für Fußballspieler (s. WEINECK: Optimales Fußballtraining 1992, 458 ff.)

Biomechanische Meßverfahren zur Schnelligkeit/Geschwindigkeit siehe bei: HOCHMUTH 1981; BAUMANN, W. 1989; u. a.

 # Ausdauertraining

Ausdauer und ihre Erscheinungsformen

Ausdauer

Ausdauer – als motorisch-konditionelle Fähigkeit – ist für viele Sportarten eine unerläßliche Voraussetzung, für die meisten Sportarten eine notwendige Ergänzung zu den übrigen leistungsbestimmenden Fähigkeiten.
Ausdauer ist notwendig, um

– in Ausdauersportarten/-disziplinen wie z.B. Mittel- und Langstreckenlauf, Schwimmen, Radfahren, Rudern, Triathlon die *optimale Belastungsintensität möglichst lang aufrechtzuerhalten,*
– unvermeidbare *Intensitätsverluste* während langdauernder sportlicher Belastungen *möglichst gering zu halten,*
– die umfangreichen und *vielfältigen Belastungen* innerhalb von Trainingsprozessen (z.B. während längerem Krafttraining) und in Wettkämpfen (wie z.B. Mehrkämpfe, Turniere in den Sportspielen, im Tennis ...) *besser verarbeiten zu können,*
– in bewegungstechnisch anspruchsvollen Sportarten (wie z.B. im Golf, der rhythmischen Sportgymnastik, im Eiskunstlauf) die *Bewegungsabläufe stabilisieren* und möglichst fehlerfrei darbieten zu können,
– den *Wiederherstellungsprozeß* (z.B. Abbau von Stoffwechselprodukten) nach Trainings- und Wettkampfbelastungen *zu beschleunigen.*

Definition:

Definition Ausdauer

Ausdauer – als komplexe motorisch-konditionelle Fähigkeit – wird demnach definiert als Fähigkeit, einer sportlichen Belastung physisch und psychisch möglichst lange widerstehen zu können (d.h. eine bestimmte Leistung über einen möglichst langen Zeitraum aufrecht erhalten zu können) und/oder sich nach sportlichen (psychophysischen) Belastungen möglichst rasch zu erholen.
Verkürzt:
Ausdauer = Ermüdungswiderstandsfähigkeit + schnelle Erholungsfähigkeit

Tabelle 26 Strukturierung der Ausdauer nach verschiedenen Einteilungskriterien

Kriterium	Name	Charakteristik	Quelle, Autor
Umfang der beanspruchten Muskulatur	– lokale A. – regionale A. – globale A.	$< {}^1/_3$ der Muskulatur ${}^1/_3 - {}^2/_3$ der Muskulatur $> {}^2/_3$ der Muskulatur	SAZIORSKI
	– lokale A. – allgemeine A.	$< {}^1/_6 - {}^1/_7$ der Muskulatur $> {}^1/_6 - {}^1/_7$ der Muskulatur	HOLLMANN/ HETTINGER
Art der vorrangigen Energiebereitstellung	– aerobe A. – anaerobe A.	bei ausreichendem Sauerstoffangebot ohne Sauerstoffbeteiligung	HOLLMANN/ HETTINGER
Arbeitsweise der Skelettmuskulatur	– dynamische A. – statische A.	bei kontinuierlichem Wechsel von Spannung und Entspannung bei Dauerspannung	HOLLMANN/ HETTINGER
Zeitdauer der Beanspruchung bei höchstmöglicher Belastungsintensität	– Kurzzeit-A. – Mittelzeit-A. – Langzeit-A. I – Langzeit-A. II – Langzeit-A. III – Langzeit-A. IV	35 s–2 min 2–10 min 10–35 min 35–90 min 90 min–6 h über 6 h	HARRE/ PFEIFER
Zusammenhang mit anderen konditionellen Fähigkeiten bzw. Belastungssituationen	– Kraftausdauer – Schnellkraft-A. – Schnelligkeits-A. – Sprintausdauer – Spiel-/Kampf-A. – Mehrkampfausdauer	80–30%iger Maximalkraftanteil explosive Bewegungsausführung submaximale Geschwindigkeiten maximale Geschwindigkeiten variable Belastungsphasen hohe Belastungsdichte bzw. wechselseitige Beeinflussung	NETT, MATWEJEW
Bedeutung für sportartspezifisches Leistungsvermögen	– Grundlagen-A.* (allg. A.) – spezielle A.	Basisvermögen für verschiedene sportl. Bewegungstätigkeiten Anpassung an die Beanspruchungsstruktur einer A.-Disziplin	SAZIORSKI, NABATNIKOWA, MARTIN

* Grundlagenausdauer wird nach NABATNIKOWA auch als ein Teil der spezifischen Ausdauer gesehen. Sie bereitet die wettkampfspezifische Ausdauer vor.

Einteilung/Strukturierung der Ausdauer

Sportpraxis und Sportwissenschaft unterscheiden eine Vielzahl von Erscheinungsformen bzw. Aspekten der Ausdauer. Damit sind unterschiedliche Bezeichnungen verbunden. Tab. 26 informiert über Strukturierungsansätze und Bezeichnungen.

Die **Sportmedizin** orientiert sich meist am Ansatz von HOLLMANN/HETTINGER (Abb. 30), in der **Trainingslehre** überwiegen Einteilungen wie Kurz-, Mittel-, Langzeitausdauer oder Grundlagen- bzw. spezielle Ausdauer.

Strukturierung Aus trainingstheoretischer Sicht unterscheiden wir im folgenden zunächst in
Ausdauer **Grundlagenausdauer (GLA)** und **spezielle Ausdauer (spA)** (Tab. 27).

Kennzeichnend für die GLA ist ihre Basisfunktion zur Entwicklung weiterer Fähigkeiten, für die spA ist ihre Anpassung an die Belastungs- und Beanspruchungsstruktur der jeweiligen Ausdauerdisziplin charakteristisch. Die beiden Ausdauerarten können in Ausdauertypen differenziert werden. Ein Ausdauertyp ist eine Ausprägungsform mit einigen Merkmalen, die für mehrere disziplinspezifische Ausdauerfähigkeiten kennzeichnend sind, jedoch bei quantitativer Festlegung eine bestimmte Bandbreite haben.

Innerhalb der **GLA** sind als Differenzierungskriterien die Abhängigkeit bzw. Unabhängigkeit von der spezifischen Bewegung (= Tätigkeitsbezug) und das Niveau der aeroben Kapazität zu nennen.

Es werden demnach folgende GLA-Typen unterschieden:

– **Allgemeine Grundlagenausdauer (allg. GLA):** Tätigkeitsunabhängiger (= übungsneutraler) Typ mit durchschnittlicher aerober Kapazität. Wichtig ist sie für *präventiv orientiertes Gesundheitstraining,* für den *Fitneßsport,* den *Schulsport* und für Leistungssporttreibende in *Nichtausdauersportarten.*

– **Spezifische Grundlagenausdauer (spez. GLA):** Tätigkeitsabhängiger (= übungsgebundener) Typ mit hoher bis sehr hoher aerober Kapazität. Wichtig als *Basisausdauer,* um die speziellen Ausdauerfähigkeiten *des Leistungssports* ausprägen zu können.

Abbildung 30 Schema der verschiedenen Ausdauerleistungsfähigkeiten (nach HOLLMANN/ HETTINGER 1980, 304) sowie die Unterteilung der allgemeinen anaeroben und aeroben Ausdauer

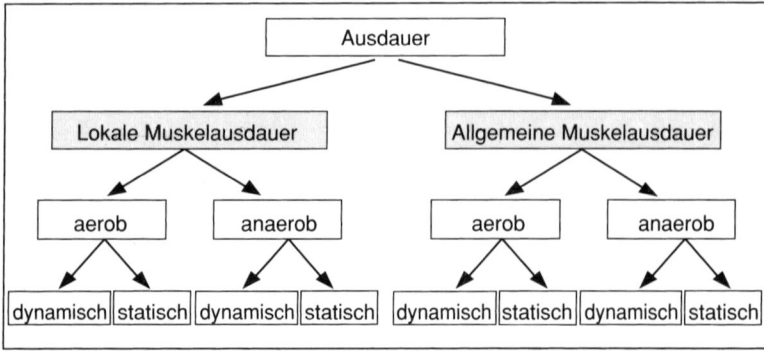

Tabelle 27 Übersicht zu den Arten und Typen der Ausdauer (aus trainingsmethodischer Sicht)

Arten	Grundlagenausdauer (GLA)	spezielle Ausdauer (spA)	Grundlagen und spezielle Ausdauer
Merkmal	Basischarakter für Gesundheit, Fitneß und für die Entwicklung anderer sportmotorischer Fähigkeiten	disziplinspezifische Belastungs-struktur in den Ausdauersport-arten: optimales Verhältnis von Belastungsintensität und Belastungsdauer	
Typen	– **allgemeine Grundlagenaus-dauer =** übungsneutrale Grundausdauer des Gesundheits- und Fitneß-bereichs – **spezifische Grundlagenaus-dauer =** übungsgebundene Basisaus-dauer der Ausdauerdisziplinen – **azyklische Grundlagenaus-dauer =** Basisausdauer für die unregel-mäßig wechselnde (= azykl.) Beanspruchung in den Spiel- und Kampfsportarten	– **Kurzzeitausdauer** (35 s–2 min) – **Mittelzeitausdauer** (2–10 min) – **Langzeitausdauer I** (10–35 min) – **Langzeitausdauer II** (35–90 min) – **Langzeitausdauer III** (90 min–6 h) – **Langzeitausdauer IV** (>6 h)	

– **Azyklische GLA:** Typ mit ständigem, unregelmäßigem Intensitäts- und Tätig-keitswechsel (bezüglich der Zeitspanne zwischen kurzen intensiven Belas-tungs-/Anstrengungsphasen und den Phasen relativer Erholung) und überdurch-schnittlicher aerober Kapazität. Sie ist die charakteristische *Ausdauerfähigkeit der Spiel- und Kampfsportarten.*
Innerhalb der **speziellen Ausdauer** werden, orientiert an den Kriterien Wettkampf-dauer, Belastungsintensität und Energiebereitstellung unterschieden:
– **Kurzzeitausdauer** (KZA): 35 Sek. – 2 Min., maximale Belastungsintensität, mit dominant anaerober Energiebereitstellung.
– **Mittelzeitausdauer** (MZA): 2 – 10 Min., Belastungsintensität fast maximal, Ver-hältnis zwischen anaerober und aerober Energiebereitstellung ausgeglichen.
– **Langzeitausdauer** (LZA): > 10 Min., submaximale bis geringe Belastungsin-tensität, es dominiert die aerobe Energiebereitstellung.
Berücksichtigt man das energieliefernde Hauptsubstrat, kann die LZA weiter un-tergliedert werden:
– *LZA I = 10–35 Min.,* mit aerober und anaerober Glykogenverwertung;
– *LZA II = 35–90 Min.,* mit Glykogen- wie auch Fettverwertung;
– *LZA III = 90 Min. – 6 Std.,* mit überwiegender Fettverwertung;
– *LZA IV = > 6 Std.,* mit Fettverwertung, Eiweißabbau und Flüssigkeitsverlust.

113

Ausdauertypen: Aufgaben und sportbiologische Kennzeichnung (Überblick)

Allgemeine Grundlagenausdauer

Allgemeine GLA

– Allgemeine aerobe Ausdauer mit durchschnittlicher aerober Kapazität (bei Männern: relative VO_2max ca. 45–55 ml/kg/min)*,
– ökonomische Nutzung dieser mittleren Kapazität mit ca. 70–75% der VO_2max (= Höhe der ANS),
– stabile aerobe Stoffwechsellage (Laktatwerte unter 3 mmol/l),
– weitgehende Selbstregulation der beanspruchten Organsysteme, d. h. integrierende Steuerungsinstanzen werden kaum benötigt,
– Unabhängigkeit von einer Disziplinbewegung oder strukturverwandten Übungen, also tätigkeitsübergreifend zu erwerben (z. B. durch Laufen, Schwimmen, Radfahren, Rudern).

Aufgaben der allg. GLA sind:
– Zur Erhaltung von Gesundheit und Fitneß beizutragen,
– die körperliche und psychische Belastungsverträglichkeit für Trainings und Wettkämpfe in Nichtausdauersportarten zu erhöhen und
– die Wiederherstellung zu beschleunigen.

Spezifische Grundlagenausdauer

Spezifische GLA

– Allgemeine aerobe Ausdauer mit hoher bis sehr hoher aerober Kapazität (bei Männern: relative VO_2max > 60 ml/kg/min),
– optimale Nutzung dieser Kapazität mit ca. 75–85% (und mehr) der VO_2max (= Höhe der ANS),
– aerob-anaerobe Stoffwechsellage (Laktatwerte 3–6 mmol/l),
– zentrale Steuerung der beanspruchten Organsysteme durch integrierende Steuerungsinstanzen,
– Abhängigkeit von einer Disziplinbewegung oder strukturverwandten Übungen; sie ist fast ausschließlich tätigkeitsspezifisch zu erwerben (z. B. Läufer durch Laufen, Radfahrer durch Radfahren, Schwimmer durch Schwimmen).

Hinweis:
Ein aerob hohes Niveau ist nur durch Anpassungsvorgänge in der Skelettmuskulatur zu erreichen, während das Niveau der allg. GLA auch ohne diese metabolische Differenzierung erreicht wird.

Aufgaben der spez. GLA sind:
– Eine optimale Ausgangsbasis für das Training der speziellen Ausdauertypen zu schaffen,
– neue Reserven für weitere Leistungssteigerungen in den speziellen Ausdauerfähigkeiten zu erschließen und
– die Bewegungstechniken in den Ausdauersportarten zu ökonomisieren und zu stabilisieren.

* Zu den Fachbegriffen bzw. Abkürzungen vgl.: Sportbiologische Grundlagen. S. 119 f.

Azyklische Grundlagenausdauer

– Allgemeine aerobe Ausdauer mit überdurchschnittlicher aerober Kapazität (bei Männern: relative VO_2max ca. 55–65 ml/kg/min), **Azyklische GLA**
– überdurchschnittliche Nutzung dieser Kapazität mit ca. 70–80% der VO_2max (= Höhe der ANS),
– gemischt aerob-anaerobe Stoffwechsellage (im Mittel 6–8 mmol/l Laktat) mit unregelmäßigem Wechsel von alaktaziden, laktaziden und aeroben Phasen (= Intervallcharakter der Belastungsintensität),
– wechselnde Bewegungsabläufe (z. B. Gehen – Sprinten – Absprung – Werfen = Intervallcharakter im Bewegungsablauf).

Aufgaben der AzGLA sind:
– Eine Grundlage für umfangreiches Konditions-, Technik- und Taktiktraining in Spiel- bzw. Kampfsportarten zu schaffen,
– die Erholungsfähigkeit in den Abschnitten niedrigerer Belastung während des Wettkampfes zu fördern,
– die psychische Belastungs-Toleranz zu erhöhen.

Mit Hilfe von Tab. 28 lassen sich die speziellen Ausdauertypen näher kennzeichnen. Eine »Rangordnung« innerhalb leistungsbeeinflussender Leistungsfaktoren wird möglich, wenn Belastungsintensität und davon abhängig Energiefluß pro Zeiteinheit sowie Belastungsdauer berücksichtigt werden.

KZA (35 Sek. – 2 Min.)

Als leistungsbestimmend sind im anaeroben Bereich anzusehen: **KZA**
– Laktatbildungsfähigkeit (anaerobe Glykolyse),
– Pufferkapazität,
– Laktattoleranz (gegenüber hohen Laktatkonzentrationen).
Leistungsbestimmend im aeroben Bereich sind:
– VO_2max (volle Inanspruchnahme),
– aerobe Glykogenverwertung.
Zusätzlich leistungsbestimmend:
– Schnelligkeit bzw. Schnellkraft,
– Bewegungstechnik (Koordination).

MZA (2–10 Min.)

Als leistungsbestimmend sind im aeroben Bereich anzusehen: **MZA**
– VO_2max (wegen fast voller Inanspruchnahme),
– aerobe Glykogenverwertung.
Leistungsbestimmend im anaeroben Bereich sind:
– Laktattoleranz (hohe Laktatanreicherung über die Belastungszeit),
– Pufferkapazität.
Zusätzlich leistungsbestimmend:
– Bewegungstechnik (in Verbindung mit spezieller Kraft bzw. Schnelligkeit).
Die Kraftausdauer und Schnelligkeitsausdauer werden hier nicht als spezielle Ausdauertypen dargestellt. Sie sind der KZA oder MZA unterzuordnen.

Tabelle 28 Abgrenzung der speziellen Ausdauertypen nach Belastungsdauer (Wettkampf), Belastungsintensität und Energiebereitstellung (nach Angaben von NEUMANN 1984, 174; BADTKE 1995, 364, und ENGELHARDT/NEUMANN 1994, 116). Die Zahlenangaben sind Durchschnittswerte aus verschiedenen Sportarten. Die aus einzelnen Ausdauerdisziplinen bekannten Extremwerte treten deshalb nicht in Erscheinung. Da die Übergänge zwischen den Ausdauertypen fließend sind, können die Zahlenangaben auch nur als grundsätzliche Orientierungswerte und nicht als exakt zutreffende Auskünfte gelten (aus: ZINTL 1994, 81)

Abgrenzungskriterien	KZA	MZA	LZA			
			I	II	III	IV
Belastungsdauer	35 s–2 min	2 min–10 min	10 min–35 min	35 min–90 min	90 min–6 h	>6 h
Belastungsintensität						
nominell	maximal	maximal	submax.-max.	submaximal	mittel-submax.	leicht–mittel
HF/min	185–200	190–210	180–190	170–190	150–180	120–170
% VO_2max	100	95–100	90–95	80–95	60–90	50–60
Lac mmol/l	(10–)18	(12–)20	(10–)14	(6–)8	4–5	<3
Energieverbrauch kcal (kJ)/min	60 (250)	45 (190)	28 (120)	25 (105)	20 (80)	18 (75)
Energiebereitstellung	dominant anaerob	aerob/anaerob	dominant aerob bis rein aerob			
anaerob:aerob	80:20–65:35	60:40–40:60	30:70–20:80	20:80–10:90	5:95	1:99
alaktazid (%)	15–30	0–5	–	–	–	–
laktazid (%)	50	40–55	20–30	5–10	<5	<1
aerob (Glykogen) (%)	20–35	40–60	60–70	70–75	60–50	<40
aerob (Fette) (%)	–	–	10	20	40–50	>60–90
energieliefernde Hauptsubstrate	Glykogen, Phosphate	Glykogen	Glykogen	Glykogen, Fette	Fette, Glykogen, Aminosäuren	Fette, Glykogen, Aminosäuren (8–10%)

- **Schnelligkeitsausdauer** = *Ermüdungswiderstandsfähigkeit bei submaximalen Bewegungsgeschwindigkeiten*
  Hierbei spielt aus energetischer Sicht die anaerob-laktazide Komponente für die KZA die bestimmende bzw. für die MZA eine nicht unerhebliche Rolle.
  Hinweis:
  Bei maximalen Bewegungsgeschwindigkeiten mit vorrangig anaerob-alaktazider Energiebereitstellung im Zeitbereich von ca. 8–30 Sek. wird von **Sprintausdauer** (= Schnelligkeitsfähigkeit; vgl. Kap. 3, S. 92) gesprochen.
- **Kraftausdauer** = *Ermüdungswiderstandsfähigkeit* bei Krafteinsätzen von ca. 75%–50% (dynamisch) bzw. > 30% (statisch) der Maximalkraft, wobei die anaerob-laktazide Energiebereitstellung wichtig ist.
  Hinweis:
  Die sog. **Maximalkraftausdauer** (> 75% Maximalkraft) wird als Kraftfähigkeit betrachtet, die »aerobe« Kraftausdauer oder Ausdauerkraft (dynamisch < 50% bzw. statisch < 30% Maximalkraft) ist dem LZA-Bereich zuzuordnen.

LZA I (10–35 Min.)

Als leistungsbestimmend sind im aeroben Bereich anzusehen:
- VO$_2$max (noch 90–95%ige Inanspruchnahme),
- Höhe der ANS (IANS),
- aerobe Glykogenverwertung.
Leistungsbestimmend im anaeroben Bereich sind:
- Laktattoleranz (gegenüber mittleren bis hohen Laktatkonzentrationen),
- Muskelglykogenspeicher (aerober und anaerober Abbau),
- Laktatelimination während Belastung.

LZA I

LZA II (35–90 Min.)

Als leistungsbestimmend erweist sich der aerobe Bereich mit:
- Höhe der ANS (IANS),
- VO$_2$max,
- aerober Glykogenverwertung (Muskel- und Leberglykogen),
- Muskelglykogenspeicher,
- Fettutilisation (Anteil am Gesamtenergieaufkommen bis 20%).

LZA II

LZA III (90 Min. – 6 Std.)

Als leistungsbestimmend erweist sich auch hier der aerobe Bereich mit:
- Höhe der ANS (IANS),
- VO$_2$max,
- Fettutilisation (Anteil am Gesamtenergieaufkommen 30–70%),
- Elektrolyt-/Wasser-Haushalt im Rahmen der Thermoregulation (Zufuhr während Belastung).

LZA III

117

Tabelle 29 Spezielle Ausdauertypen in verschiedenen Sportarten und durchschnittliche Laktatkonzentrationen (in mmol/l) nach Wettkampfleistungen (nach NEUMANN/SCHÜLER 1989, 108)

| | KZA | | MZA | | LZA | | | | | | | |
	35 s–2 min	Lac	2–10 min	Lac	I 10–35 min	Lac	II 35–90 min	Lac	III 90–360 min	Lac	IV Über 360 min	Lac
Schwimmen	100 m 200 m }	18	400 m	16	1500 m	12			Marathon	8	100 km	2
Lauf	400 m 800 m	22 20	1500 m 3000 m Hi	20 16	5000 m 10000 m	16 14	30–50 km	10	Marathon	8	100 km	2
Radsport	1000 m	22	4000 m	20			30–50 km	10	120–200 km	4	250 km	2
Skilanglauf					5, 10 km	16	15 km	14	30, 50 km	8		
Eisschnelllauf	500 m 1000 m } 1500 m	22 20	3000 m 5000 m	16 14	10000 m	12						
Kanurennsport	500 m F	14	1000 m	13			10 km	10				
Rudern			500 m F 1000 m	14 15								
Gehen							20 km	8	50 km	4		
Biathlon					7,5 km 10 km	16 14	20 km	12				

F Frauen;   Hi Hindernis

LZA IV (> 6 Std.)

Folgende Gründe sprechen dafür, sie von der Langzeitdauer III zu unterscheiden: **LZA IV**
– Für das Durchhalten solcher Leistungen ist eine kontinuierliche Nahrungs- und Flüssigkeitsaufnahme notwendig.
– Die Energiegewinnung aus dem Eiweißabbau (Glukoneogenese) erreicht ein erhebliches Ausmaß.
– Binde- und Stützgewebe (passiver Bewegungsapparat) werden bis an ihre Grenzen belastet/beansprucht.
Für LZA IV sind als leistungsbestimmend somit anzusehen:
– Fettutilisation,
– Kohlenhydratzufuhr,
– Elektrolyt/Wasser-Zufuhr,
– Belastbarkeit des passiven Bewegungsapparates.
Die Tabelle 29 ermöglicht eine erste Zuordnung (Grobinformation) von speziellen Ausdauertypen zu einigen Sportarten bzw. -disziplinen. Es ist dabei jedoch zu beachten, daß die zeittypischen Stoffwechselverhältnisse nur Näherungswerte darstellen; u. a. müssen die jeweils beanspruchte Muskulatur (vgl. z. B. Laufen, Skilanglauf, Rudern, Schwimmen) und die muskulären Arbeitsweisen als Einflußfaktoren berücksichtigt werden.

Biologische Grundlagen von Ausdauerfähigkeiten

Bei Ausdauerleistungen wird – besonders im Hochleistungssport – der Organismus des Sportlers sehr komplex beansprucht. Dies betrifft vorwiegend die Organsysteme, die zur Energiebereitstellung und Sauerstoffversorgung benötigt werden. Es darf jedoch nicht übersehen werden, daß auch Ausdauerbewegungen der Bewegungssteuerung bedürfen. Ihren biologischen Hintergrund zu verstehen benötigt eine Fülle von Kenntnissen über die Funktionen des Organismus. Im folgenden soll nur auf ausgewählte sportbiologische Grundlagen eingegangen werden, die zur Charakterisierung der Ausdauertypen und zur Erklärung von Trainingswirkungen herangezogen werden können.

Zur Energiebereitstellung in der Muskelzelle

Die zentrale Rolle bei der Kontraktion der Muskelfaser spielt die Spaltung des **Energie-** Adenosintriphosphats in Adenosindiphosphat und anorganisches Phosphat (ATP $\rightarrow$ **bereit-** ADP + P_i). Nur die daraus freiwerdende Energie kann unmittelbar zum Kontrak- **stellung** tionsvorgang genutzt werden. Die übrigen energieliefernden Prozesse dienen dem fortlaufenden Wiederaufbau (Resynthese) von ATP. Abb. 31 informiert in vereinfachter Form über diese »Nachschubreaktionen«.
Die Energiegewinnung aus Eiweißen stellt eine Ausnahmesituation des Organismus dar. Leeren sich die Glykogenspeicher zunehmend, kommt in der Leber die Glukoneogenese in Gang. Dabei wird Glukose u. a. aus den Aminosäuren abgebauter

119

Abbildung 31 Vereinfachte Darstellung der Energienachschub-Reaktionen für die ATP-Resynthese mit Schlüsselenzymen

ATP-Resyn-these-Möglichkeiten

1. Anaerob – alaktazider Prozeß:

Kreatinphosphat + Adenosindiphosphat $\longrightarrow$ Kreatin + Adenosintriphosphat

(KrP) (ADP) (Kr) (ATP)

2. Anaerob – laktazider Prozeß (= anaerobe Glykolyse):

Glucose (Glykogen) + P_i + ADP $\longrightarrow$ Laktat + ATP

(Lac)

3. Aerober Prozeß (= aerobe **Glykolyse**, oxidativer Glykogenabbau):

Glucose (Glykogen) + P_i + ADP + O_2 $\longrightarrow$ CO_2 + H_2O + ATP

4. Aerober Prozeß (= Lipolyse, oxidativer Fettabbau):

freie Fettsäuren + P_i + ADP + O_2 $\longrightarrow$ CO_2 + H_2O + ATP

(FFS)

Körpereiweiße hergestellt. So kann es bei extremen Langzeitbelastungen zum Abbau von Muskelsubstanz kommen.

Welche Nachschubreaktionen – im Rahmen aller gleichzeitig aktiven Energieliefe-rungs-Systeme – bevorzugt benützt werden, hängt besonders vom erforderlichen **Energiefluß pro Zeiteinheit,** d. h. der jeweiligen Muskelarbeitsintensität ab. Ta-belle 30 informiert über die Geschwindigkeit der Energiefreisetzung und mögliche Einsatzdauer bei maximaler Beanspruchung.

Zwar wird bei sportlichen Belastungen nicht nur ein Nachschubweg verwendet, doch lassen sich – eine optimale Belastungsintensität vorausgesetzt – **Zeitabschnitte mit dominanter Energiebereitstellung** abgrenzen. Abb. 32 verdeutlicht, daß

– im Zeitbereich unter 10 Sek. der *Phosphatspeicher* ausschlaggebend ist,
– ab ca. 25 Sek. – 2 Min. die *anaerobe Glykolyse* dominiert und der aerobe Gly-kogenabbau an Bedeutung gewinnt,
– zwischen 2 und 10 Min. die *aerobe Glykogenverwertung* dominiert aber auch der anaerob-laktazide Weg noch einen bedeutenden Anteil aufweist,
– bei mehr als 10 Min. der aerobe Weg zunächst mit *dominierender Glykogenver-brennung* und ab 45–60 Min. mit *steigender Fettverbrennung* entscheidend wird. Der anaerob-laktazide Weg wird auch weiterhin (in geringem Prozentsatz) in Anspruch genommen.

Substratmenge Unterschiede bestehen allerdings zwischen *trainierten und untrainierten Sportlern.* Der Untrainierte verfügt über weniger Phosphat und Glykogen und einen geringe-ren Enzymbesatz. Die typischen Stoffwechselkonstellationen stellen sich bei ihm bereits bei niedrigeren absoluten Belastungsintensitäten (z. B. Fortbewegungsge-schwindigkeit) ein. Der Energiefluß innerhalb der einzelnen Stoffwechselwege ist auch vom **Enzymbesatz** und der **Größe der Energiespeicher** (= Substratmenge) abhängig. Dichter Enzymbesatz bedeutet höhere Enzymaktivität. Größere Speicher

Tabelle 30 Energetische Flußraten (maximale Geschwindigkeit der Energiefreisetzung) bei verschiedenen Formen der Energiebereitstellung (in mmol / g Substrat / s)

Energetische Flußraten

Substrat + Abbauart	Maximale Flußrate mmol / g / s	Verfüg- barkeit in % der maximalen Flußrate	Maximale Einsatz- dauer	Begrenzung durch
ATP, KrP anaerob-alaktazid	1,6–3,0	100	7–10 s	Substraterschöpfung (KrP)
Glykogen anaerob-laktazid	1,0	30	40–90 s	Enzymvergiftung (Übersäuerung)
Glykogen aerob-glykolytisch	0,5	15	60–90 min	Substraterschöpfung (Glykogen)
Fettsäuren aerob-lipolytisch	0,25	7,5	Stunden	praktisch unbegrenzt

Abbildung 32 Möglichkeiten der Energiebereitstellung bei maximaler Beanspruchung in Abhängigkeit von der Zeit (nach BADTKE et al. 1987, 71)

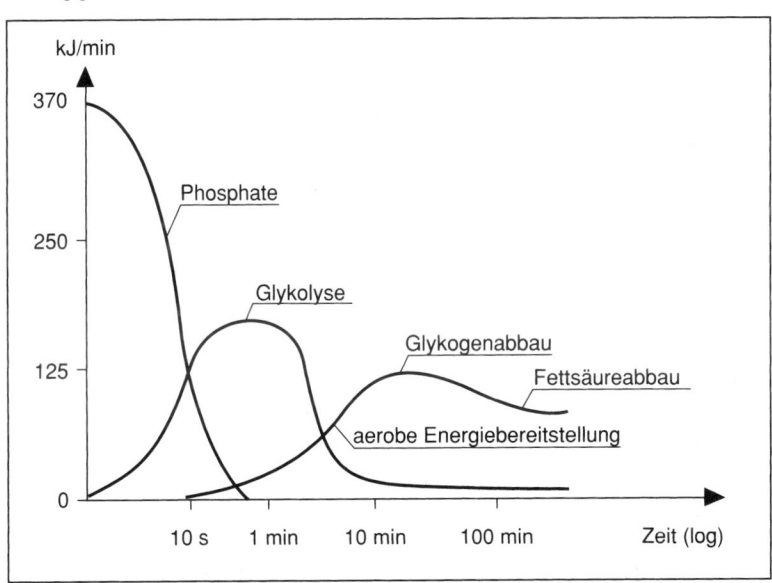

wirken sich im Sinne eines stärkeren Energieflusses aus. Entscheidend sind hierbei die sog. **Schlüsselenzyme**, die innerhalb einer komplizierten Reaktionskette die Reaktionen an den »Engpässen« unterhalten. Durch adäquate Trainingsbelastungen reagieren Enzyme mit Vermehrung, die in Zeitspannen von 4–8 Wochen beobachtbar wird. Einseitige Entwicklung der einen Enzyme (z. B. aerobe) lassen die anderen (z. B. anaerobe) absinken.

Auch die Energiespeicher steigen trainingsbedingt an. Dies betrifft z. B. KrP-Speicher und Glykogenspeicher (in Muskelzelle und Leber), die sich fast verdoppeln bzw. mehr als verdoppeln können; ihre Einsatzdauer wird damit verlängert. Die **Fettspeicher** erweisen sich als nahezu unerschöpflich. Sie brauchen nicht speziell vergrößert werden. Es zeigen sich aber auch trainingsbedingt verstärkte Einlagerungen von Triglyzeriden in die langsam kontrahierenden (ST-)Fasern.

Im Hinblick auf das Verhältnis von Glykogen- und Fettsäureverbrennung ist auch das »**energetische Sauerstoffäquivalent**« von Bedeutung. Danach werden bei Verbrennung von 1 Liter O_2 aus Glykogen 5,05 kcal, aus Fetten 4,65 kcal an Energie gewonnen. Ist bei geringen bis mittleren Belastungsintensitäten genügend Sauerstoff verfügbar, so hat dies keinen Einfluß auf das Verbrennungsverhältnis. Im Grenzbereich der maximalen Sauerstoffaufnahme wird dies jedoch entscheidend. Unter diesem Aspekt erbringt die **Glykogenverbrennung** einen Mehrgewinn an Energie von ca. 13%. Fettutilisation findet deshalb nur im niedrigen bis mittleren Intensitätsbereich (Inanspruchnahme von weniger als ca. 60–70% der VO_2max bei Untrainierten, unter 80% bei Trainierten) statt. Im submaximalen und maximalen Intensitätsbereich (über 70% bzw. 80–85% der VO_2max) läuft die Glykogenverbrennung ab.

Laktat Laktat (= Salz der Milchsäure) aus der anaeroben Glykolyse fällt bereits in Ruhe und bei niedrigen Belastungsintensitäten in der Muskelzelle an und ist im Blut (Ruhewert 0,75–1,0 mmol/l) nachweisbar. Laktat ist ein noch energiereiches Stoffwechselzwischenprodukt. Im arbeitenden Muskel wird es zwar in den weniger belasteten Fasern mit hohem aeroben Enzymbesatz verstoffwechselt, mit seiner Anreicherung verändert es aber den Säurewert (pH-Wert-Senkung von normal 7,0 bis auf 6,6–6,4 im Extremfall). Diese *Übersäuerung* unterdrückt die Enzymaktivität, so daß die Intensität der Muskelarbeit deutlich reduziert werden muß. Mit zunehmender Anreicherung in der Muskelzelle wird Laktat an das Blut abgegeben. Aus dem Blut wird es während der Belastung durch Verbrennung im Herzmuskel (Substratanteile dabei ca. $\frac{2}{3}$ Laktat, $\frac{1}{5}$ freie Fettsäuren, $\frac{1}{7}$ Glukose) und Aufnahme in Leber und Nieren beseitigt. Ungefähr 3 Std. nach einer Belastung ist das angefallene Blutlaktat wieder abgebaut. Die Halbwertszeit (= Zeit bis zur 50%igen Beseitigung) beträgt für Konzentrationen um 10 mmol/l ca. 15 Min., bei höheren Konzentrationen ca. 20–25 Min. Körperliche Aktivität mit geringer Intensität (z. B. Auslaufen, Herzfrequenzen um 100–120/min) kann den Laktatabbau wesentlich beschleunigen.

Im Zusammenhang mit dem Anfall von Milchsäure ist auf die **Pufferkapazität** von Muskulatur und Blut zu verweisen. Eiweiß-, Phosphat- und Karbonatverbindungen fangen die Wirkung der Säure auf den pH-Wert auf (Neutralisation), bis ihre Kapazität verbraucht ist. Durch entsprechendes Training kann die Pufferkapazität (besonders der Bikarbonatpuffer) leicht vergrößert werden, wodurch die Übersäuerung etwas verzögert, jedoch nicht verhindert werden kann. In Abhängigkeit von der **Säuretoleranz** kann die Muskelarbeit – trotz Laktatanhäufung – noch für eine gewisse Zeit fortgesetzt werden. Diese Fähigkeit zur Duldung von Laktatkonzentrationen hat eine biochemische und psychische Komponente und ist individuell unterschiedlich trainierbar. Laktatwerte von über 20 mmol/l Blut sind schon als Extremwerte zu bezeichnen. Die höchsten gemessenen Konzentrationen nach KZA-Belastungen (400-m-, 500-m-Läufe) lagen um 26–28 mmol/l.

Laktatschwellen

Empirisch gewonnene Meßgrößen über Stoffwechselverhältnisse und Laktatkinetik bei unterschiedlichen Belastungsintensitäten haben zu verschiedenen *Laktatschwellenkonzepten* geführt. In diesem Zusammenhang soll hier nur auf die aerobe Schwelle (AS), die anaerobe Schwelle (ANS), den aerob-anaeroben Übergang (AANÜ) und die individuelle anaerobe Schwelle (IANS) eingegangen werden (Abb. 33 und 34). Die **aerobe Schwelle** (AS) – 2 mmol/l – stellt die Grenze der rein **Aerobe Schwelle** aeroben Energiebereitstellung dar. Im AANÜ, 2–4 mmol/l, halten sich Laktatanreicherung und Laktatelimination die Waage. Es liegt ein Laktatgleichgewicht (Laktat-steady-state) vor, solange die vorliegende Belastungsintensität nicht gesteigert wird. Die **anaerobe Schwelle** (ANS, 4 mmol/l) wird als die obere Grenze für ein **Anaerobe Schwelle** Laktatgleichgewicht (Punkt des maximalen Laktat-steady-state = Maxlass) bezeichnet. Um Belastungsintensitäten jenseits der ANS aufrechterhalten zu können, ist partiell laktazide Energieproduktion in höherem Anteil notwendig. Wird die eingeschlagene Intensität aufrechterhalten, steigt der Blutlaktatspiegel laufend weiter

Abbildung 33 Laktatleistungskurve mit Laktat-Schwellenbereichen

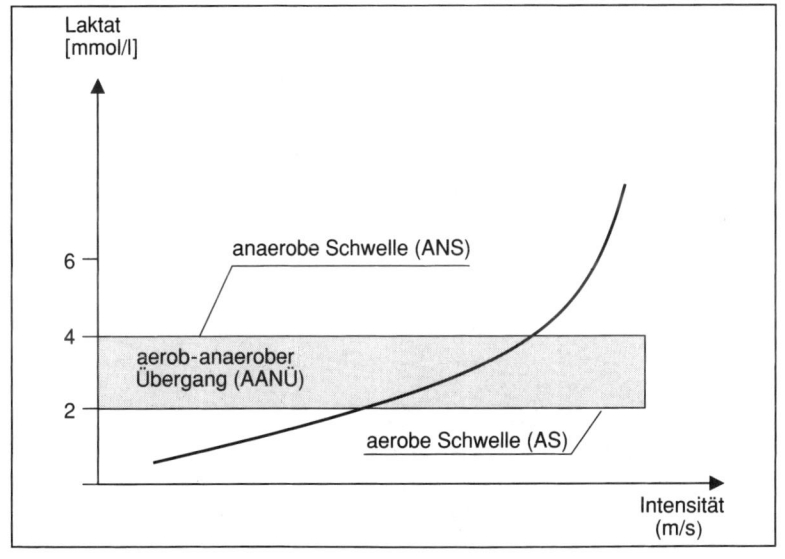

an. Der 4-mmol-Schwellenwert für die ANS (nach MADER) ergab sich aus der Beobachtung, daß sich entsprechende Belastungsintensitäten (bei Belastungsdauer > 5 Min.) im Durchschnitt über längere Zeiten halten ließen. Bei Untrainierten liegt die anaerobe Schwelle nicht selten bei 5–6 mmol, die von Hochtrainierten liegt deutlich unter 4 mmol. Es wurde daher die **individuelle anaerobe Schwelle** (IANS) eingeführt und als Punkt in der Laktatkurve definiert, an dem die »kritische Steigung« beginnt (vgl. Abb. 34). Hier wird der Beginn der kontinuierlichen Zunahme der Laktatakkumulation gesehen. Der entsprechende – individuell unterschiedliche – Laktatwert ist identisch mit dem maximalen Laktat-steady-state. (Zu den Bestimmungsmethoden vgl. z. B. HECK 1990, 144 ff. und ZINTL 1994, 149 ff.) Die Laktatschwellenwerte hängen u. a. stark von der Belastungsstufendauer ab. Werden bei Stufendauern von 3–5 Min. die Schwellenwerte bestimmt und soll damit ein längeres Ausdauertraining (> 30 Min.) in seiner *Intensität gesteuert* werden, ist zu berücksichtigen, daß diese Laktatwerte deshalb etwas zu niedrig ausfallen, da sich in dieser kurzen Zeit noch kein längerfristiges Laktatgleichgewicht einstellen konnte. Derzeit orientiert man sich in der Trainingspraxis daher an Stelle der 4-mmol-Schwelle häufig an der 3-mmol-Schwelle (als Maxlass), oder man verlängert bei den Belastungstests die Stufendauer auf mindestens 7, besser sogar 10 Min. (Informationen zu Möglichkeiten und Grenzen der Trainingssteuerung mit Hilfe der Laktatdiagnostik finden sich u. a. bei HECK 1990, 194 ff., und bei ZINTL 1994, 63 ff.). Beachtet man gewisse Voraussetzungen für die Erstellung von Laktat-Leistungskurven und für die Nutzung von korrespondierenden Leistungsmeßgrößen,

Individuelle anaerobe Schwelle

Abbildung 34 Laktatleistungskurven Untrainierter (I) und Hochtrainierter (II) mit den individuellen anaeroben Schwellen (IANS). Der kritische Anstieg der Laktatkurve wurde hier mittels einer Tangentenmethode nach KEUL et al. (1979) festgelegt (vgl. HECK et al. 1985)

Laktat-leistungs-kurven

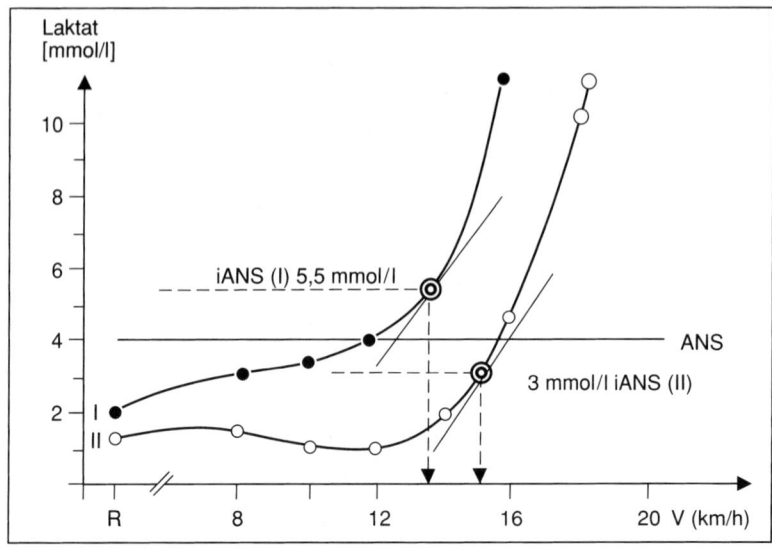

124

Tabelle 31 Werte für aerobe und anaerobe Schwelle, ausgedrückt in Prozent der maximalen Sauerstoffaufnahme (VO$_2$max.) und in der dazugehörigen Herzfrequenz (Hf) (nach KINDERMANN et al. 1978, 34)

	aerobe Schwelle:
Untrainierte:	45–50% VO$_2$max; 125–130 Hf
Trainierte:	60–65% VO$_2$max; 150–160 Hf
	anaerobe Schwelle:
Untrainierte:	50–70% VO$_2$max; 140–150 Hf
Durchschnittlich Trainierte:	70–80% VO$_2$max; 170–175 Hf
Hochtrainierte:	85–95% VO$_2$max; 180–190 Hf

so ist eine Trainingssteuerung nach dem Laktatschwellenkonzept zwar nicht unproblematisch, jedoch auch hinreichend zuverlässig möglich.

ANS und **IANS** können zu anderen Leistungsparametern in Beziehung gesetzt werden. Meist ist es (z. B. bei Feldtests) die *Fortbewegungsgeschwindigkeit* (m/s oder km/h) oder die *Herzfrequenz* (Hf/min). Bei Labortests kann aber auch der an den Schwellen in Anspruch genommene *Prozentsatz der maximalen Sauerstoffaufnahme* (VO$_2$max) verwendet werden. Die Höhe der anaeroben Schwelle (bzw. IANS) ist damit exakter festgelegt und gibt auch Auskunft über den aeroben Trainings- bzw. Leistungszustand. Untersuchungsergebnisse hierzu enthält Tabelle 31.

Maximale Sauerstoffaufnahme (VO$_2$max)

Die VO$_2$max, das **»Bruttokriterium für das aerobe Ausdauerleistungsvermögen«** wird spirometrisch unter Belastungsbedingungen auf dem Fahrrad oder mit dem Laufbandergometer gemessen. Als Maß für die Sauerstoffzufuhr (Atmung), den Sauerstofftransport (Herz-Kreislauf) und die Sauerstoffverwertung (Muskelzelle) im Ausbelastungszustand des Organismus kann sie auch über das Herzminutenvolumen und die arteriovenöse Sauerdifferenz berechnet werden (Tab. 32). Es sind somit zwei Einflußgrößen zu berücksichtigen. Der zentrale Faktor (HMV) in- **VO$_2$max**

Tabelle 32 Maximale Sauerstoffaufnahme bei Untrainierten und ausdauertrainierten Hochleistungssportlern

VO$_2$max (l O$_2$/min)	= HMV max (l Blut/min)	× $\dfrac{\text{AVDO}_2\text{max}}{(\text{ml O}_2/\text{l Blut})}$
max. Sauerstoffaufnahme	= max. Herzminutenvolumen	× arteriovenöse Sauerstoffdifferenz
Untrainierte:		
Männer	ca. 3,3 l	= 22 l × 150 ml/l
Frauen	ca. 2,2 l	
Trainierte:		
Männer	ca. 6,0 l	= 35 l × 180 ml/l
Frauen	ca. 4,5 l	

formiert über Herzarbeit und die Sauerstoffbindungskapazität des Blutes. Im peripheren Faktor ($AVDO_2$) kommen Kapillarisierung, Myoglobingehalt und die Mitochondrien (Zahl und Größe) mit ihrem Enzymbesatz zum Ausdruck. Um die maximale Sauerstoffaufnahme zu vergrößern, ist es somit notwendig, alle aufgeführten Teilfaktoren anzupassen. In Abhängigkeit von der Belastungsgestaltung (Intensität und Umfang) im Training kann aber auch eine Schwerpunktverschiebung innerhalb der komplexen Anpassungsprozesse zum zentralen oder peripheren Teil hin erreicht werden. Will man die aerobe Kapazität vergleichend beurteilen, empfiehlt es sich, die relative **maximale Sauerstoffaufnahme (rel. VO_2max)** zu berechnen. Sie drückt die Sauerstoffmenge in Milliliter pro Kilogramm Körpergewicht pro Minute (ml/kg/min) aus. *Orientierungswerte* für Untrainierte und für Ausdauersportler finden sich in Tabelle 33. Bei ihrer Interpretation bzw. Verwendung ist zu beachten, daß in den sportbezogenen Orientierungswerten auch die Fortbewegungsart (z. B. Rudern, Schwimmen, Radfahren, Laufen) und die Menge der belasteten Muskulatur (z. B. Kajakfahren, Laufen, Rudern) zum Ausdruck kommen. Ist eine direkte Messung mittels Spirometrie oder eine Berechnung über die Bestimmung des Herzminutenvolumens und die $AVDO_2$ nicht möglich, so kann die Sauerstoffaufnahme für eine gegebene Belastung auch orientierend abgeschätzt werden, indem man sich die enge Abhängigkeit zwischen der Wattleistung und der absoluten Sauerstoffaufnahme bei der Fahrradergometrie bzw. der Laufgeschwindigkeit und dem körpergewichtsbezogenen Sauerstoffbedarf während der Laufbandbelastung zunutze macht (EISELE et al. 1996). Die VO_2max ist im Erwachsenenalter vergleichsweise gering trainierbar. Sie kann im Durchschnitt um 20% (15–30%), nach mehrjährigem Training bis zu ca. 50% verbessert werden. Höhere Verbesserungen sind dann möglich, wenn vor bzw. in der Pubertät (Wachstumsalter!) ein entwicklungs- und altersangepaßtes, systematisches Training begonnen wird. Im Erwachsenenalter ist eine Verbesserung der Ausdauerleistungsfähigkeit schwerpunktmäßig auf ein Höherschieben der ANS bzw. IANS zurückzuführen. Besser trainierbar (ca. 50–70%) ist also die Fähigkeit, einen höheren Prozentsatz der VO_2max über längere Zeit einsetzen zu können.

Rel. VO_2max (margin label)

Tabelle 33 Werte der rel. VO_2max (rechts Spalte) als gemessene Durchschnittswerte und als Normwerte für unterschiedliches Leistungsniveau

Untrainierte	
Frauen (20–30 LJ.)	32–38 ml/kg/min*
Männer (20–30 LJ.)	40–55 ml/kg/min**
Hochtrainierte Ausdauersportler	
Frauen	60–70 ml/kg/min
Männer	80–90 ml/kg/min
Normwerte für Fitneßzustand	
Frauen	35–38 ml/kg/min
Männer	45–50 ml/kg/min
Ausdauertrainierte	55–65 ml/kg/min
Ausdauerleister (internationales Niveau)	65–80 ml/kg/min
Ausdauerleister (internationales Spitzenniveau)	85–90 ml/kg/min

* bezogen auf fettfreie Muskelmasse 44–48 ml   ** bezogen auf fettfreie Muskelmasse 46–49 ml

Tabelle 34 Die wesentlichen Merkmale der einzelnen Muskelfasertypen
(nach BADTKE et al. 1995, 25)

ST-Fasern	FT-Fasern	
	FTO	FTG
Langsam kontrahierend Kontraktionsdauer 75 ms	schnell 30 ms	sehr schnell kontrahierend 20 ms
wenig Kraft pro Kontraktion Zugspannungsfaktor 1	kräftige Kontraktion Faktor 4	sehr große Kraft pro Kontraktion Faktor 12
ermüdungsresistent	ermüdbar	schnell ermüdet
kleine Motoneurone kleine mot. Endplatten Reizschwellen niedrig	große Motoneurone größere höher	große mot. Endplatten hoch
sehr viele Mitochondrien sehr viel Myoglobin sehr viele Kapillaren	viele mäßig viel viele	wenig wenig wenig
wenig Phosphagene	viele	sehr viele
Myosin-ATP-ase Aktivität gering	hoch	sehr hoch
viel Fett und KH	viel KH	sehr viel KH gespeichert
mit hochaktiven Enzymen des aeroben Fett- und KH-Stoff- wechsels ausgestattet	mit Enzymen des aeroben und anaeroben Stoffwechsels versehen	Dominanz von Enzymen des anaeroben Stoff- wechsels
Querschnitt 3100 bis 5000 μ^2	4400 bis 5900 μ^2	3500 bis 5300 μ^2

ST-, FTO-, FTG-Muskelfasern

Muskelfasertypen

Die individuelle Ausdauerleistungsfähigkeit ist auch abhängig von der **Faserty-penzusammensetzung** der bewegungsspezifisch beanspruchten Skelettmuskula-tur. Abhängig von ihrer funktionalen Beanspruchung weisen die Fasertypen neben ihren Innervationsunterschieden auch Stoffwechselbesonderheiten auf (Tab. 34). Die **Slow-Twitch-Fasern** (ST-Fasern), reichlich besetzt mit aeroben Enzymen (für Glykogen- und Fettstoffwechsel), Mitochondrien, Myoglobin und Triglyzeriden, sind eher als ermüdungsresistente Fasern zu bezeichnen. Die **Fast-Twitch-Fasern glykolytischer Prägung** (FTG-Fasern) verfügen über mehr anaerobe Enzyme, Phosphat- und Glykogenspeicher. Sie sind die schnell ermüdenden »Kurzleister« für höhere Intensitäten. Die **Fast-Twitch-Fasern oxidativer Ausprägung** (FTO-Fa-sern) nehmen enzymatisch eine Art Mittelstellung ein. Als intermediärer Fasertyp

127

Ausdauertraining

Tabelle 35   Anpassungsreaktion der Muskelfasertypen auf spezifische Belastungsreize

Anpassungs-reaktionen	Training von Schnelligkeit, Schnell-kraft, Maximalkraft	Training von Kraftausdauer, Ausdauer
	Flächenvergrößerung der FT-Fasern wegen Vermehrung der kontraktilen Elemente	Flächenvergrößerung der ST-Fasern wegen Vermehrung und Vergrößerung der Mitochondrien
	Vermehrung der anaeroben Enzyme im Zellplasma	Vermehrung der aeroben Enzyme in den Mitochondrien
	Glykogenvermehrung in den FT-Fasern	Myoglobinvermehrung
	metabolische Differenzierung der FT-Fasern in Richtung FTG-Fasern	Glykogenvermehrung in den ST-Fasern
	Abnahme der Mitochondrien	metabolische Differenzierung der FT-Fasern in Richtung FTO- und ST-Fasern
	Rückgang der Kapillarisierung (Kapillarenzahl pro Faser)	Zunahme der Kapillarisierung (Kapillarenzahl pro Faser), erhöhte Durchlässigkeit der Kapillarwand, Schlängelung
	Zunahme der Diffusionsstrecke für Sauerstoff durch die Hypertrophie	Abnahme der Diffusionsstrecke für Sauerstoff
	Führt bei hohem Leistungsniveau zu einem Rückgang der aeroben Aus-dauerfähigkeit	Führt bei hohem Leistungsniveau zu einem Rückgang der Schnelligkeit, Schnellkraft und Maximalkraft

weisen sie auch die stärksten Anpassungsreaktionen auf spezifische Belastungen auf. Grundsätzlich aber kommt es bei allen drei Muskelfasertypen (je nach Bela-stungsgestaltung) zu einer *metabolischen Ausdifferenzierung* in die aerobe oder anaerobe Richtung. Tabelle 35 informiert über Anpassungserscheinungen in Ab-hängigkeit von der Belastungsgestaltung.

Neurohormonelle Regulation

Sympathikus   Ausdauerleistungen unterliegen auch der *Steuerung durch das vegetative Nerven-system* (Sympathikus und Parasympathikus) und das *Hormonsystem.* Die funktio-nelle Verflechtung dieser beiden Systeme hat zur Bezeichnung »Neurohormonelle Regulation« geführt. Der **Sympathikus** erlangt – als *»Aktivierungsnerv«* – für die Einstellung verschiedener Organsysteme auf hohe Leistung Bedeutung. Für die **Parasym-** Erholungsphasen ist der **Parasympathikus** – als *»Erholungsnerv«* – mit seiner **pathikus** vagotonen Wirkung (Vagotonie = Reaktionslage des dämpfenden Nervus vagus) wichtig.

Aus der Vielzahl der **Hormone** sind im Hinblick auf ihre Rolle im Ausdauertrai-ning besonders jene zu beachten, die Einfluß auf
– die Glykogenspaltung (u. a. Adrenalin, Thyroxin),
128   – die Fettsäuremobilisation (Adrenalin, Noradrenalin, Somatotropin),

- den Abbau von Muskeleiweiß im Prozeß der Glukoneogenese (Kortisol),
- den Glukosedurchtritt durch die Muskelzellwand (Insulin),
- den Eiweißaufbau im Muskel (Insulin) und
- den Elektrolytstoffwechsel (Aldosteron für den Natrium-Kalium-Haushalt) haben.

Für Training und Wettkampf ist zu beachten, daß ausreichende Mengen der relevanten Hormone eine notwendige Voraussetzung für hochintensive (kurze), aber auch weniger intensive (lange) Ausdauerbelastungen sind. Ein Konzentrationsrückgang der Hormone führt mit zur Ermüdung; die relativ lange *Resynthesedauer* verbrauchter Hormone bestimmt schließlich die Gesamterholungsdauer nach Belastungen. Z. B. ist bekannt, daß nach starker Beanspruchung der **Katecholamine** (Adrenalin, Noradrenalin) bei intensiven Ausdauerbelastungen bzw. des Kortisols bei extremen Langzeitbelastungen die Erholungsdauer 3 bzw. 5–7 Tage betragen kann. Jedoch rufen nicht alle Ausdauerbelastungen eine derartig starke Homöostasestörung im Hormonhaushalt hervor. Extensive Belastungen im Bereich der aeroben Schwelle (50–60% VO_2max) unterhalb von 60 Min. haben sogar eine regenerationsfördernde Wirkung. Die Katecholaminausschüttung steigt jedoch im Bereich der anaeroben Schwelle (ca. 70–75% VO_2max) deutlich an.

Wärmeregulation und Elektrolyt-/Wasserhaushalt

Schweißverluste (ab 2–4% des Körpergewichts) und *Wärmestau* beeinträchtigen das Ausdauerleistungsvermögen. Beim **Wärmestau** kommt es zu einer Blutumverteilung aus der belasteten Skelettmuskulatur in die Haut (Ableitung der Wärme des Körperinneren). Dies kann mit einer Steigerung des Herzminutenvolumens bis zu 15% einhergehen, wobei sich jedoch die Sauerstoffversorgung der Skelettmuskulatur verschlechtert.

Wärmestau

Wasserverluste von mehr als 2% des Körpergewichts beeinflussen das Blutvolumen: Es kommt zur Bluteindickung und zu verstärkter Herzarbeit. Der durch starkes Schwitzen bedingte **Elektrolytverlust** (Kalium, Kalzium, Magnesium) beeinträchtigt die Kontraktionsfähigkeit der Skelettmuskulatur. Ausdauertrainierte weisen Anpassungserscheinungen im Hinblick auf Wärmeregulation und Wasserverlust auf: Höhere Körperkerntemperaturen können erreicht und mit geringeren Beeinträchtigungen toleriert werden, die Schweißausscheidung (zur Abfuhr der Wärme) ist verbessert; bei Wasserverlust von ca. 3% des Körpergewichts sind noch Höchstleistungen möglich. Trotzdem muß auf rechtzeitiges und ausreichendes Trinken geachtet werden!

Wasser- und Elektrolytverlust

Funktion des neuromuskulären Systems

Optimal entwickelte Bewegungsabläufe sind eine Voraussetzung, um Ausdauerleistungen über längere Zeitspannen aufrechterhalten zu können. Im Prozeß der Herausbildung der entsprechenden Bewegungsfertigkeiten (z. B. Laufen, Radfahren, Schwimmen, Rudern etc.) ist z. B. der im Anfangsstadium vermehrte Verbrauch von Energie und Sauerstoff zu berücksichtigen, was die Ausdauerleistung negativ beeinflussen kann. Sind die *Bewegungsmuster stabilisiert* bzw. automatisiert, ist ein *geringerer Energieverbrauch* und damit eine *bessere Ausdauerleistung* zu erwarten.

Ergänzende Hinweise

Komplex-
begriffe

Um leistungsbeeinflussende Faktoren und Trainingswirkungen noch weiter beschreiben bzw. erklären zu können, erscheint es notwendig, noch folgende **Komplexbegriffe** abzugrenzen:

– **Aerobe Kapazität:** Bruttokriterium der Leistungsfähigkeit von Herz, Kreislauf, Atmung und Stoffwechsel. Sie erstreckt sich auf die maximale Sauerstoffaufnahme (VO_2max) und die Höhe der anaeroben Schwelle (% VO_2max).

– **Anaerobe Kapazität:** Bruttobezeichnung für anaerob-alaktazide und anaerob-laktazide Energiebereitstellung, Pufferkapazität und Säuretoleranz.

– **Aktivierungsniveau:** Reaktionsbereitschaft des Menschen (für bevorstehende Ereignisse) auf Grund neurohormoneller und physiologischer Prozesse. Sportliche Leistungen erfordern ein jeweils optimales Aktivierungsniveau.

– **Funktionspotential:** Arbeitsvermögen eines Organsystems bzw. Systemkomplexes als Ergebnis von Anpassungsprozessen, maßgebend für das aktuelle individuelle Leistungsniveau.

– **Komplexe Funktionsbreite:** Spanne (Weite) des Arbeitsvermögens des Organismus, wenn die Grenze durch das Ineinandergreifen mehrerer beanspruchter Organsysteme (= komplexe Beanspruchung) bestimmt wird.

Trainingsmethoden

Die Ausdauerfähigkeiten werden nur selten mit Hilfe einer einzigen Methode trainiert, meist werden verschiedene Belastungsmethoden kombiniert. Jede einzelne Belastungsmethode hat – in Abhängigkeit von Kombination und Gestaltung der Belastungskomponenten – über ihre **komplexe Wirkung** hinaus auch ihre spezifische (akzentuierte) Wirkungsrichtung. Zur Gestaltung eines effektiven Ausdauertrainings sind deshalb Kenntnisse sowohl über die *Grundmethoden* wie auch über ihre *Akzentuierungsmöglichkeiten* hilfreich.

Prinzipielles zu den **vier Grundmethoden** und ihren Varianten ist aus den Abbildungen 35a–d ersichtlich.

Die **speziellen Belastungsmethoden** ergeben sich als Varianten mit besonderer Gestaltung von Belastungsintensität und Belastungsdauer. Dadurch werden auch *akzentuierte Wirkungen* möglich.

Die Intensitätsangaben können auf
– die prozentuale Beanspruchung der VO_2max,
– die AS, ANS und IANS,
– die Herzfrequenz/Min. und
– die Fortbewegungsgeschwindigkeit

bezogen werden. Die Angaben zur maximalen Sauerstoffaufnahme und zu den Laktatschwellen haben allgemeine Gültigkeit, Herzfrequenz- bzw. Geschwindigkeitsangaben sind nur individuell möglich, da diese Meßgrößen zu sehr vom Leistungs- und Trainingszustand abhängen. Sie sind daher nur als Groborientierungen zu verstehen bzw. durch entsprechende Diagnostiken zu konkretisieren.

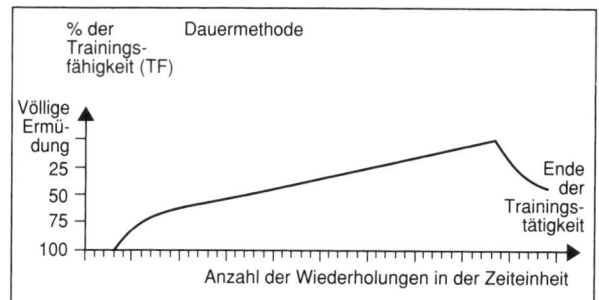

Abbildung 35a–d
Schematischer
Vergleich der
Grundmethoden
des Ausdauertrainings
(in Anlehnung an
Autorenkollektiv, 1986).
S = Serie,
SP = Serienpause,
B = Belastung,
I.P. = lohnende Pause

Abb. 35a

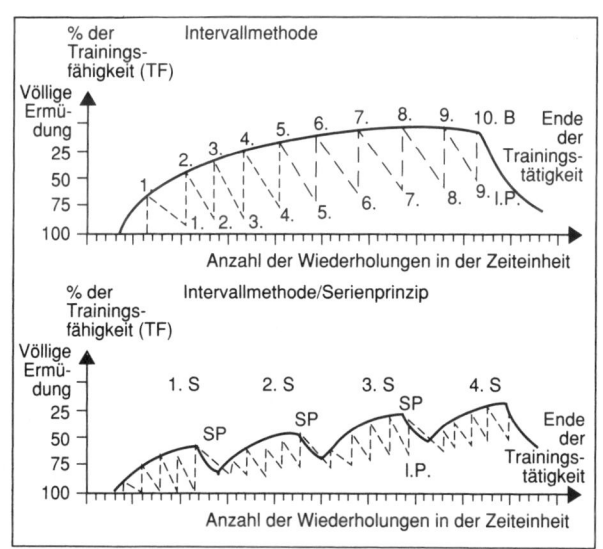

Abb. 35b

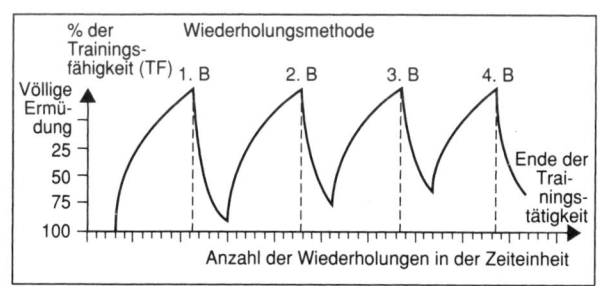

Abb. 35c

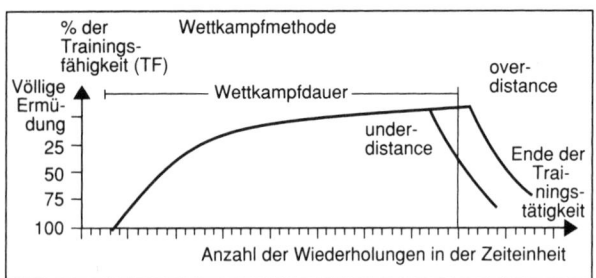

Abb. 35d

Dauermethoden

Trainingseffekte dieser Methoden sind vorrangig aus der vergleichsweise langen Belastungsdauer, in der die intensitätsabhängigen physiologischen Prozesse relativ konstant ablaufen, zu erwarten. Einerseits kommt es zur Ökonomisierung von Organfunktionen, andererseits zur Funktionserweiterung der Organsysteme. Im psychischen Bereich wird eine Gewöhnung an die Belastungsmonotonie angestrebt.

**Extensive
Dauermethode**

Extensive (kontinuierliche) Dauermethode (Ext. DM)
Belastungsintensität: **im Bereich der AS** (1,5–2,5 mmol Lac); die entsprechenden Herzfrequenzen bzw. Fortbewegungsgeschwindigkeiten variieren sehr stark; (Hf/min ca. 125–160)
Belastungsdauer: **30–120 Min.** (trainingszielabhängig auch noch länger)

Anpassungserscheinungen / Trainingswirkungen:
– Ökonomisierung der Herz-Kreislauf-Arbeit,
– Verbesserung der peripheren Durchblutung,
– Erweiterung des aeroben Stoffwechsels und Verbesserung der Fettverbrennung,
– Ausbildung einer Vagotonie.
Anwendung / Zielsetzungen:
– Gesundheitstraining (Minimaldauer 10–12 Min./Einheit, optimal 30–45 Min./Einheit),
– Fettstoffwechseltraining (Dauer >60 Min./Einheit),
– Regenerationsbeschleunigug (Dauer 20–40 Min./Einheit),
– Stabilisierung eines erhöhten Leistungsniveaus (Dauer 45–60 Min./Einheit),
– Ökonomisierung der Bewegungstechnik.

Intensive (kontinuierliche) Dauermethode (Int. DM)
Belastungsintensität: **im Bereich der ANS** (IANS), 3–4 mmol Lac; Hf/min und
Fortbewegungsgeschwindigkeit variieren sehr stark (Hf/min ca. 140–190)
Belastungsdauer: 30–60 **Min.** (auch bis 75 Min. und länger)

Anpassungserscheinungen / Trainingswirkungen:
- Entwicklung des Herz-Kreislauf-Systems (Sportherzentwicklung),
- Kapillarisierung der Skelettmuskulatur,
- Verbesserung des aeroben Stoffwechsels (erhöhte Nutzung des Glykogen-abbaus),
- Ausschöpfung der Glykogenspeicher,
- Nutzung des Laktat-steady-state (Maxlass) in der Energiebereitstellung.

Anwendung / Zielsetzungen:
- Erweiterung der aeroben Kapazität (VO_2max, zentraler und peripherer Faktor),
- Anheben der anaeroben Schwelle,
- Glykogenspeichervermehrung (Belastungsdauer > 60 Min.),
- Laktatkompensationstraining.

Hinweis: Training nach der extensiven Dauermethode ist dem Grundbereich der organischen Regulation zuzuordnen; Training nach der intensiven Dauermethode wirkt bereits im Entwicklungsbereich I (vgl. Abb. 36).

Variable Dauermethode (Var. DM)
Belastungsintensität: Wechsel **zwischen** den Bereichen um die **AS und die
ANS,** 1,5–4 mmol/l; Hf/min: 125–190
Belastungsdauer: **30–60 Min.**

Anpassungserscheinungen / Trainingswirkungen:
- Anpassungen im Herz-Kreislauf-System und in der Skelettmuskulatur (wie bei ext. DM und int. DM, jedoch in geringerer Ausprägung),
- Verbesserung in der Umstellung der Energiebereitstellung (zwischen rein aerober Fettsäuren-/Glykogenverbrennung und aerob/anaerobem Glykogenabbau),
- Verbesserung von Laktatkompensation und -elimination (in den extensiven Belastungsphasen).

Anwendung / Zielsetzungen:
Grundsätzlich vergleichbar der intensiven Dauermethode, ergänzend:
- Durchhalten langer Belastungsphasen mit wechselnden Intensitäten (wie z. B. in Sportspielen, in Zweikampfsportarten),
- Beschleunigung der Wiederherstellung während gering beanspruchender Belastungsphasen nach vorangegangenen intensiven Belastungen,
- Verbesserung der Umstellung in den Energiebereitstellungsprozessen.

**Ausdauer-
belastungen
und Stoff-
wechsel-
prozesse**

Abbildung 36 Einfluß der Intensität von Ausdauerbelastungen in den drei Regulationsbereichen des Organismus auf Stoffwechselprozesse

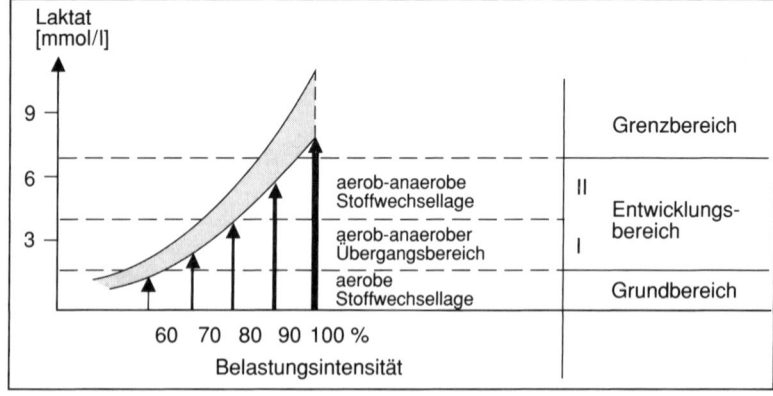

Intervallmethoden

Die Intervallmethoden werden prinzipiell durch die unvollständige, sogenannte »lohnende Pause« gekennzeichnet. Ihnen ist auch – wenn auch in unterschiedlicher Stärke – die besondere **Trainingswirkung auf das Herz-Kreislauf-System** gemeinsam. Frühere Untersuchungen interpretierten diese wie folgt: Während der Belastungsphase kommt es zu erhöhter Herzdruckarbeit (Hypertrophiereiz auf den Herzmuskel), in der »lohnenden« Pause zu verstärkter Volumenarbeit (Reiz zur Herzinnenraumerweiterung). Es liegt also eine spezifische Reizwirkung zur Herzvergrößerung (Sportherzentwicklung) vor. In den letzten Jahren werden zur Erklärung der »lohnenden Pause« neben diesen kardiopulmonalen Aspekten auch **metabolische Prozesse** einbezogen: Das Laktat, welches während der Belastungsphase in der tätigen Skelettmuskulatur anfällt, erfährt – wegen der andauernden starken Durchblutung und der damit verbundenen günstigen Sauerstoffversorgung – eine raschere Verstoffwechselung (Beseitigung). Es kann dadurch zwar kein Laktatgleichgewicht über die gesamte Belastungsdauer aufrechterhalten werden, die Laktataufstockung wird jedoch deutlich hinausgezögert. Im Hinblick auf die **Kapillarisierung** sind unterschiedliche Trainingswirkungen zu beobachten (kontinuierlich erhöhter Blutdruck nicht immer vorhanden). Einzelne Organsysteme werden in ihrer **Funktionsbreite** bei zunehmend intensiverer Beanspruchung erweitert. Im **psychischen Bereich** wird eine »Gewöhnung« an erneutes Training trotz unangenehmer Empfindungen beobachtet.
Kombiniert man Belastungsintensität und Belastungsdauer in unterschiedlichem Ausmaß, ergeben sich Varianten mit akzentuierter Wirkung.

Extensive Intervallmethode mit Langzeitintervallen (Ext. IM + LZI)
Belastungsintensität: **im Bereich der ANS** (3–5 mmol)
Belastungsdauer: 2–3 Min. (zuweilen bis 8 Min.)
Pause: 2–3 Min.
Belastungsumfang: 6–9 Belastungen, 45–60 Min. wirksame Gesamtbelastung
(incl. der »lohnenden Pause«)

Anpassungserscheinungen / Trainingswirkungen:
– Entwicklung des Herz-Kreislauf-Systems (Sportherzentwicklung),
– Verbesserung des aeroben Stoffwechsels unter Glykogennutzung (besonders in
  den ST-Fasern),
– Kapillarisierung,
– Verbesserung der Laktatelimination.
Anwendung / Zielsetzungen:
– Erweiterung der aeroben Kapazität (über den zentralen und den peripheren Faktor, Auswirkungen im Vergleich zu den Dauermethoden jedoch geringer),
– Ansteuern eines hohen Trainingsumfangs mit Belastungsintensitäten im Entwicklungsbereich I (ohne starke Übersäuerung),
– Laktatkompensationstraining (bei mittleren Laktatwerten).

Extensive Intervallmethode mit Mittelzeitintervallen (Ext. IM + MZI)
Belastungsintensität: **über der ANS** (4–7 mmol); Bewegungsgeschwindigkeit
mittel bis submaximal
Belastungsdauer: 1–1,5 Min.
Pause: 1,5–2 Min.
Belastungsumfang: 12–15 Belastungen, 35–45 Min. wirksame Gesamtbelastung (incl. der »lohnenden Pausen«)

Anpassungserscheinungen / Trainingswirkungen:
– Entwicklung des Herz-Kreislauf-Systems (Sportherzentwicklung),
– Aktivierung der gemischt aerob-anaeroben Energiebereitstellung (aus Glykogen),
– Laktatproduktion (besonders in den ST-Fasern).
Anwendung / Zielsetzungen:
– Erweiterung der maximalen Sauerstoffaufnahme (über den zentralen Faktor),
– Anregung/Einbeziehung der laktaziden Energieproduktion,
– Laktattoleranz- und -eliminationstraining.

Intensive Intervall- methoden

Intensive Intervallmethode mit Kurzzeitintervallen (Int. IM + KZI)
Belastungsintensität: **submaximal bis fast maximal** (hinsichtlich der Bewegungsgeschwindigkeit), > 8 mmol Laktat
Belastungsdauer: 20–30 Sek.
Pause: Intervallpause 1–2 Min., Serienpause 7–12 Min.
Belastungsumfang: 9–12 Belastungen in 3–4 Serien zu 3–4 Wiederholungen; wirksame Belastungszeit ca. 30 Min. (incl. der »lohnenden Pausen«)

Anpassungserscheinungen / Trainingswirkungen:
– Herzvergrößerung,
– akzentuierte Beanspruchung der ST-Fasern,
– Laktatproduktion (in den ST- und den FT-Fasern), Laktataufstockung,
– Aktivierung aerober Prozesse (in den Pausen, zur Beseitigung der Sauerstoffschuld).

Anwendung / Zielsetzung:
– Erweiterung der anaeroben-laktaziden Kapazität (Laktatproduktion),
– Laktattoleranztraining,
– Verbesserung der VO_2max (über die Herzleistung).

Intensive Intervallmethode mit extremen Kurzzeitintervallen (Int. IM + extr. KZI)
Belastungsintensität: hinsichtlich der Bewegungsgeschwindigkeit **(fast) maximal**
Belastungsdauer: ca. 10 Sek.
Pause: Intervallpause 2–3 Min., Serienpause 10–12 Min.
Belastungsumfang: 9–15 Belastungen in 3–4 Serien zu 3–4 Wiederholungen; wirksame Belastungszeit (einschließlich der »lohnenden Pausen«) 25–30 Min.

Anpassungserscheinungen / Trainingswirkungen:
– Laktatproduktion,
– Phosphatabbau,
– akzentuierte Beanspruchung der FT-Fasern,
– Aktivierung aerober Prozesse (in den Pausen, zum Phosphataufbau).

Anwendung / Zielsetzungen:
– Erweiterung der anaeroben-alaktaziden Kapazität,
– Ankurbelung von Laktatproduktion und -eliminierung,
– Verbesserung der Umstellungsfähigkeit zwischen anaerober und aerober Energiebereitstellung.

Wiederholungsmethoden

Gemeinsames Kennzeichen der Wiederholungsmethoden sind vergleichsweise intensive Belastungsphasen, denen sich **vollständige Pausen** anschließen. Die beanspruchten Funktionssysteme sollen hier nahezu in ihre Ausgangslage zurückkehren (z. B. Hf/min unter 90–100). Die den Wiederholungsmethoden gemeinsame Trainingswirkung ergibt sich aus dem Durchlaufen aller physiologischer Prozesse bzw. Regulationsmechanismen bis zum notwendigen Funktionsniveau.
Damit geht eine Erweiterung der **komplexen Funktionsamplitude** einher. Je nach Belastungsdauer und der dabei möglichen Intensität ergeben sich Akzentverschiebungen.

Wiederholungsmethode mit Langzeitintervallen (WM + LZI)
Belastungsintensität: Bewegungsgeschwindigkeit mittel bis submaximal – **über der ANS** (6–8 mmol)
Belastungsdauer: 2–3 Min.
Pause: ca. 10–12 Min. (vollständige Pause)
Belastungsumfang: 3–5 Wiederholungen

Wiederholungs-
methoden

Anpassungserscheinungen / Trainingswirkungen:
– Optimierung der gemischt aerob-anaeroben Energiebereitstellung,
– Verbesserung der Laktatkompensation (bei mittleren Laktatkonzentrationen).
Anwendung / Zielsetzungen:
– Erweiterung der komplexen Funktionsbreite im Mittelzeitausdauer(MZA)-Bereich,
– Laktatkompensationstraining.

Wiederholungsmethode mit Mittelzeitintervallen (WM + MZI)
Belastungsintensität: Bewegungsgeschwindigkeit **submaximal**
Belastungsdauer: 45–60 Sek.
Pause: ca. 8–10 Min. (vollständige Pause)
Belastungsumfang: 4–6 Wiederholungen

Anpassungserscheinungen / Trainingswirkungen:
– Optimierung der anaerob-laktaziden Energiebereitstellung (Laktatbildung),
– Laktattoleranzsteigerung,
– akzentuierte Glykogenbeanspruchung (der FT-Fasern).
Anwendung / Zielsetzungen:
– Erweiterung der komplexen Funktionsbreite im oberen Kurzzeitausdauer(KZA)-Bereich;
– Training des Stehvermögens (bei starker Übersäuerung = Schnelligkeitsausdauertraining).

137

> *Wiederholungsmethode mit Kurzzeitintervallen* (WM + KZI)
> Belastungsintensität: Bewegungsgeschwindigkeit **fast maximal**
> Belastungsdauer: 15–20 Sek.
> Pause: 7–10 Min. (vollständige Pause)
> Belastungsumfang: 6–8 Wiederholungen

Anpassungserscheinungen / Trainingswirkungen:
- Optimierung der anaerob-alaktaziden Energiebereitstellung (Phosphatspeicherausschöpfung),
- FT-Faser-Beanspruchung und schnelle Laktatproduktion.

Anwendung / Zielsetzungen:
- Erweiterung der komplexen Funktionsbreite im unteren Kurzzeitausdauer-(KZA)-Bereich,
- Training des Stehvermögens (bei starker Phosphatausschöpfung = Sprintausdauertraining).

Kontroll- oder Wettkampfmethode

Methode der wettkampfspezifischen Einzelbelastung

Diese Methode ist durch eine einmalige Belastung gekennzeichnet, die die aktuelle maximale Leistung im Bereich von Wettkampfzeit bzw. -strecke erfordert. Es werden also wettkampfgemäße bzw. wettkampfähnliche Funktionszustände der Organsysteme angestrebt.

Wettkampf-methode

> Belastungsintensität: Wettkampfgeschwindigkeit **maximal**
> Belastungsdauer: orientiert an der Wettkampfdauer – Unter- bzw. Überdistanz (5–15%)

Anpassungserscheinungen / Trainingswirkungen:
- Sehr hohe/höchste Auslastung aller beanspruchten Funktions-/Regelsysteme,
- hohe zentralnervale Aktivierung.

Anwendung / Zielsetzungen:
- Gewöhnung an wettkampfspezifische Komplexbelastung,
- tiefe Ausschöpfung der leistungsrelevanten Voraussetzungskomplexe.

Unterstützende methodische Maßnahmen im Ausdauertraining

In der Trainingspraxis haben sich im Rahmen der Belastungsmethoden Maßnahmen eingebürgert, die bestimmte Trainingswirkungen noch verstärken können. In der Hauptsache handelt es sich um das Höhentraining und die Anwendung erschwerender Bedingungen (z. B. Zusatzlasten, ansteigendes Gelände, Bremsvorrichtungen).

Ergänzende methodische Maßnahmen

Aus einem richtig durchgeführten Höhentraining (Hypoxietraining) ist eine Steigerung der aeroben Kapazität (weniger der anaeroben) zu erwarten. Die erschwerenden Bedingungen zielen bei richtiger Dosierung auf einen erhöhten Krafteinsatz der Funktionsmuskulatur und damit auf eine erhöhte Sauerstoffnahme ab. Der Gewinn wird einerseits im aeroben Bereich und andererseits im Kraftgewinn gesehen (näheres bei ZINTL 1994, 121–123).

Hinweise zur Steuerung des Ausdauertrainings

Die nachfolgenden Ausführungen orientieren sich an den **5 Steuerungs-/Regelungsschritten** des Leistungs-/Trainingssteuerungsmodells (vgl. Kapitel 1, S. 38). Sie erfolgen – in Teilen – mit Querverweisen auf andere Kapitel dieses Buches.

Sportartanalyse und Diagnose (Schritt 1)

Im Ausdauertraining dominieren zyklische Bewegungsabläufe. Sie können im Hinblick auf biomechanische Merkmale (u. a. räumliche, zeitliche Größen, Reibungskräfte, Stützkräfte, Kraftübertragung), beteiligte Muskelgruppen/-schlingen, Bänder-, Sehnen-, Gelenksysteme (Näheres vgl. GROSSER u. a. 1987, ZIMMERMANN 1989) und sie mitbedingende motorische Fähigkeiten (vgl. oben »Sportbiologische Grundlagen«) analysiert werden.

Sportartanalyse und Diagnose

Die **Diagnose der Ausdauerleistungsfähigkeit** (zu Beginn und während des Ausdauertrainings = Schritt 1 und 4) kann mit Hilfe
– sportartspezifischer trainingspraktischer Tests (Grobdiagnose),
– unspezifischer sportmedizinischer Labortests,
– spezieller Test-/Meßverfahren außerhalb des Labors (= Feldtests)
erfolgen.

Tabelle 36 informiert über einige **sportmotorische Ausdauertests.** Orientierungswerte und weitere Tests finden sich bei GROSSER/STARISCHKA 1986; ZINTL 1994, 149–151.

Unspezifische sportmedizinische Labortests (wie z. B. Fahrrad- bzw. Laufbandergometrie) werden im Rahmen von (leistungsorientiertem) sportartspezifischem Ausdauertraining vergleichsweise selten als Steuerungshilfsmittel eingesetzt. Zu Beginn und während eines gesundheits- bzw. fitneßorientierten Ausdauertrainings erlangen sie jedoch erhöhte Bedeutung (vgl. ZINTL 1994, 152 ff.).

Ausdauertraining

Tabelle 36 Beispiele für sportartspezifische trainingspraktische Ausdauertests (nähere Beschreibung und Normwertangaben zu diesen Tests bei GROSSER / STARISCHKA, 1986)

Sportartspezifische Ausdauertests

Für die aerobe Ausdauer:
- im Schwimmen der Belastungstest nach KIPKE / LABITZKE, der Dauerschwimmtest und Intervallschwimmtest
- im Rudern der Ermüdungstest und Intervallrudertest
- im Radfahren der Ermüdungstest
- im Skilanglauf der Skilanglauftest nach BUBE
- im Boxen der Boxausdauertest

Für die anaerobe Ausdauer:
- im Kanu- und Rudersport Bankziehen und Bankdrücken (45 s), Teilstreckentest (im Zeitbereich von 50–80 s)
- für den leichtathletischen Mittelstreckenlauf Mittelstreckentest nach KOSMIN und OWTSCHINNIKOW (4 × 60 s)
- für Geräteturnen der Liegestütztest (bis zur Erschöpfung nach vorgegebener Frequenz)
- für Basketball Basketballausdauertest (über 10mal doppelte Spielfeldlänge, ca. 2–2$^1/_2$ min)

Tabelle 37 Richtwerte zum Cooper-Test (Männer) für die Klassifizierung der Laufleistung (Spalte 1) und zum Zusammenhang zwischen Laufleistung und relativer maximaler Sauerstoffaufnahme (ml / kg / min) (nach COOPER in SCHÜRCH, 1987)

Cooper-Test

Leistungsgruppe (Untrainierte)	zurückgelegte Entfernung (in m)	O$_2$-Verbrauch (in ml / kg / min)
I = sehr schlecht	< 1600	28,0 oder weniger
II = schlecht	1600–2000	28,1–34
III = mäßig	2000–2400	34,1–42
IV = gut	2400–2800	42,1–52
V = sehr gut	> 2800	52,1 oder mehr
	2900	52,1
	3000	53,8
	3100	55,5
Normbereich	3200	57,2
Leistungssport	3300	58,9
Nichtausdauerdisziplin	3400	60,6
	3500	62,3
	3600	64,0
	3700	65,7
	3800	67,4

Anmerkung: Die O$_2$-Verbrauchswerte in dieser Tab. erscheinen den Autoren relativ hoch.

Tabelle 38   15-Minuten-Lauftest

	Alter	gut	ausreichend	unzureichend
Jungen:	9	> 3000	←→	< 2400
	10	> 3200	←→	< 2600
	11	> 3300	←→	< 2700
	12	> 3400	←→	< 2800
	13	> 3500	←→	< 2900
	14	> 3600	←→	< 3000
	15	> 3700	←→	< 3100
Mädchen:	9	> 2600	←→	< 2300
	10	> 2800	←→	< 2400
	11	> 3000	←→	< 2500
	12	> 3100	←→	< 2600
	13	> 3200	←→	< 2700
	14	> 3300	←→	< 2800
	15	> 3400	←→	< 2900

Spezielle Feldtests bewähren sich zunehmend in der Praxis des Ausdauertrainings. Beispielhaft sei der Cooper-12-Minuten-Lauftest für die Grundlagenausdauer genannt. Der Sportler hat hierbei die Aufgabe, aus dem Hochstart in 12 Minuten auf einer präparierten Laufbahn eine möglichst große Strecke zurückzulegen. Die Laufleistung kann dann klassifiziert werden (Tabelle 37). Auf der Basis von Vergleichsuntersuchungen von Cooper und anderen Autoren (WEILER u. a. 1985) zwischen den 12-Minuten-Laufergebnissen und Resultaten aus Laufbandtests zur Feststellung der VO_2max konnte ein Zusammenhang zwischen Laufleistung und relativer Vo_2max berechnet werden.

Spezielle Feldtests

Für **Kinder und Jugendliche** am Beginn ihres Ausdauertrainings wird der »15-Minuten-Lauftests« als praktikabler Test für ihre Ausdauerleistungsfähigkeit vorgeschlagen (JOCH 1991, 77 f.). Tabelle 38 enthält Orientierungswerte für Jungen und Mädchen.

Als Beispiel für einen – im Rahmen eines Jahrestrainingszyklus eingesetzten – sportartspezifischen Ausdauertest für Fortgeschrittene sei auf den »**Fußballspezifischen Ausdauertest**« (FAT) von MÜLLER/KORNEXL/LEITENSTORFER 1992 verwiesen: Ein 205 m langer Laufparcours (vgl. Abb. 37) muß, nach definiertem Aufwärmen, gemäß Zeitvorgabe (Tonband) 8mal durchlaufen werden. Gemessen werden Pulsfrequenz und Blutlaktat. Orientierungswerte enthält Tab. 39.

Indirekte Informationen (Grobdiagnose) zur **sportartübergreifenden Grundlagenausdauer** lassen sich mit Hilfe des Nachbelastungspulses gewinnen. Der Grundlagenausdauer wird ein Einfluß auf die Erholungszeit nach längerer Belastung zugeschrieben. Durch wiederholtes Pulszählen (standardisiert, jeweils 15 Sek. lang [mal 4 = Minutenwert])

– erstmals unmittelbar nach Belastungsende,
– jeweils nach 1, 2, 3, 4 und 5 Min.,

141

läßt sich die Zeitdauer bis zum Wiedererreichen der Pulsfrequenz 100/min bestimmen (Pulsmeßgeräte liefern genauere Werte). Als Orientierungswerte für Erholungszeiten nach längeren Belastungen (z. B. nach 12- oder 15-Minuten-Läufen) können gelten:
– 3 Min. und weniger (bis HF 100/min) = gut bis sehr gut
– 5 Min. (bis HF 100/min) = befriedigend
Auf weitere (besonders sportartspezifische) Feldtests zur Bestimmung von Komponenten der Ausdauerleistungsfähigkeit (z. B. Mehrstufen-Feldtests zur Bestimmung der Laktatleistungskurve, anaerober Zwei-Strecken-Feldtest, Conconi-Test) sei verwiesen (ZINTL 1994, 155 ff., MARTIN/CARL/LEHNERTZ 1991, 189 ff.).

Abbildung 37 Laufparcours des fußballspezifischen Ausdauertests (nach Müller et al. 1992)

Fußball-Ausdauer-test

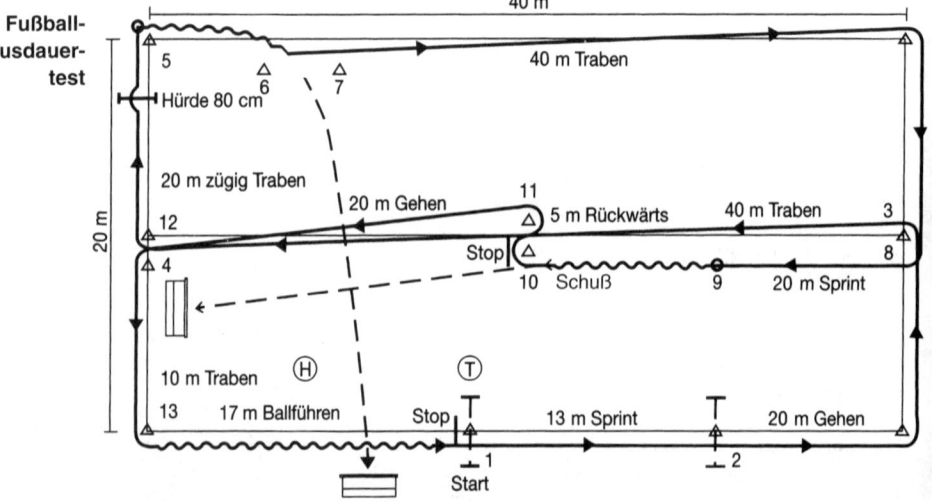

Tabelle 39 Normwerte für den fußballspezifischen Ausdauertest (Laktatkonzentration nach der Belastung) (nach MÜLLER et al. 1992)

Leistungsgruppe	sehr gut (mmol / l)	gut (mmol / l)	genügend (mmol / l)	ungenügend (mmol / l)
hohes Leistungsniveau (Bundesliga)	bis 3	3,1–6,0	6,1–8,0	größer 8,0
mittleres Leistungsniveau (Regionalliga)	bis 4,5	4,6–7,5	7,6–9,5	größer 9,5
Jugendklasse U 18 (hohes Leistungsniveau)	bis 4	4,1–7,0	7,1–9,0	größer 9,0

Ziel- und Normsetzungen, Planung und Periodisierung, Trainings- und Wettkampfdurchführung (Schritte 2 und 3)

Die vielfältigen Teilaufgaben der eng miteinander verknüpften Arbeitsschritte werden im Hinblick auf
– länger- und mittelfristige,
– kurzfristige
Steuerungsüberlegungen mit Hilfe ausgewählter Beispiele zusammengefaßt.
Hinweis: Auf präventive Effekte eines »lebenslangen« regelmäßigen Ausdauertrainings kann hier nicht näher eingegangen werden.
Im Rahmen **längerfristiger Steuerungsprozesse**, z. B. im Rahmen des Nachwuchstrainings, empfiehlt es sich, entwicklungsbiologische Aspekte bei der Gestaltung des Ausdauertrainings zu berücksichtigen:
– **Kinder und Jugendliche** weisen überwiegend biologische Voraussetzungen für ein **aerobes Ausdauertraining** auf (Anpassungserscheinungen des Herz-Kreislauf-Systems wie bei Erwachsenen, gute Stoffwechselvoraussetzungen, Nachteile hinsichtlich Wärmeregulation; vgl. S. 180).
– **Anaerob-laktazid ausgerichtetes Ausdauertraining** ist **nicht als kindgemäß** einzustufen (u. a. geringerer Phosphatvorrat, verzögerte Laktatelimination, geringere Aktivität (Menge) des Schlüsselenzyms (PFK) der anaeroben Glykolyse; vgl. auch Tabelle 49, S. 182).

Der **langfristige Aufbau** der Ausdauerleistungsfähigkeit beginnt somit mit dem **Training der Grundlagenausdauer** (allg. GLA). Sie ist vorrangiges Ziel des mehrjährigen Grundlagen- und Aufbautrainings (empfohlen für alle Sportarten), da sie dazu verhilft **Langfristiger Aufbau**
– Belastungsverträglichkeit und Ermüdungswiderstandsfähigkeit zu verbessern,
– Regenerationsprozesse zu beschleunigen,
– Verletzungen vorzubeugen.
– Allg. GLA-Training erfolgt umfangsbetont, hauptsächlich mit allgemeinen zyklischen Trainingsinhalten (Laufen, Radfahren, Schwimmen etc.), mit dem Ziel der Optimierung der aeroben Kapazität.
– Die Belastungsgestaltung orientiert sich hauptsächlich an den Dauermethoden und den extensiven Intervallmethoden.
– Pulswerte (Belastungs- und Erholungswerte) sollten zur Intensitätssteuerung herangezogen werden.
– Eine optimale Ausprägung der allg. GLA ist Voraussetzung für ein wirkungsvolles, sich anschließendes spezielles sportartspezifisches Ausdauertraining (spez. GLA, dann spA). Tabelle 40 gibt einen Überblick über hauptsächlich im allg. GLA-Training einsetzbare Trainingsinhalte.
Streckenlängen für ein Grundlagenausdauer-Dauerlauftraining für jugendliche Leichtathleten enthält Tabelle 41.
Die **langfristige Einbindung** unterschiedlicher Arten des Ausdauertrainings im Rahmen eines Leistungstrainings der »Ausdauersportart« **Triathlon** verdeutlicht Tabelle 42.

143

Tabelle 40 Trainingsinhalte für das allg. GLA-Training

Trainings-
inhalte für
allgemeine GLA

Auswahl-kriterien	Wandern	Laufen	Ski-langlauf	Rad-fahren	Schwimmen	Rudern	Gymn. Übungen
Dynamische Belastung/ Beanspruchung	+++	+++	+++	+++	++	++	++
Statische Belastung/ Beanspruchung	+	+	++	++	++	++	+
Lernaufwand (Bewegungs-ablauf)	+	+	++	++	++	+++	+
Geräte-/ Anlagenanteil	+	+	++	++	++	+++	+
Witterungs-abhängigkeit	+	+	+++	++	+	++	+

+++ = groß   ++ = mittel   + = klein

Tabelle 41 Streckenlängen für Grundlagenausdauer-Dauerlauftraining (männlich/weiblich) – ansteigend in den Jahren (JOCH 1992a, 61)

	1. Jahr	2. Jahr	ab 3. Jahr
GA 1 (Lauf) GA 1/2 (Gehen) GA Lauf (Gehen)	6–10 km	6–12 km	8–15 km
GA 1 lang (Lauf)	>10 km	>12 km	>15 km
GA 2 (Lauf)	3–6 km	4–10 km	4–12 km

Tabelle 42 Langfristiges Trainingsmodell Triathlon (nach BREMER 1987, gekürzt)

Triathlon

> **1. Phase:** 10–14 Jahre: Triathlon als Abenteuer
> Ziel(e): Schaffung der konditionellen, koordinativen und motivationalen Basisvoraus-setzungen für ein späteres, systematisches Triathlontraining
>
> – Allgemeine konditionelle und koordinative Entwicklung durch den Schulsport (Vielseitigkeitsprinzip)
> – Sportliches Training (einschließlich Wettkämpfe) in unterschiedlichen Sportarten nach Interesse und Neigung

144

Tabelle 42   (Fortsetzung)

– Erfahrung von Schwimmen, Radfahren und Laufen als Alltagskulturtechniken/
  Erlernen der Kraulschwimmtechnik im Schulsport/Verein
– Kennenlernen der Sportart Triathlon durch wenige »Wettkämpfe«, die Erlebnis-
  charakter haben (Abenteuertriathlon) und die über sehr kurze Distanz gehen
– Keine Meisterschaften, keine Altersklassenwettbewerbe …
– Kein systematisches Ausdauertraining

2. Phase: 15–18 Jahre: Grundlagentraining Triathlon
Ziel(e): Entwicklung der aeroben Ausdauerleistungsfähigkeit,
        Einführung in das Rennradfahren

– Entwicklung der aeroben Ausdauerleistungsfähigkeit durch Schwimmen, Radfahren
  und Laufen im Bereich der aeroben Schwelle
– Langsame Umfangsteigerung des Trainings bei Vermeidung intensiver Belastung
– Optimierung der Kraulschwimmtechnik
– Einführung in das Rennradfahren mit hohen Trittfrequenzen
– Erste Wettkämpfe im kürzeren Kurzstreckenbereich
– Allgemeines Ausdauertraining durch Sportspiele (Basketball, Fußball, Handball)
– Sportliche Betätigung (einschließlich Wettkämpfe) in einer zweiten, koordinativ
  anspruchsvollen und Schnelligkeit/Schnelligkeitsausdauer fordernden Sportart
  (z. B. Sportspiele oder Badminton, Tennis …)
– Häufige Übergangsperioden (Ferien), keine Wettkampfperiode
– Anteil des speziellen, triathlonspezifischen Trainings (= Kombitraining und Training
  mit wettkampfspezifischen Intensitäten) gering und danach langsam zunehmend
  (10–25 Prozent)

3. Phase: 19–22 Jahre: Aufbautraining Triathlon
Ziel(e): Weitere Entwicklung der aeroben Ausdauerleistungsfähigkeit, triathlon-
        spezifisches Stoffwechseltraining, Optimierung der triathlonspezifischen
        Techniken

– Entwicklung der aeroben Ausdauerleistungsfähigkeit durch Schwimmen, Radfahren
  und Laufen im Bereich der aeroben Schwelle
– Entwicklung der aerob-anaeroben Ausdauerleistungsfähigkeit durch Laufen im
  Bereich der aerob-anaeroben Schwelle
– Spezifisches Stoffwechseltraining durch Over-distance-Training im Radfahren und
  Laufen, dabei durch geringe bis mittlere Intensitäten Gewöhnung des Organismus
  an erhöhte Fettverbrennung
– Optimierung der Rennradtechnik
– Optimierung der triathlonspezifischen Kraultechnik (2er Beinschlag, 3er Atem-
  rhythmus, Schwimmen in Wellengang und unter Behinderung)
– Wettkämpfe im Kurzstreckenbereich
– Geringe Wettkampfhäufigkeit (2–3 Hauptwettkämpfe/Saison, 4–6 Aufbauwett-
  kämpfe, von denen höchstens zwei Triathlonwettkämpfe sind)
– Allgemeines Ausdauertraining durch Sportspiele
– Weitere sportliche Betätigung in einer zweiten Sportart (z. B. Badminton, Tennis, …)
– Periodisierung wird beherrscht von Vorbereitungsperioden, keine eigentliche Wett-
  kampfperiode
– Anteil des speziellen, triathlonspezifischen Trainings (Kombitraining und Training mit
  wettkampfspezifischen Intensitäten) zunehmend (25–45%)

145

Ausdauertraining

Skilanglauf

	Männer	Frauen
Gesamttrainingsumfang im Jahr	h 800–900 km 7000–9500	500–700 5500–7500
allgemeines und spezielles Ausdauertraining (aerob)	80–90%	80–90%
davon: auf Ski	50%	50%
auf Skiroller	23%	23%
Lauftraining	23%	23%
Radfahren/Rudern	4%	4%
Schnelligkeitsausdauertraining (anaerob)	5–10%	5–10%
Kraftausdauertraining	5–10%	5–10%

Als Werkzeug zur **mittelfristigen Steuerung sportartgerichteten (bzw. disziplin-spezifischen) Ausdauertrainings** kann der *Jahrestrainingsplan* bezeichnet werden. Trainingspraktisch erprobte »Eckdatenkonzepte« (MARTIN/CARL/LEHNERTZ 1991, 208 f.) vermitteln Orientierungen für die Festsetzung von Zielen, Proportionen bzw. Belastungsanforderungen des Jahrestrainings (vgl. Tab. 43, Beispiel Skilanglauf, Hochleistungstraining, und Tab. 44, Beispiel unterschiedliche Ausdauersportarten, Hochleistungstraining (Männer)).

Tabelle 44 Belastungsmaße im Ausdauersport Männer

Sportart	Jahresumfang km	Geschwindigkeit km/h	zeitliche Belastung h
Schwimmen	3000	4	750
Radsport (Straße)	43000	28	1540
Lauf (Langstrecke)	8000	14	570
Skilanglauf	11000	14	790
Biathlon	9000	14	640

Langzeit-ausdauer-disziplinen

Mit Hilfe von Periodisierungsüberlegungen bzw. -modellen (vgl. STARISCHKA 1988) wird versucht, die Ausdauerleistungsfähigkeit optimal herauszubilden. In den Ausdauersportarten werden Einfach- und Mehrfachperiodisierungsmodelle eingesetzt. Für **Langzeitausdauerdisziplinen** (am Beispiel Skilanglauf) schlagen MARTIN/CARL/LEHNERTZ (1991, 209 ff.) ein Einfachperiodisierungsmodell mit folgenden Merkmalen vor:

– *Leistungsdiagnostische Untersuchungen* (Labor-, Feldtests: Stufentest auf dem Laufband mit Skistöcken, Conconi-Test-Laufbahn, Conconi-Test auf Skiroller) mit Beginn des Periodenzyklus (Trainingsjahr, hier: Mai); Ermittlung von AS und IANS, Durchführung in 4wöchigen Abständen.

– *Vorbereitungsperiode I:* Belastungsintensität konstant leicht oberhalb der aeroben Schwelle; kontinuierliche Umfangssteigerung bei relativ gleichbleibender Intensität. Gegen Ende der 5monatigen Vorbereitungsperiode Intensitätserhöhung (noch unter anaerober Schwelle) für die Hälfte des Belastungsumfanges, die andere Hälfte des Belastungsumfanges wird weiterhin im aeroben Schwellenbereich absolviert.

– *Vorbereitungsperiode II:* 2 Monate, wellenförmiger Belastungsumfang (hoch – sinkend – steigend); Belastungsintensität unterhalb der anaeroben Schwelle (Grenzbereich). Zusätzlich wird ein Regenerationstraining (70–80% Intensität) empfohlen.

– *Wettkampfperiode,* unterteilt in 2 Etappen. Zwischen der ersten Etappe und den Hauptwettkämpfen liegen 1–2 Mikrozyklen (mit 80–90% Belastungsintensität). Gegen Ende der 4monatigen Wettkampfperiode reduzieren sich Belastungsintensität und -umfang deutlich (Übergangsperiode).

Hinweis: Zur Periodisierungsdiskussion im Hochleistungstraining der Ausdauersportarten vgl. auch LYCHATZ 1989 und REISS/PFEIFFER 1991.

Eine **Ausdifferenzierung der längeren Trainingsabschnitte** (Perioden) kann mit Hilfe von mehrwöchigen Trainingsabschnitten (Mesozyklen (MEZ)) erfolgen. Einen Überblick über Trainingsschwerpunkte im Jahresverlauf gibt am Beispiel des Langstreckenlaufs (Leichtathletik) Tabelle 45.

Kurzfristige Steuerungsüberlegungen orientieren schwerpunktmäßig auf die Gestaltung von Mikrozyklen bzw. Trainingseinheiten. Zwei Beispiele sollen Möglichkeiten der Belastungsgestaltung aufzeigen (Tab. 46 und 47).

Tabelle 45 Mesozyklen (MEZ) und ihre Einordnung in den Jahresverlauf: Beispiel Leichtathletik – Langstrecke (nach SCHEUMANN 1991, 44 ff.)

	Langstrecke Leichtathletik
1. MEZ: Allgemeine grundlegende Vorbereitung: 6 Mikrozyklen mit durchgehend allgemeiner Konditionierung. Schaffung allgemeiner Leistungsvoraussetzungen. GA- und KAD-Entwicklung (3 Wochen Höhe)	
2. MEZ: Grundlegende Vorbereitung: 6 Mikrozyklen mit absinkender allgemeiner Konditionierung, höchster Anteil GA/KAD-Entwicklung (3 Wochen Höhe)	
3. MEZ: Spezielle Vorbereitung: 6 Mikrozyklen 2:1, 2:1 (3 Wochen Höhe), absinkender Anteil GA, einsetzende 1. WK-Periode	
4. MEZ: Cross-Serie	
5. MEZ: Allgemeine und grundlegende Vorbereitung (ähnlich 1./2. MEZ), aber mit schnellerem Ablauf in Richtung Spezifik (letzten 3 Wochen Höhe)	
6. MEZ: Spezielle Vorbereitung (2:1, 2:1), höherer Anteil Ausdauerentwicklung und S/SK (Mittelstrecke)	
7. MEZ: Wettkampfperiode mit WK-Serie	
8. MEZ: UWV (1. Teil mit Höhe), prinzipielle Wiederholung bisheriger Belastungsgestaltung mit Ausprägung komplexer Wettkampfleistung	

147

Tabelle 46 Beispiel 1: Mikrozyklen(MZ)reihung im Rahmen einer 12wöchigen Vorbereitungsperiode (Radsport, Hochleistungstraining; nach LYCHATZ 1989)

Rad

MZ	Zielsetzung/Inhalt
1+ 2	Aktive Erholung, allgemeines Konditionstraining
3– 6	Grundlagen- und Kraftausdauertraining
7–10	Allgemeine Wettkämpfe (Rundfahrten, 6-Tage-Rennen)
11	Wettkampfspezifisches Ausdauertraining
12	Wettkampfhöhepunkt

Tabelle 47 Beispiel 2: Wochentrainingsplan Schwimmtraining (Kurztriathlon; 6 Trainingseinheiten, ca. 2 km pro Trainingseinheit; nach BREMER/HILDEBRANDT 1988)

Schwimmen

Trainingsinhalt	Technik	Schnellig-keit	Schnellig-keitsaus-dauer	Kraftaus-dauer	Aus-dauer
1. TE 400 m Technik 8× (25 und 25) 20 P″ 6× 200 20 P″	400	400			1200
2. TE 10× 100 10″ P 10× 100 20″ P (Armzug)				1000	1000
3. TE 400 m Technik 20× 50 30P″ 600 m	400		1000		600
4. TE 200 m Technik 24× 25 m 30P″ 50–100–150–200 200–150–100–50 10″ (Armzug)	200	600		1000	
5. TE 2000 m (je 200 ruhig – je 200 mittel) 5× 100 20P″				500	2000
6. TE 200 m Technik 8× 25 30P″ 9× (50 und 50) 400 m	200	200	900		400
Gesamt 12000	1200	1200	2400	2400	4800

Trainings- und Wettkampfkontrollen, Auswertungen und Korrekturen von Trainings- und Wettkampfleistungen (Schritte 4 und 5)

Innerhalb dieser beiden ebenfalls eng zusammenhängenden Arbeitsschritte wird auf einige ausgewählte Aspekte der **unmittelbaren Regelung** (hauptsächlich innerhalb einer Trainingseinheit) sowie der **mittelbaren Regelung** (besonders innerhalb von Mikro- und Makrozyklen) eingegangen.

Unmittelbare Regelung

Da in Ausdauertrainingseinheiten meist zyklische Trainingsinhalte (z. B. Laufen, Radfahren) über längere Zeiträume absolviert werden, fallen vergleichsweise einfach zu erfassende innere und äußere Kenngrößen an, die zum unmittelbaren Soll-Ist-Wert-Vergleich durch den Trainierenden selbst (bzw. durch den Trainer) genützt werden können.

Unmittelbare Regelung

Als praktikable, meßbare, groborientierte innere Beschreibungsgröße, die die Belastungsintensität bei längerdauernden zyklischen Trainingsinhalten widerspiegelt, hat sich die **Herzfrequenz** erwiesen (getastet an der Hals- bzw. Handschlagader, handelsübliche Pulstester (Microcomputer) erlauben einen differenzierteren Soll-Ist-Wert-Vergleich).

Hinweis:
Zur Diskussion um »Herzfrequenz-Faustregeln« (z. B. 180 bzw. 170 minus Lebensalter, »relative Herzfrequenz«) als Steuerungsgrößen im Rahmen eines breitensportlichen Ausdauertrainings vgl. z. B. MARTIN 1989 und bezüglich eines Präventivtrainings möglicher Herz-Kreislauf-Erkrankungen vgl. WEINECK 1994, 416 ff.
Erlebbar und – besonders bei Fortgeschrittenen z. B. im Dauerlauftraining – einsetzbar erscheinen noch **komplexere psychophysische Körpersignale** (Herz-Kreislauf-Atmungssystem, neuromuskuläres System), die sich beispielsweise durch Hinweise wie

– *Atmen in regelmäßigem Rhythmus,* ohne zu verkrampfen (z. B. auf 2 Schritte ein-, auf 2 Schritte ausatmen),
– bei Geschwindigkeitsänderungen den *Laufrhythmus* der Atmung anpassen,
– *Atem erspüren* und mit positiven Vorstellungen verbinden (z. B. einatmen = Kraft/Energie auftanken, ausatmen = befreien/lösen/entspannen),
– *leicht und flüssig* abrollen (Füße – Boden),
– Nacken-, Arm- und Schultermuskeln locker, *nicht verkrampft* (in der stützlosen Phase),

verdeutlichen lassen.
Zusätzlich von »außen« (z. B. Trainer) beobachtbar (meßbar) und als **Kontrollmerkmale** verwendbar sind auch u. a.

– *Schrittlänge* (Abnahme mit Einsetzen von Ermüdungsprozessen) und *Schrittfrequenz* (verringert sich mit zunehmender Ermüdung) beim Laufen,
– *Frequenzen* bzw. Zykluswege beim Schwimmen,
– *Teilzeiten,* z. B. auf standardisierten Lauf-, Radfahr-, Skilanglauf- und Ruderstrecken.

149

Hinweis:
Auf die Möglichkeit, trainings- und wettkampfbedingte Beanspruchungsreaktionen (»Beanspruchungserleben«, Verdeutlichung der Befindlichkeit) als Steuerungs-/Regelungsgrößen zu nutzen, sei verwiesen (vgl. z. B. WILHELM/SCHLICHT/JANSSEN 1992).

Mittelbare Regelung

Mittelbare Regelung Zur mittelbaren Regelung der Belastungs-, Beanspruchungs- und Anpassungsprozesse im Ausdauertraining kann eine Fülle von **physiologischen, sportmotorischen, biomechanischen** und **biochemischen Beschreibungsgrößen** herangezogen werden:

- **Feststellung des Ruhepulses** (langfristige Groborientierung, Messung morgens, direkt nach dem Aufwachen). Deutlich erhöhte Pulswerte (ca. 5–10 HF/min) – im Vergleich mit dem längerfristig erhobenen persönlichen Mittelwert – können auf Überlastung bzw. zu geringe Regeneration hinweisen, ein kontinuierliches Sinken kann als Wirkungssignal (Verbesserung der Grundlagenausdauer) gesehen werden.

Eingeplant in mittel- und langfristige Trainingsabschnitte des (leistungsorientierten) Ausdauertrainings empfiehlt sich

- die Durchführung **sportmotorischer Ausdauertests** zur indirekten Erfassung ausgewählter Voraussetzungskomponenten der Ausdauerleistungen (vgl. GROSSER/STARISCHKA 1986),
- die (aufwendigere) **Bestimmung der Muskelglykogenkonzentration** (Glykogen-Schnelltest, u. a. Hinweise zur Dauer der Regenerationsphase zwischen Trainingseinheiten bzw. zum Wettkampf),
- die **Bestimmung von Harnstoff bzw. Kreatinkinase** (CK) aus dem Blutserum (Hinweise zur umfangs- bzw. intensitätsakzentuierten Belastungsgestaltung, Bezug zur Regenerationsfähigkeit),
- die **Bestimmung der Katecholamine Adrenalin und Noradrenalin** (u. a. zur genaueren Beschreibung des Anstrengungsgrades (physische bzw. psychische Komponenten), Hinweise auf Übertraining),
- die **Bestimmung von Ammoniakkonzentrationen** im Blut (Beanspruchungsindikator, Ermüdungsindikator, vgl. z. B. LEHNERTZ/STEINBRECHER 1992).

Ergänzende Ausführungen und weitere Kontrollverfahren finden sich bei ZINTL 1994, 194 ff.

Abhängig von den Zielsetzungen des jeweiligen Trainingsabschnittes ist es ratsam, im Rahmen standardisierter Trainingsbeobachtungen bzw. sportartspezifischer Leistungskontrollen *weitere Kennwerte* zur mittelbaren Regelung zu erheben. Ein Beispiel aus dem Schwimmen (nach SCHRAMM 1987, 274) soll dies verdeutlichen:

Tabelle 48 Beispiel »Leistungskontrolle zur Bestimmung der Grundlagenausdauer«
(nach SCHRAMM 1987)

Anfang Aufbautraining	Ende Aufbautraining
Kontrollform	
3mal 400 m Freistil/Rücken/Brust, Pause 1 min	3mal 800 m Hauptschwimmart, Pause 1 min
Kontrollkriterien	
– Einzel- und Gesamtzeit der Serie – Zwischenzeit über 100/200 m sowie Schwimmgeschwindigkeitsvergleiche – Zugfrequenzbestimmung etwa alle 100 m – Herzfrequenzbestimmung Vor- und Nachbelastung (10 s)	

Abschließend, aber nicht zuletzt, soll auf die Notwendigkeit der Dokumentation von Trainings- und Wettkampfdaten verwiesen werden. Systematisch erhoben, bearbeitet/ausgewertet ermöglichen diese Daten Soll-Ist-Wert-Vergleiche als eine Voraussetzung der Leistungs-/Trainingssteuerung und Aussagen zur Wirkungsweise des Ausdauertrainings (näheres vgl. STORK et al. 1990; STARISCHKA et al. 1993).

 Beweglichkeitstraining

Beweglichkeit

Die Beweglichkeit nimmt als **gemischt konditionell-koordinative Fähigkeit** innerhalb der sportmotorischen Fähigkeiten eine Zwischenstellung ein. Sie ist als elementare Voraussetzung dafür zu sehen, daß Bewegungen qualitativ und quantitativ gut ausgeführt werden können. Deshalb ist es wichtig, die Beweglichkeit angepaßt an die Erfordernisse der jeweiligen Sportart auszubilden, da eine optimale Beweglichkeit positiv die Verbesserung und den Ausprägungsgrad der übrigen leistungsbestimmenden Fähigkeiten sowie der sportmotorischen Fertigkeiten und Techniken beeinflußt.

Beweglichkeit ist notwendig, damit
- die Verletzungsanfälligkeit der beanspruchten Muskeln, Sehnen und Bänder reduziert wird,
- der motorische Lernprozeß beschleunigt abläuft – so werden neue Bewegungen schneller erlernt, da die Voraussetzung für eine optimale räumlich-zeitliche dynamische Bewegungsausführung gegeben ist,
- bei Kraft-, Schnelligkeits- und Ausdauerleistungen zum einen die antagonistische Muskulatur die Bewegung nicht behindert und zum anderen längere Beschleunigungswege genutzt werden können – dies führt insgesamt zu einer ökonomischer ausgeführten Bewegung,
- muskuläre Dysbalancen, die durch einseitige Belastung entstehen, vermieden bzw. beseitigt werden,
- die Wiederherstellung der körperlichen Leistungsfähigkeit nach intensiver Trainings- und Wettkampfbelastung, bei der ein erhöhter Muskeltonus vorliegt, durch detonisierende Maßnahmen, die auch gleichzeitig psychisch entspannend wirken, beschleunigt wird.

Definition:

Definition der Beweglichkeit

Beweglichkeit ist eine motorische Fähigkeit. Sie ist gekennzeichnet durch die Amplitude, die durch innere oder mit Hilfe äußerer Kräfte in der Endstellung des Gelenks erreicht werden kann.

Synonym für Beweglichkeit werden in der Literatur die Begriffe *Flexibilität, Dehnfähigkeit, Gelenkigkeit* sowie *Biegsamkeit* verwendet.
Bei genauerer Betrachtungsweise beziehen sich die Begriffe *Dehnfähigkeit* und *Flexibilität* auf die Dehnfähigkeit von Muskeln, Sehnen, Bändern und Gelenkkap-

seln, während die *Gelenkigkeit* das durch die Gelenkstruktur vorgegebene Bewegungsausmaß beinhaltet.

Somit können der **Beweglichkeit** zwei relativ unabhängige Komponenten, nämlich die **Gelenkigkeit** und die **Dehnfähigkeit,** zugeordnet werden.

Beweglichkeit = Gelenkigkeit plus Dehnfähigkeit

Zu beachten ist, daß die Beweglichkeit sich nicht auf einzelne, isolierbare Faktoren zurückführen läßt, sondern eine hohe Komplexität hinsichtlich der Faktoren aufweist. Für eine gute Beweglichkeitsleistung können *folgende Faktoren als ausschlaggebend* angesehen werden:

– Das Zusammenwirken der elastischen Eigenschaften von Muskeln, Sehnen und Bändern,
– ein bestimmtes Ausmaß an Kraft, das erst den anatomisch möglichen Bewegungsspielraum in den Gelenken eröffnet,
– eine gut ausgebildete intra- und intermuskuläre Koordination,
– entsprechende Bewegungsprogramme,
– die Funktionsfähigkeit der Gelenke.

Somit werden mit dem Beweglichkeitstraining folgende *Zielsetzungen* verfolgt:
– Die elastischen Eigenschaften der Muskulatur zu optimieren,
– die erforderliche Kraft zu entwickeln,
– das anatomisch vorgegebene Bewegungsausmaß der Gelenke zu nutzen,
– die reflektorisch gesteuerten Koordinationsprozesse in der Muskulatur zu verbessern.

Einteilung/Strukturierung der Beweglichkeit

Die Beweglichkeit kann nach drei verschiedenen Aspekten gegliedert werden:

1. Allgemeine und spezielle Beweglichkeit

Die **allgemeine Beweglichkeit** bezeichnet den normalen Umfang (durchschnittliches Niveau) der Schwingungsweite in den drei großen Gelenksystemen: Schultergelenk, Hüftgelenk und Wirbelsäule. Dieses durchschnittliche Ausmaß an Beweglichkeit ist für den Leistungssportler in der Regel nicht ausreichend, da für das Erbringen maximaler sportlicher Leistungen wesentlich höhere Anforderungen an die Beweglichkeit gestellt werden. Hier ist deshalb die Ausbildung einer **speziellen Beweglichkeit,** die den besonderen überdurchschnittlichen Beweglichkeitsanforderungen der jeweiligen Disziplin genügt, erforderlich. Die Beweglichkeit bezieht sich dabei auf bestimmte, in den Bewegungsabläufen bevorzugt beanspruchte Gelenke (z. B. Hüftgelenk beim Hürdensprinter, Wirbelsäule beim Turner).

Allgemeine Beweglichkeit

Spezielle Beweglichkeit

2. Aktive und passive Beweglichkeit

Als **aktive Beweglichkeit** bezeichnet man die größtmögliche Bewegungsamplitude in einem Gelenk, die durch Muskelkontraktion (innere Kräfte) erzeugt werden kann. Die aktive Beweglichkeit hängt vor allem von der Kraftentwicklung des Antagonisten und der gleichzeitigen Entspannungsfähigkeit des Agonisten (Muskel,

Aktive Beweglichkeit

153

Abbildung 38 Normale Beweglichkeit (aus: SCHNEIDER et al. 1989, 5)

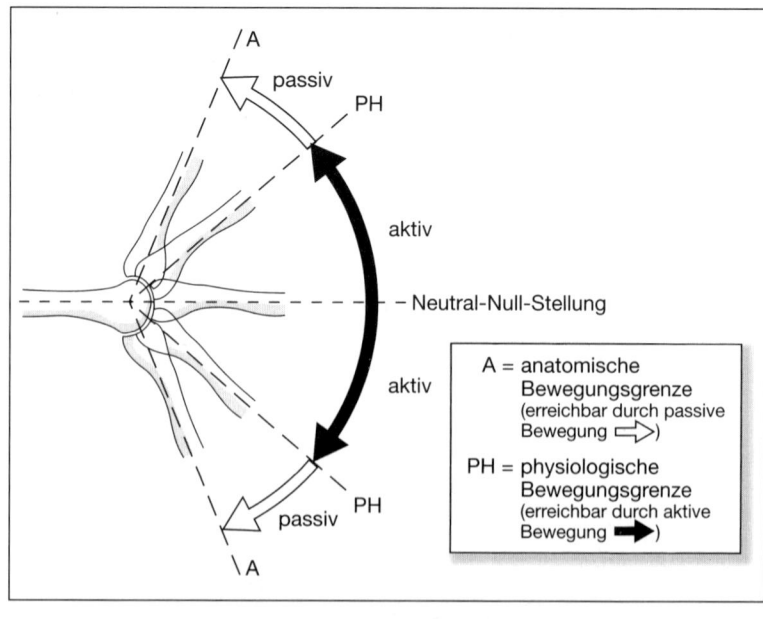

Passive Beweglichkeit der gedehnt wird) ab. Die **passive Beweglichkeit** ist die größtmögliche Bewegungsamplitude in einem Gelenk, die unter Einwirkung äußerer Kräfte (Schwerkraft, Partner, Zusatzlasten) erreicht werden kann. Mitbestimmt wird sie durch die Entspannungsfähigkeit des Agonisten während der äußeren Krafteinwirkung.

In der Regel ist die passive Beweglichkeit größer als die aktive Beweglichkeit (vgl. Abb. 38).

Von der normalen Beweglichkeit ist einerseits die übermäßige Gelenkbeweglichkeit *(Hypermobilität)* wie auch eine eingeschränkte Gelenkbeweglichkeit *(Hypomobilität)* zu unterscheiden.

Die Differenz zwischen anatomischer und physiologischer Bewegungsgrenze wird als *Bewegungsreserve* bezeichnet. So können z. B. durch Kräftigung der Antagonisten bzw. verbesserte Dehnfähigkeit der Agonisten die aktive Beweglichkeit vergrößert und damit die Bewegungsreserve verkleinert werden.

3. Dynamische und statische Beweglichkeit

Statische Beweglichkeit Weiter wird zwischen der dynamischen und statischen Beweglichkeit differenziert. Hierbei bezeichnet die **statische Beweglichkeit** die Gelenkwinkelstellung, die über eine gewisse Zeit gehalten werden kann. Die Gelenkendstellung kann dabei sowohl aktiv wie auch passiv eingenommen werden, das Halten der Endstellung erfolgt in beiden Fällen dann aktiv (z. B. die Standwaage beim Turnen).

Die **dynamische Beweglichkeit** ist charakterisiert durch die Bewegungsweite, die kurzfristig, z. B. durch Schwingen, Wippen oder Nachfedern, erreicht werden kann. Sie hängt vor allem von der Viskosität, Plastizität und Elastizität des Muskels sowie von Trägheits- und Reibungskräften ab.
Die dynamisch erreichte Bewegungsamplitude ist durchwegs größer als die statische.

Dynamische Beweglichkeit

Biologische Grundlagen von Beweglichkeitsleistungen

Bevor auf leistungsbeeinflussende Faktoren und die Methoden des Beweglichkeitstrainings eingegangen werden kann, sollen zunächst die grundlegenden biologischen Voraussetzungen für Beweglichkeitsleistungen dargestellt werden.
Bei biologischer Betrachtung sind *Beweglichkeitsleistungen von folgenden Voraussetzungen abhängig:*
1. der Funktionsfähigkeit und den Freiheitsgraden der Gelenke,
2. der Dehnfähigkeit von Muskulatur und Sehnen,
3. der muskulären Fähigkeit zur Kraftentwicklung,
4. der intra- und intermuskulären Koordination.

Gelenke

Aufbau von Gelenken

Je nachdem, wie einzelne Skelettstücke miteinander in Verbindung stehen, spricht man von unechten oder echten Gelenken.
1. *Gelenke ohne Gelenkspalt oder unechte Gelenke*
   Hier sind die Skelettanteile durch ein Füllgewebe aus Bindegewebe- und/oder Knorpelanteilen miteinander verbunden.
   Man unterscheidet hierbei bandhafte Verbindungen (z. B. Syndesmoseverbindung zwischen den Unterschenkelknochen oder die Bandverbindungen der Wirbelkörper), knorpelhafte Verbindungen (z. B. die knorpeligen Verbindungen zwischen den knöchernen Anteilen des Beckens oder die Verbindung zweier Wirbelkörper durch die Zwischenwirbelscheibe) und knochenhafte Verbindungen (z. B. die Nähte der Schädeldecke).
2. *Gelenke mit Gelenkspalt oder echte Gelenke*
   Diese echten Gelenke haben gebenüber den unter 1 genannten keine kontinuierliche Verbindung, da die Skelettelemente durch einen Spalt voneinander getrennt sind. Charakteristisch für ein echtes Gelenk sind außer dem Gelenkspalt die unterschiedlich geformten (konvex und konkav), mit Knorpel überzogenen Gelenkflächen, eine Gelenkhöhle und die abschließende Gelenkkapsel. Die Gelenkkapsel, die das Gelenk umschließt, besteht aus Knochenhaut (Periost) und zieht von Knochen zu Knochen über das Gelenk hinweg. Von der Innenmem-

Gelenkformen

155

Abbildung 39 Bau eines Gelenks. Li.: Längsschnitt (nach GRAF, aus: KUHN 1979, 52)

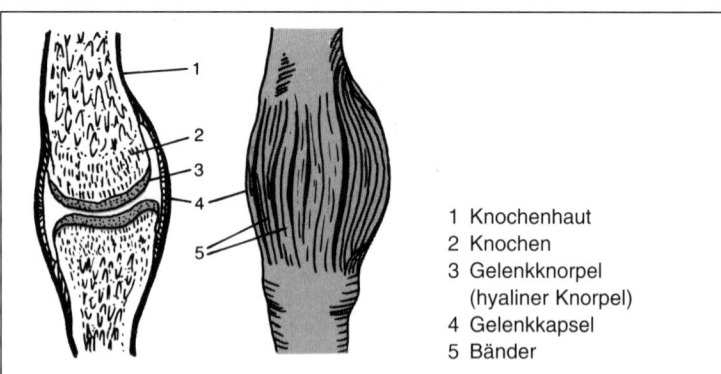

1 Knochenhaut
2 Knochen
3 Gelenkknorpel
   (hyaliner Knorpel)
4 Gelenkkapsel
5 Bänder

Synovia

bran der Gelenkkapsel (Membrana synovialis) wird Gelenkschmiere (Synovia) abgesondert. Sie erfüllt drei wichtige Funktionen: Zum einen die Ernährung des Gelenkknorpels, zum anderen eine »Schmierfunktion«, damit die Reibung zwischen den Gelenkflächen minimal gehalten ist, sowie eine »Stoßdämpferfunktion«. Den adäquaten Reiz zur Bildung der Synovia stellt die Bewegung dar. So führt z. B. bei Verletzung die Ruhigstellung des Gelenks zum Versiegen der Synovia-Produktion (Gelenk »läuft trocken« → Schmerz). Überbeanspruchung, Zerrung, Stauchung u. ä. haben hingegen eine vermehrte Produktion von Synovia und damit die Schwellung des Gelenks zur Folge.

Die Außenhaut der Gelenkkapsel (Membrana fibrosa) besteht aus straffem kollagenfaserigem Bindegewebe und fügt das Gelenk in die Umgebung ein. Zahlreiche Gelenke werden außerdem noch durch Kapsel-Band-Verbindungen verstärkt. Bei längerer Ruhigstellung des Gelenks schrumpft die Gelenkkapsel und die Bindegewebsfasern verkürzen sich. Beides führt zur Einschränkung der Gelenkbeweglichkeit.

Selten passen bei einem echten Gelenk die Knochen ideal zusammen; ein optimales Beispiel stellen das Hüftgelenk und das Gelenk zwischen Oberarmknochen und Elle dar, nicht übereinstimmend sind hingegen die an der Kniegelenksbildung beteiligten Gelenkflächen. Hier übernehmen dann eingebaute Menisken als plastische, verformbare Körper die Funktion als Druckverteiler und Polster und ermöglichen bei Belastung ein Ineinanderpassen der Gelenkenden.

Ausstülpungen der *Gelenkkapsel* und damit der Gelenkhöhle ermöglichen als sog. Bursae das Gleiten gelenknaher Sehnen und Muskeln. Je straffer die Gelenkkapsel, desto geringer ist der Bewegungsumfang im Gelenk (vgl. Abb. 39). Die Innenschicht der Gelenkkapsel stellt keine glatt gespannte Membran dar, sondern bildet Falten und Zotten, die Gefäße, Nerven und Rezeptoren enthalten. Bei forcierten Gelenkbewegungen können diese Falten und Zotten, die zur Verkalkung neigen, abreißen und so als »freie Gelenkkörper« eingeklemmt werden. Folge ist eine äußerst schmerzhafte Sperre des Gelenks.

Gelenkformen und Bewegungsmöglichkeiten

Je nach Anzahl der in einem Gelenk verbundenen Skelettelemente unterscheidet man einfache Gelenke von zusammengesetzten Gelenken. Beim einfachen Gelenk stehen zwei Gelenkkörper in direktem Kontakt (z. B. Hüftgelenk), während bei zusammengesetzten Gelenken mehr als zwei Gelenkelemente miteinander verbunden sind (z. B. Sprunggelenke).

Weiter werden nach der Form des Gelenkkörpers folgende Gelenkformen unterschieden:

a) Walzengelenk
b) Scharniergelenk
c) Rad- oder Zapfengelenk
d) Kondylengelenk
e) Kugelgelenk
f) Eigelenk
g) Sattelgelenk
h) planes Gelenk

**Verschiedene
Gelenkformen**

Abbildung 40   Schematische Darstellung der Gelenkformen und ihrer Bewegungsmöglichkeiten (aus: RAUBER/KOPSCH 1987, 109)

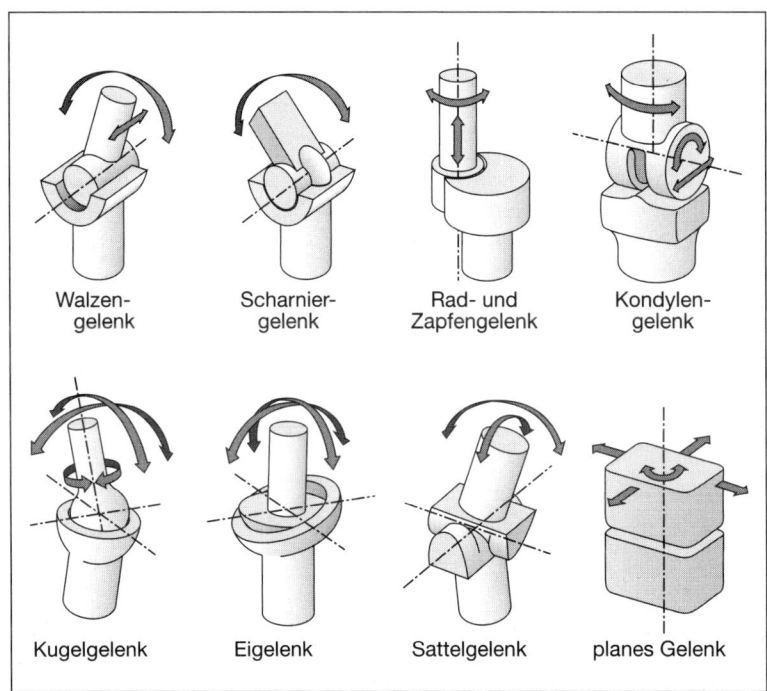

| Walzen-
gelenk | Scharnier-
gelenk | Rad- und
Zapfengelenk | Kondylen-
gelenk |

| Kugelgelenk | Eigelenk | Sattelgelenk | planes Gelenk |

Freiheitsgrade der Gelenke

Auf Grund der Gelenkform ergeben sich für ein Gelenk unterschiedliche Bewegungsmöglichkeiten, so daß die weitere Einteilung der Gelenke nach der Anzahl der Freiheitsgrade sinnvoll ist. Als Freiheitsgrade bezeichnet man die Zahl der senkrecht aufeinandersetzenden Hauptachsen, um welche einem Gelenk Bewegungsmöglichkeiten eröffnet werden.

Freiheitsgrade

1. *Gelenke mit einem Freiheitsgrad:*
   Jede Tür, jedes Rad zeigt dieses Bauprinzip: eine Hohlform und den Vollkörper, wobei sich erstere um den Vollkörper und letzterer in der Hohlform bewegt. Die Muskulatur bestimmt hier nur die Geschwindigkeit und die Kraft im Ablauf der Hin- und Rückführung um eine einzige Bewegungsachse. Je nach Gestalt der Flächen und der Form der Bewegung unterscheidet man:
   - Rad- oder Zapfengelenk, z.B. Gelenk zwischen dem ersten und zweiten Halswirbel,
   - Scharniergelenk, z.B. Ellbogengelenk zwischen Oberarm und Elle. Das Kniegelenk hingegen ist kein reines Scharnier-, sondern ein Dreh-Scharniergelenk, da noch eine geringe Rotation um die Längsachse des Schienbeines möglich ist.

2. *Gelenke mit zwei Freiheitsgraden:*
   - Drehwinkelgelenk, z.B. Ellenbogengelenk, hier sind drei Knochen, die funktionell drei Teilgelenke bilden, gelenkig miteinander verbunden. Da alle Teilgelenke von einer gemeinsamen Kapsel umgeben sind, stellt das Ellbogengelenk räumlich ein Gelenk dar,
   - Eigelenk (auch: Ellipsoidgelenk), z.B. proximales Handgelenk,
   - Sattelgelenk, z.B. Daumensattelgelenk.

3. *Gelenke mit drei Freiheitsgraden* (auch *Kugelgelenke* genannt):
   Dieser Ausdruck bezieht sich nicht auf die Form des Gelenkes, sondern auf dessen Bewegungsfreiheit. Man unterscheidet deshalb Gelenke,
   - die sowohl von der Form als auch von der Zahl der Freiheitsgrade her dem Begriff Kugelgelenk gerecht werden, z.B. Schulter- und Hüftgelenk, mit kugeligem Kopf und drei Freiheitsgraden,
   - ohne kugeligen Kopf, aber mit Bewegungsmöglichkeiten um 3 Achsen, z.B. das innere Schultergelenk, in dem der gesamte Schultergürtel ausgiebig gegen den Rumpf bewegt werden kann, oder die Zwischenwirbelgelenke der Halswirbelsäule.

Muskeln

Muskeln

Die anatomisch vorgegebene Bewegungsmöglichkeit kann erst mit einer funktionsfähigen Muskulatur ausgenutzt werden. Im folgenden Abschnitt sind kurz die Elemente, die Bauprinzipien und die Funktionsweise der Skelettmuskulatur dargestellt (vgl. auch Kapitel Krafttraining, S. 45 ff.).

Elemente, Bauprinzipien und Funktionsweise der Skelettmuskulatur

Am Skelettmuskel unterscheidet man den Muskelbauch, der je nach Muskeltyp (z. B. spindelförmiger, einfach gefiederter, platter Muskel) unterschiedlich geformt ist und die kontraktilen Elemente enthält, von den meist deutlich schmäleren Sehnen. Die Sehnen sind am passiven Bewegungsapparat (Skelett/Bindegewebsstrukturen) angeheftet und übertragen so den Muskelzug direkt oder indirekt auf die Skeletteile.

Die Skelettmuskeln bestehen aus Muskelfasern (Ø 10–100 µm, Länge bis 30 cm), die die kleinste selbständige Baueinheit der quergestreiften Muskulatur darstellen. Jede Muskelfaser enthält zahlreiche Zellkerne und im Sarkoplasma kontraktile Elemente – Myofibrillen (Ø 0,5–1 µm) genannt –, die sich wiederum aus kleineren Einheiten, den Myofilamenten (Aktin- und Myosinfilamenten), zusammensetzen (vgl. auch Abbildung 15, S. 45). Das Sarkoplasma wird von dem sogenannten Sarkolemmschlauch umhüllt.

Elemente der Muskelfaser

Der Aufbau des Muskels erfolgt durch den Zusammenschluß der einzelnen Muskelfasern zu immer größeren Baueinheiten, wobei jede einzelne Baueinheit mit einer elastischen Bindegewebshülle umgeben ist. Dieses Hüllensystem ermöglicht die freie Verschieblichkeit der Muskelfasern bei Kontraktion und Erschlaffung. Gleichzeitig werden dadurch auch die Reibung minimiert und somit ein reibungsbedingter Kraftverlust vermindert.

So wird jede einzelne Muskelfaser von einer dünnen Bindegewebshülle (Endomysium), die Blutkapillaren und Nervenfasern enthält, umgeben. Mehrere Fasern werden zu einem Bündel, dem Primärbündel, zusammengefaßt, das seinerseits wieder von einer Bindegewebshülle (Perimysium) umschlossen wird. Im Perimysium liegen die Muskelspindeln mit der Funktion eines Dehnungsrezeptors. Diese werden nachfolgend noch genauer besprochen. Die nächstgrößere Einheit ist das Sekundärbündel, das sich wiederum aus mehreren Primärbündeln rekrutiert. Abgegrenzt werden die Skelettmuskeln gegenüber der Umgebung durch Fascien, die aus unterschiedlich dickem straffem kollagenfaserigem Bindegewebe bestehen. Bei zahlreichen Muskeln dienen diese Fascien auch als Ursprungszonen am Skelettknochen.

Sehnen

Das Bindeglied zwischen Skelett und Muskulatur stellt in der Regel die Sehne dar. Sie besteht aus zugfesten kollagenen Faserbündeln, die bei kurzen Sehnen parallel, bei langen in schraubenförmigen Wicklungen angeordnet sind. Die begrenzte Dehnbarkeit der Sehne beruht zum einen auf der Wicklung, zum andern auf ihrem geringen Anteil an elastischem Material. Ebenso wie bei der Skelettmuskulatur werden die Fibrillen einer Sehne durch Bindegewebe von kleinen (Primärbündeln) zu größeren Einheiten (Sekundärbündeln) zusammengefaßt.

Sehnen

Muskel-Sehnen-Übergang

Golgi-
Sehnenorgane

Zwischen Muskel- und Sehnengewebe besteht kein kontinuierlicher Übergang. Die feste Verankerung entsteht dadurch, daß sich die Mikrofibrillen von Muskel- und Sehnenfasern gegenseitig durchflechten. In diesem muskelnahen Anfang der Kollagenfaserbündel liegen dann die *Golgi-Sehnenorgane,* die als Rezeptoren der Tiefensensibilität über den Spannungszustand von Muskel, Sehne und Bindegewebe informieren.

Verhalten von Bindegewebe, Muskel und Nervensystem bei Dehnung

Der Gesamtkomplex von Muskel, Sehnen und Bindegewebe läßt sich als *Dreikomponentensystem* darstellen. Neben der kontraktilen Komponente (Aktin-Myosin-Komplex) werden eine parallelelastische und eine serienelastische Komponente unterschieden (vgl. Abb. 41).

Der parallelelastische Teil entsteht unter anderem durch die Fasermembran und die Bindegewebsfascien, die verhindern, daß die kontraktilen Filamente in Ruhe bei Dehnung auseinandergezogen werden. Die serienelastische Komponente hingegen ist in den Sehnen und Hälsen der Myosinköpfe lokalisiert.

Abbildung 41   Modell des Skelettmuskels als Dreikomponentensystem (aus: Grosser et al. 1987, 116)

Dreikompo-
nentensysteme

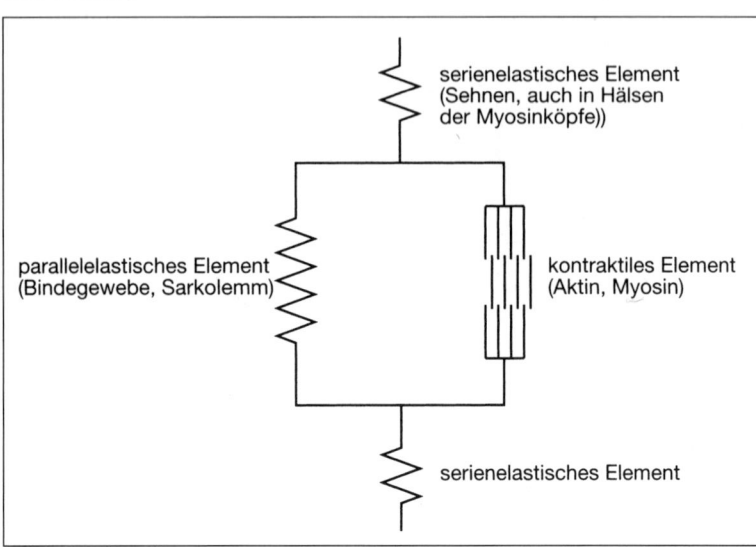

serienelastisches Element
(Sehnen, auch in Hälsen
der Myosinköpfe))

parallelelastisches Element
(Bindegewebe, Sarkolemm)

kontraktiles Element
(Aktin, Myosin)

serienelastisches Element

Die Dehnung eines passiven Muskels erstreckt sich primär auf die parallelelastische Komponente, wohingegen die Dehnung eines aktiven Muskels sowohl serien- wie auch parallelelastische Anteile anspricht.

Verhalten von Bindegewebe bei Dehnung

Bindegewebe, das im Organismus u. a. in Muskeln, Sehnen und Bändern vorzufinden ist, zeigt bei Dehnung folgendes phasenhaftes Spannungsverhalten:

Abbildung 42   Spannungs-Dehnungs-Diagramm der Sehne bei konstanter Dehnungsgeschwindigkeit (modifiziert nach VIIDIK, aus: GOLLHOFER/ULLRICH 1994, 337)

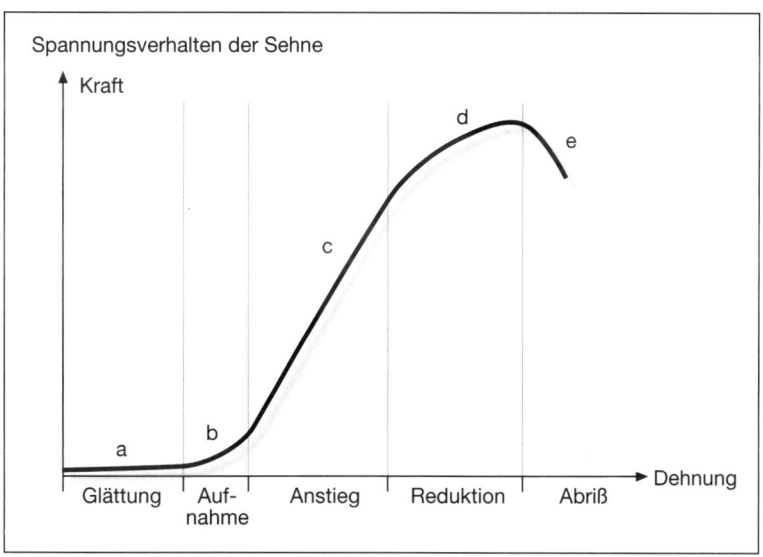

Darstellung der einzelnen Phasen:
a) Glättung der welligen Struktur
b) Aufnahme der Zugspannung (Verlängerung der Struktur um 1,5–4% gegenüber der Ausgangslänge)
c) linearer Spannungsanstieg
d) leichtes Nachlassen der Spannung
e) bei zu großer Längenänderung Ruptur des Gewebes

Wie aus Abbildung 42 erkennbar ist, bewirkt ein gewisser Dehnreiz, der über einen längeren Zeitraum konstant aufrechterhalten wird, an der bindegewebsartigen Struktur, z. B. Sehne, eine Längenanpassung. Diese beruht auf der viskoelastischen Eigenschaft des bindegewebigen Materials. Dieses Phänomen der Abnahme der elastischen Spannung bei konstanter Dehnung bezeichnet man als *längenkonstante Relaxation*.

Längenkonstante Relaxation

161

Creeping-Effekt

Gleichzeitig nimmt die effektive Länge der kollagenen Strukturen bei konstanter Spannung zu. Diesen Effekt bezeichnet man als *»creeping«-Effekt*. Meßbar ist er durch den Dehnungsrückstand, der nach Beendigung der Spannungseinwirkung zu verzeichnen ist. Dieser hält eine gewisse Zeit an, da sich das kollagene Material nur zögerlich wieder auf seine Ausgangslänge zurückbildet.

Verhalten des Muskels bei Dehnung

Der nicht kontrahierte (passive) Muskel setzt einer Dehnung praktisch keinen Widerstand entgegen. Erst bei Dehnung in den Bereich seiner physiologisch maximalen Länge treten Widerstandskräfte auf, die jedoch nicht den kontraktilen Elementen, sondern dem bindegewebigen Material zuzuschreiben sind.

Neuromuskuläres Verhalten bei Dehnung

Der Muskel verfügt über zwei Feedback-Systeme, das Längenkontrollsystem mit den *Muskelspindeln* als Sensoren und das Spannungskontrollsystem mit dem *Golgi-Sehnenorgan* als Sensoren. Über das Längenkontrollsystem werden vorrangig der Agonist sowie sein Antagonist über das Spannungskontrollsystem der Muskeltonus der gesamten Extremität gesteuert.

Die Längen- und Spannungsänderungen im tendomuskulären (Muskel-Sehnen)-System werden durch die Sensoren registriert und über afferente Nervenbahnen an das zentrale Nervensystem (ZNS) weitergeleitet.

Die Muskelspindel

Muskelspindeln

Funktion und Aufbau der Muskelspindel

Jeder Muskel enthält Dehnungsrezeptoren, die als Muskelspindeln bezeichnet werden. Ihre Funktion liegt darin, jede Längenänderung der Muskelfaser, hervorgerufen durch Verkürzung oder Dehnung, zu registrieren und die Information über den momentanen Längenzustand der Muskulatur über afferente Nervenfasern an das ZNS weiterzuleiten. Die Muskelspindel mißt somit vorwiegend die Länge des Muskels.

Wie viele solcher Dehnungsrezeptoren ein Muskel enthält, hängt von seiner Größe und Funktion ab. In Muskeln, die feinkoordinierte Bewegungen ausführen, findet sich eine hohe Spindeldichte (130 Spindeln/g Muskelgewebe), wohingegen bei großen, rumpfnahen Muskeln eine wesentlich geringere Spindeldichte (1 Spindel/g Muskelgewebe) vorzufinden ist.

Im folgenden ist der Aufbau einer Muskelspindel (vgl. Abb. 43) kurz dargestellt. Die Muskelspindel besteht aus einer Anzahl von Muskelfasern (intrafusalen Fasern), eingehüllt in einer Kapsel, die dünner als die gewöhnlichen Muskelfasern – auch extrafusale Fasern genannt – sind. Die intrafusalen Fasern setzen sich aus einem nicht kontraktilen Mittelteil und kontraktilen Endteilen zusammen. Mit ihren beiden Enden sind die Muskelspindeln am Perimysium der extrafusalen Fasern befestigt. Wegen der baulichen Anordnung liegen die Muskelspindeln parallel zu den kontraktilen Fasern und erfahren so die Längenänderung der Muskelfaser synchron.

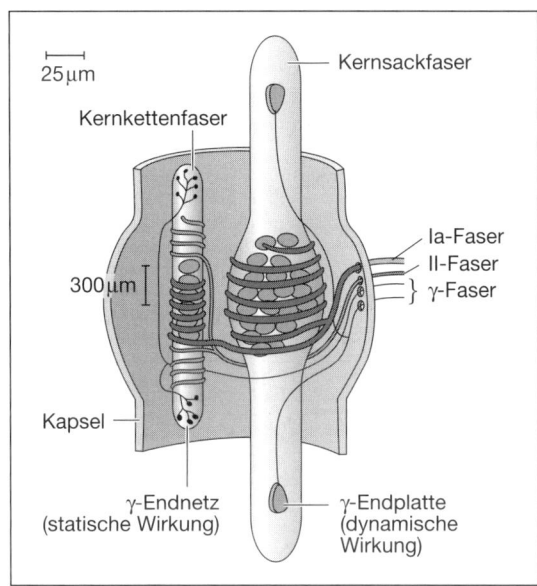

25 µm

Kernsackfaser

Kernkettenfaser

Ia-Faser

II-Faser

} γ-Faser

300 µm

Kapsel

Abbildung 43
Schematischer Überblick
über den Aufbau der
Muskelspindel
(aus: SCHMIDT/THEWS
1995, 98)

γ-Endnetz
(statische Wirkung)

γ-Endplatte
(dynamische
Wirkung)

Innervation der Muskelspindel

Die Muskelspindel verfügt über zwei Innervationsmechanismen, eine afferente und eine efferente Innervation.

Die *afferente Innervation* erfolgt über afferente Nervenfasern, Ia- und II-Fasern. Die Ia-Fasern wickeln sich mehrmals um das nicht kontraktile Zentrum der intrafusalen Fasern und leiten die Längenänderung an das ZNS weiter. Dabei besteht eine monosynaptische Verbindung zu dem α-Motoneuron, das die Muskelfaser innerviert, an der auch die Muskelspindel befestigt ist. In jede Muskelspindel zieht immer nur eine Ia-Faser. Der Unterschied zwischen den Ia-Fasern und den II-Fasern (sekundäre Muskelspindelendigung) liegt vor allem in ihrer Empfindlichkeit für dynamische und statische Dehnung.

Afferente Innervation

Die II-Faser sprechen auf die statische Dehnung an, während die Ia-Fasern statische und dynamische Dehnungsempfindlichkeit haben.

Der monosynaptische Dehnungsreflex

Aufgabe dieser Reflexschaltungen ist das Konstanthalten der Muskellänge, das für das Aufrechterhalten eines Haltetonus in der Stützmotorik wichtig ist.

Die Dehnung des Muskels stellt den adäquaten Reiz für die Erregung der Spindelsensoren dar: Es werden afferente Impulse zu den α-Motoneuronen ausgesendet und von den α-Motoneuronen Impulse zurück, die eine Kontraktion der extrafusalen Muskelfasern auslösen. Diese neuronale Verschaltung bezeichnet man als **Dehnungsreflex** oder **Eigenreflex.**

Eigenreflex

163

Beweglichkeitstraining

Reflexbogen

Abbildung 44   Darstellung des von der Muskelspindel ausgehenden Reflexbogens (aus: SCHMIDT/THEWS 1995, 98)

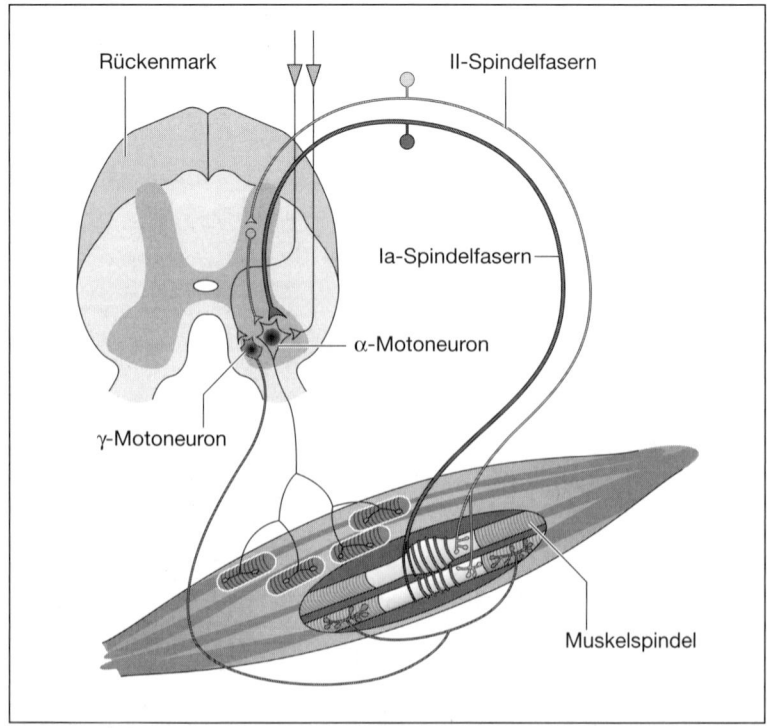

Abbildung 44 zeigt schematisch den von den Muskelspindeln ausgehenden Reflexbogen. Dabei läuft die Verschaltung der Ia-Fasern mit dem α-Motoneuron monosynaptisch, während die II-Fasern polysynaptisch über Interneurone mit dem α-Motoneuron verknüpft sind.

Reziproke antagonistische Hemmung

Zusätzlich stehen die Ia-Fasern mit den α-Motoneuronen des Antagonisten über ein Zwischenneuron in Verbindung (disynaptische Verbindung). Hier haben sie jedoch eine hemmende Wirkung. Diese Reflexschaltung bezeichnet man als **reziproke antagonistische Hemmung.** Durch die reziproke antagonistische Hemmung wird die durch den Dehnungsreflex ausgelöste Spannungszunahme unterstützt, da im Agonisten die Kontraktionskraft erhöht, im Antagonisten gleichzeitig verringert wird. Untersuchungen haben gezeigt, daß die Höhe der Entladungsfrequenz der Ia-Afferenzen vom Betrag der Dehnung, aber auch von der Dehnungsgeschwindigkeit abhängt (KÜCHLER 1983, 88). So ist bei gleicher Längenänderung des Muskels die Entladungsfrequenz der Ia-Faser um so höher, je schneller die Dehnung erfolgt, d. h., um so höher fällt die Reflexantwort aus.

164

Reflexbögen sekundärer Muskelspindelafferenzen

Die zentralen Verschaltungen der Gruppe-II-Afferenzen sind noch nicht ganz ge-klärt. Es wird angenommen, daß die Gruppe-II-Afferenzen, neben der monosynap-tischen Erregung der homonymen Motoneurone, unter bestimmten Bedingungen unabhängig vom Ursprungsmuskel auf alle Flexoren eine fördernde, auf die Exten-soren eine hemmende Wirkung haben. Die Aufgabe der Gruppe-II-Afferenzen liegt, da sie die Bewegung der gesamten Extremität steuern, somit in der intermus-kulären Koordination.

Die γ-Innervation der Muskelspindel

Neben der afferenten Innervation verfügt die Muskelspindel noch über eine effe- **γ-Innervation**
rente Innervation, auch γ-Innervation genannt. Sie soll die Schwelle und den Emp-findlichkeitsbereich des Dehnungsrezeptors, unabhängig vom momentanen Län-genzustand des Muskels, immer im Bereich einer optimalen Meßfähigkeit halten. Wie beim Aufbau der Muskelspindel beschrieben, sind die Endteile der intrafusalen Fasern kontraktil. Über die γ-Innervation wird die Länge des kontraktilen Ab-schnitts verändert. Ausgelöst wird die Kontraktion oder Entspannung des kontrak-tilen Teils der intrafusalen Fasern durch eine Zu- oder Abnahme der Aktivierung der γ-Motoneurone. Kontrahieren die Endteile der intrafusalen Fasern, so führt dies zur Dehnung des nicht kontraktilen Mittelstücks und zur Erregung der primären Mus-kelspindelendigung, die wiederum den Dehnungsreflex initiiert.

α-γ-Koaktivierung

In der Bewegung werden α- und γ-Motoneurone gleichzeitig aktiviert. Die intrafu-sale Kontraktion erfolgt jedoch wegen der langsameren Leitungsgeschwindigkeit der γ-Fasern etwas zeitverzögert. Die Aufgabe der γ-Innervation liegt vermutlich darin, das Erschlaffen der Muskelspindel während der extrafusalen Kontraktion zu verhindern und so die Meßfähigkeit der Muskelspindel aufrechtzuerhalten.

Zusammenfassend ist festzuhalten:

Die reflexgesteuerte Kontraktion der extrafusalen Fasern kann auf zwei Wegen erfolgen: a) durch Dehnung des Muskels über den Dehnungsreflex und b) durch Kontraktion der intrafusalen Fasern, hervorgerufen durch die Aktivierung der γ-Motoaxone.

Supraspinale motorische Zentren haben ebenfalls zwei Möglichkeiten, eine Kon-traktion der extrafusalen Fasern auszulösen: a) durch direkte Erregung der α-Mo-toneurone und b) durch Erregung der γ-Motoneurone.

Das Golgi-Sehnenorgan

Funktion und Aufbau des Golgi-Sehnenorgans

Aufgabe der Sehnenorgane ist es, die Spannung im Muskel zu messen, damit diese **Golgi-Organ**
dann reflexgesteuert konstant gehalten wird. Lokalisiert sind sie im muskulären Ur-sprung der Sehnenfaserbündel und auf Grund ihrer Lage in Serie zur extrafusalen Muskulatur geschaltet. Die Sehnenorgane bestehen aus einigen (ca. 10) extrafusa-len Fasern, die mit einer bindegewebigen Kapsel umgeben sind und von einer affe-renten Nervenfaser, der Ib-Faser, versorgt werden.

Eigenhemmung Die segmentale Verschaltung der Ib-Fasern stellt sich spiegelbildlich zu der der Ia-Fasern dar. Hier führt die Erregung der Ib-Fasern über di- oder trisynaptische Verbindungen zur Hemmung der homonymen Muskulatur – auch als **autogene Hemmung, Selbsthemmung** oder **Eigenhemmung** bezeichnet. Zu den antagonistischen Motoneuronen bestehen dabei meist erregende Verbindungen.

Zusätzlich beeinflussen die Ib-Afferenzen aber auch Muskeln, die an anderen Gelenken angreifen, so daß ihre Bedeutung auch im Bereich der intermuskulären Koordination zu sehen ist.

Hinweis **Hinweis:** Auf die muskuläre Fähigkeit zur Kraftentwicklung sowie auf die intra- und intermuskuläre Koordination gehen wir hier nicht weiter ein; siehe hierzu das Kapitel »Krafttraining«.

Einflußfaktoren auf die Beweglichkeit

Neben den oben besprochenen biologischen Voraussetzungen zur Dehnfähigkeit und Gelenkigkeit haben noch nachstehende Faktoren einen nicht unerheblichen Einfluß auf die Realisierung von Beweglichkeitsleistungen.

Alter

Alter Erfahrungsgemäß hat das **Alter** einen Einfluß auf die Beweglichkeit, insbesondere auf ihre Trainierbarkeit.

Mit zunehmendem Alter ist zum einen von einem Verlust an Beweglichkeit und zum anderen aber auch von ungünstigeren Voraussetzungen ihrer Verbesserung durch Training auszugehen. Bezüglich der Altersabhängigkeit der Beweglichkeit gilt, daß die natürliche Beweglichkeit im frühen Kindesalter größer ist als jenseits des späten Schulkindalters (10–12 Jahren). Deshalb sollte bereits in dieser Altersphase der schon einsetzende Degenerationsprozeß durch ein regelmäßiges Training hinausgezögert werden (vgl. auch Kapitel 6, S. 228).

Begründet wird der Rückgang der Beweglichkeit vor allem durch die Abnahme der elastischen Fasern, eine Verminderung der Zellzahl, einen Mukopolysaccharid- und Wasserverlust (COTTA 1978, 149).

Geschlecht

Geschlecht Allgemein ist es üblich, von der größeren Beweglichkeit bei Mädchen und Frauen gegenüber Jungen und Männern zu sprechen. Begründen ließe sich dies damit, daß teilweise in der Form der Gelenke anatomische Unterschiede bestehen. Eine Untersuchung der Gelenke zeigt in einigen Fällen, daß bei Frauen und Kindern die Knochenführung nicht (bzw. noch nicht) so ausgeprägt ist wie beim Mann und so dem Gelenk einen etwas größeren Bewegungsausschlag gestattet (z. B. Überstreckbarkeit der Ellbogengelenke bei der Frau). Auch fällt, hervorgerufen durch die große Muskelmasse, die muskuläre Hemmung der Gelenkbeweglichkeit beim weiblichen Geschlecht geringer aus. Weiter wird als positiver Faktor der höhere Östrogenspiegel der Frau gesehen. Dieser führt einerseits zu einer vermehrten Wassereinlagerung, andererseits zu einem höheren prozentualen Fettgewebsanteil.

166

Psychische Spannung

Die Muskulatur befindet sich auf Grund der Erregungen des ZNS stets in einem be- **Psychische**
stimmten Spannungszustand (Muskeltonus; auch im Schlaf). Durch psychische **Spannung**
Einflüsse (Gefühle, Affekte, Angst/Vorstartzustand, Freude u. a.) kann dieser Spannungszustand stark erhöht werden, so daß es zu »Muskelverhärtungen« kommen
kann; die Beweglichkeit kann dadurch z. T. stark negativ beeinflußt werden.
Andererseits kann sich eine nicht zu starke psychische Erregung – z. B. im richtig
dosierten Vorstartzustand – auch günstig auf die Dehnfähigkeit auswirken.

Tageszeit

Die Beweglichkeit ist von der Tageszeit abhängig. So liegt eine reduzierte Beweg- **Tageszeit**
lichkeit vor allem direkt nach dem Schlaf in den Morgenstunden vor, während im
Tagesverlauf das Bewegungsausmaß dann zunimmt.

Temperatur und Aufwärmen

Die Umgebungstemperatur, Haut- und Muskeltemperatur haben einen Einfluß auf **Temperatur,**
das Beweglichkeitsausmaß. Die günstigsten Voraussetzungen liegen dann vor, wenn **Aufwärmen**
durch aktives Aufwärmen die Körpertemperatur und somit auch die Muskeltemperatur erhöht sind. Dabei kommt es dann zur Abnahme der Viskosität des Bindege-
webssystems und der Synovia. Dies hat zur Folge, daß der innere Reibungswider-
stand reduziert ist. Um für das Beweglichkeitstraining günstige Voraussetzungen
zu schaffen, haben sich in der Praxis neben dem allgemeinen und disziplinspezifischen Aufwärmen auch Maßnahmen wie heißes Bad, Massage oder mentales
Training bewährt.

Ermüdung

Intensive Belastungen, hervorgerufen durch Wettkämpfe oder Training, führen phy- **Ermüdung**
siologisch zu einer nervalen Ermüdung und zu einer Erhöhung des Muskeltonus.
Hieraus resultiert dann die Beeinträchtigung der Beweglichkeit, meist verbunden
mit Schmerz- und Steifheitsgefühlen. Der Muskeltonus kann nach solch intensiven
Belastungen durch detonisierend wirkende Dehnübungen der belasteten Muskulatur reduziert werden.

Trainingsmethoden

Trainingsziele und Anwendungsbereiche

Das übergeordnete **Trainingsziel** ist
– eine gesteigerte Muskeldehnfähigkeit und damit verbunden die Verbesserung der **Trainingsziele**
  allgemeinen und/oder speziellen Beweglichkeit (unter Berücksichtigung aller
  anatomischer Bereiche),

167

außerdem:
- eine Verbesserung der inter- und intramuskulären Koordinationsbedingungen,
- eine Förderung der Körperwahrnehmung und des körperlichen Wohlbefindens,
- ein Vorbeugen vor degenerativen Funktionsverlusten von Gelenken, Sehnen, Bindegewebe und Muskeln sowie ein Ausgleichen muskulärer Dysbalancen,
- eine Herabsetzung der Verletzungsanfälligkeit und
- insgesamt eine Erhöhung der Entspannungs- (Senkung des Muskeltonus!) und Regenerationsfähigkeit.

Anwendung **Anwendung** findet eine Beweglichkeitsverbesserung
- in einem hierfür gesonderten Trainingsabschnitt,
- in der Aufwärmphase, ergänzend zu allgemeinen und speziellen Aufwärmübungen,
- zwischen bestimmten zeitlichen Belastungen wie Intervall-Läufen, Kraftserien u. a. m.,
- nach Belastungen, um günstige Voraussetzungen für laufende Regenerationsprozesse zu schaffen,
- in allen Sportarten und allen Altersstufen ab dem 10. Lebensjahr aufwärts.

Dehnmethoden (Verfahren der Verbesserung bzw. zum Erhalt der Beweglichkeit)

Der physiologische Hintergrund für die nachfolgend dargestellten Dehnmethoden sind auf neuromuskulärer Ebene die Reflexmechanismen. Ziel ist es, die Reflexmechanismen entweder möglichst zu unterdrücken oder bewußt dahingehend auszunutzen, daß die Muskulatur sich für die nachfolgende Dehnung in einem möglichst entspannten Zustand befindet.

Abbildung 45 Dehnmethoden

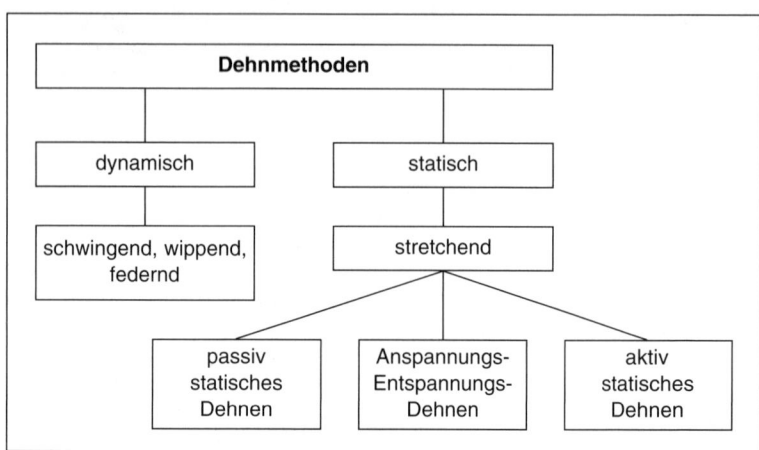

Überblick über die Dehnmethoden

Nach Arbeitsweise der Muskulatur werden grundsätzlich zwei verschiedene Methoden der Dehnung, das **dynamische** und das **statische** Dehnen, unterschieden (vgl. Abb. 45).
Dem dynamischen Dehnen werden die Bewegungsformen **Schwingen, Wippen, Federn,** dem statischen Dehnen das **Stretching** zugeordnet. Die statischen Dehnmethoden lassen sich nochmals nach den angewandten neuromuskulären Entspannungsmechanismen differenzieren in das **passiv statische Dehnen,** das **Anspannungs-Entspannungs-Dehnen** und das **aktiv statische Dehnen.**

Allgemeine methodische Hinweise

Neben den im folgenden Abschnitt angeführten methodischen Hinweisen sollten außerdem nachstehende methodische Aspekte berücksichtigt werden:
– Vor einem Beweglichkeitstrainingsabschnitt sollte eine mindestens 5minütige Erwärmung erfolgen,
– innerhalb eines Aufwärmprogrammes behutsam beginnen und allmählich in der Intensität steigern,
– über die Wiederholungszahl bzw. Zeit (beim Stretchen) allmählich eine Zunahme der Gelenkamplitude erreichen,
– alle leistungsrelevanten Muskelgruppen dehnen,
– nicht im ermüdeten muskulären Zustand Dehnfähigkeit trainieren (hier nur passiv statische Dehntechniken zur schnelleren Beseitigung des Kontraktionsrückstandes der Muskulatur sowie zum schnelleren Abtransport von Stoffwechselzwischenprodukten durch die lokale Muskeldurchblutung anwenden),
– möglichst täglich trainieren!

Spezielle methodische Hinweise

Dynamisches Dehnen

Schwingendes, wippendes, federndes Dehnen

Bekannt ist diese Dehnmethode auch unter den Bezeichnungen »Schwunggymnastik«, »intermittierendes Dehnen« oder »ballistisches Dehnen«. Die Bewegungsausführung besteht dabei in schwingenden, wippenden oder federnden Bewegungen, durch die versucht wird, die Muskeln möglichst weit zu dehnen und somit den Bewegungsausschlag in den Gelenken zu vergrößern. Bei der schwingenden Ausführungsweise wird eine große Amplitude im Gelenkwinkel gewählt, demgegenüber ist beim Federn und Wippen die Bewegungsamplitude relativ klein und liegt schon in der Endstellung des Gelenks. Somit wirkt im Vergleich zum schwingenden Dehnen bei der wippenden und federnden Bewegungsausführung der dehnungswirksame Reiz zeitlich länger auf das kontraktile und elastische System ein. Zudem ist bei aktiver Dehnung die Kontraktionsleistung des Antagonisten größer

Schwingendes, wippendes, federndes Dehnen

169

und schafft damit günstigere Voraussetzungen für eine gleichzeitige Kräftigung des Antagonisten.

Die Endstellung der Gelenke wird entweder aktiv durch die Kontraktion des Antagonisten (Gegenspieler zum Muskel, der gedehnt wird) oder passiv durch das Ausnutzen von äußeren Kräften (Schwerkraft, Trägheitskräften, Partner etc.) erreicht. Je nach Übungsdurchführung kann selbst bei der passiven Dehnung auch eine aktive Komponente vorhanden sein. Dies ist dann gegeben, wenn die Ausgangsstellung für die nächste Bewegungswiederholung nur durch Muskelkontraktion des zu dehnenden Muskels wieder eingenommen werden kann.

Beispiel für die aktiv dynamische Beweglichkeit: Vorschwingen des Beines durch Kontraktion des M. quadriceps und M. iliopsoas bei Dehnung der ischiocruralen Muskulatur. Beispiel für die passiv dynamische Beweglichkeit: Rumpfbeuge vorwärts zur Dehnung der Rückenextensoren, der ischiocruralen Muskulatur sowie des M. triceps surae. Die Dehnung erfolgt hierbei unter Ausnutzung der Schwerkraft. Durch Kontraktion der gedehnten Muskulatur und gleichzeitiger Nutzung der Energie, die bei der Dehnung in den elastischen Elementen gespeichert wurde, erfolgt die Rückkehr in die Ausgangsposition.

Nachteil des schwingenden, wippenden, federnden Dehnens
Die Nachteile des dynamischen Dehnens beruhen auf
– der Auslösung des Dehnungsreflexes; bei zu starker Längenänderung der Muskulatur erfolgt, reflektorisch gesteuert, die Kontraktion des gedehnten Muskels. So wird angenommen, daß die theoretisch mögliche Endposition des Gelenks gar nicht erst erreicht wird.
Da das Ausmaß der reflektorischen Kontraktion stark von der Dehnungsgeschwindigkeit abhängt, sind schnelle Bewegungen möglichst zu vermeiden (z. B. kräftiges Schwingen). Weiterhin auf
– der kurzen Reizdauer und dem damit geringen Reizumfang. Die Gelenkendstellung wird nur sehr kurzfristig eingenommen, so daß für die bindegewebsartigen Strukturen die für eine Längenadaptation nötige Reizdauer zu kurz ist. Es ist anzunehmen, daß beim dynamischen Dehnen weder der »creeping«-Effekt noch die längenkonstante Relaxation genutzt werden.

Vorteil des schwingenden, wippenden, federnden Dehnens
Trotz der oben angeführten Nachteile hat das dynamische Dehnen durchaus seine Daseinsberechtigung als Methode zur Beweglichkeitsschulung.
Die Vorteile des dynamischen Dehnens werden vor allem darin gesehen, daß
– die inter- und intramuskuläre Koordination geschult werden; die komplexen Bewegungen erfordern eine entsprechende neuromuskuläre Steuerung, die durch die zahlreichen Bewegungswiederholungen jedesmal neu gebahnt wird,
– durch die dynamische Belastung eine vermehrte lokale Durchblutung der Muskulatur und somit ein erhöhter Aufwärmeffekt zu verzeichnen ist,
– beim aktiv dynamischen Dehnen zusätzlich zum Dehneffekt auch noch ein Kräftigungseffekt beim Antagonisten erreicht werden kann. Zu beachten ist allerdings, daß bei zu geringer Kraft des Antagonisten diese eventuell nicht ausreicht, um den Agonisten in eine reizwirksame Dehnposition zu bringen.

Durchführung des schwingen- den, wippenden, federnden Dehnens

Durchführung des schwingenden, wippenden, federnden Dehnens
- Bewegungsausführung: Wippen, Federn, Schwingen (geführte Bewegung),
- die Bewegungsamplitude sollte mit der Wiederholungszahl vergrößert werden,
- 10–15 (bis 30) Wh pro Serie,
- 3–5 Serien,
- Gesamtumfang/Woche 60–180 Wh für den Anfänger, wobei der Gesamt- umfang deutlich gesteigert werden kann. Für Leistungssportler, die ihre spezielle Beweglichkeit durch ein dynamisches Training verbessern, bis zu 1000 Wh als Richtwert.

Statisches Dehnen

Stretching

Die statischen Dehnmethoden, auch zusammengefaßt unter dem Begriff »Stret- ching«, nutzen neuromuskuläre Reflexmechanismen aus, um eine Vergrößerung der Bewegungsamplitude zu erreichen.

Stretching

Passiv statisches Dehnen

Synonym werden die Begriffe »**permanentes Dehnen**« oder »**gehaltenes Deh- nen**« oder »**Dauerdehnen**« verwendet.

Passiv statisches Dehnen

Zielsetzung des passiv statischen Dehnens ist, das Auslösen des Dehnungsreflexes möglichst zu vermeiden, so daß die Dehnung an einem entspannten Muskel durch- geführt wird. Dies wird dadurch erreicht, daß die Gelenkendstellung durch langsame Bewegung eingenommen und dann gehalten wird. Die Endposition ist dann erreicht, wenn eine leichte Zugspannung (»leichter Dehnschmerz«) im Mus- kel spürbar ist. Durch das Halten der Dehnstellung wird die Muskelspindel mit ihrer Empfindlichkeit auf die vergrößerte Muskellänge eingestellt.

Nachteil des passiv statischen Dehnens
Nachteilig wird beim passiv statischen Dehnen vor allem gesehen, daß
- durch das lange Verharren in der extremen Dehnstellung der Kapsel-Band- Apparat unphysiologisch belastet wird,
- durch die isolierte Dehnung des Muskels die intermuskuläre Koordination ver- nachlässigt wird,
- nur eine geringe lokale Durchblutungsförderung vorhanden ist und somit posi- tive Auswirkungen im Sinne eines Aufwärmeffektes nicht zu erwarten sind.

Vorteil des passiv statischen Dehnens
Als Vorteile werden angeführt, daß
- die Verletzungsgefahr auf Grund der kontrollierten Bewegungen minimal ist,
- der Dehnungsreflex nicht ausgelöst wird,
- durch die langsame Bewegung die Erhöhung der Entladungsfrequenz der Ia-Fa- sern, die von der Ausführungsgeschwindigkeit der Bewegung abhängt, vermie- den wird,

Durchführung des passiv statischen Dehnens

Durchführung des passiv statischen Dehnens
Zur Durchführung des passiv statischen Dehnens finden sich in der Literatur sehr uneinheitliche Angaben.
Grundsätzlich sollte man sich in etwa an folgendem Durchführungsschema orientieren:
- Langsames, sehr kontrolliertes Einnehmen der Dehnposition (bis eine Zugspannung bemerkbar ist),
- halten dieser Position. Hier sollte man sich weniger an den differierenden Zeitangaben (Haltezeit von 5 Sek. bis 60 Sek.), die in der Literatur zu finden sind, sondern an der Entspannung des Muskels, die sich in einem Nachlassen der Zugspannung äußert und als Anpassung an die neue Muskellänge interpretiert werden kann, orientieren. Eine Haltezeit zwischen 15 und 30 Sek. ist sicher ausreichend, um den »creeping«-Effekt am bindegewebigen Material hervorzurufen.
- Empfohlen werden mindestens 2–3 Wiederholungen pro Muskel/Muskelgruppe.

Eine verstärkte Dehnwirkung wird mit der Variante des »development Stretch« erreicht. Hierbei wird nach Nachlassen des »Dehnschmerzes« die Dehnstellung nochmals erweitert. Wie oft dabei der Zyklus Halten der Dehnstellung bis zur Spannungsabnahme – Weiterdehnen – Halten durchlaufen wird, liegt im Ermessen des Trainierenden.

- anzunehmen ist, daß auf Grund sehr großer Spannung im Muskel der Dehnungsreflex durch die hemmende Wirkung der Golgi-Sehnenorgane unterdrückt wird,
- gegenüber dem dynamischen Dehnen ein geringer muskulärer Energiebedarf vorliegt,

so daß das passiv statische Dehnen als **regenerationsfördernde Maßnahme** nach intensiven Trainingsbelastungen seine Berechtigung hat. Vor allem bei Belastungen mit hoher Laktatanhäufung in der Muskelzelle oder Belastungen, nach denen ein Kontraktionsrückstand der Muskulatur zu verzeichnen ist, ist das passiv statische Dehnen die geeignete Methode zur Regenerationsbeschleunigung.

Anspannungs-Entspannungs-Dehnen

Synonym für diese Dehntechnik finden sich die Bezeichnungen »**postisometrische Dehnungsmethode«**, »**CHRS-Methode«** (contract, hold, relax, stretch), **Anspannungs-Entspannungs-Dehntechnik** (AED).
Im Unterschied zum passiv-statischen Dehnen geht beim Anspannungs-Entspannungs-Dehnen der Dehnung die isometrische Kontraktion des zu dehnenden Muskels voraus. Über die Höhe sowie die Dauer der isometrischen Kontraktion finden sich in der Literatur unterschiedliche Angaben. SÖLVEBORN spricht von einer maximalen Anspannung, die zwischen 10 und 30 Sek. zu halten ist, während BADKTE und WYDRA et al. nur eine Anspannung mit mäßiger Kraft über 10 Sek. empfehlen.
Für die maximale isometrische Anspannung sprechen folgende Gründe:
- Die Spannungserhöhung der Sehne führt zur Erregung der Golgi-Sehnenorgane und somit zur autogenen Hemmung des zu dehnenden Muskels.

– Hält die Spannung auf die Sehne länger an, so ist mit der mechanischen Verlängerung des Bindesgewebes durch den »creeping«-Effekt zu rechnen. Dieser setzt für die nachfolgende Dehnungsphase den Dehnungswiderstand herab, d. h., bei gleicher Dehnungsamplitude entsteht weniger Spannung im Muskel-Sehnen-Komplex.

– Direkt nach einer maximalen Kontraktionsleistung ist die Erregbarkeit des α-Motoneurons reduziert. Diese geringere neuronale Erregbarkeit hält allerdings nur sehr kurz an. Um diesen Hemmechanismus für die Dehnung nutzen zu können, ist die Dehnung direkt (innerhalb von 2–3 Sek.) an die isometrische Anspannung anzuschließen.

– Desweiteren ist nach einer maximalen isometrischen Anspannung die Empfindlichkeit der Muskelspindel herabgesetzt; Untersuchungen zeigen, daß mit zunehmender Willkürkontraktion die Größe des Dehnungsreflexes abnimmt.

Nachteil des Anspannungs-Entspannungs-Dehnens
Die Nachteile des Anspannungs-Entspannungs-Dehnens sind fast identisch mit denen des passiv-statischen Dehnens. Ausnahme bildet das Argument der geringeren lokalen Erwärmung, da durch die vorausgehende Kontraktion eine starke Durchblutungssteigerung im zu dehnenden Muskel erreicht wird.

Vorteil des Anspannungs-Entspannungs-Dehnens
Vorteilhaft ist, daß
– durch die Nutzung der neuronalen Entspannungsmechanismen günstigere Ausgangsbedingungen als beim rein passiv statischen Dehnen für die nachfolgende Dehnphase geschaffen werden; vor allem die Verletzungsgefahr für den Muskel-Sehnen-Komplex ist deutlich herabgesetzt,
– durch die isometrische Kontraktion zusätzlich auch eine Kräftigung erzielt wird, so daß unter präventivem und rehabilitativem Gesichtspunkt diese Dehnmethode sehr effizient ist.

Durchführung des Anspannungs-Entspannungs-Dehnens
Das Anspannungs-Entspannungs-Dehnen läuft in vier Schritten ab:
1. Schritt: Dehnposition einnehmen und den Muskel (maximal) isometrisch 7–10 (bis 30) Sek. anspannen
2. Schritt: Spannung lösen
3. Schritt: Sofort (innerhalb 2–3 Sek.) die Dehnstellung bis zum leichten »Dehnschmerz« erweitern
4. Schritt: Dehnposition halten (etwa 10–30 Sek.), bis die Zugspannung nachläßt

Der aus den vier Schritten bestehende Zyklus kann ohne Unterbrechung mehrmals hintereinander durchgeführt werden, d. h., auf das Nachlassen der Zugspannung erfolgt wieder Schritt 1 mit der isometrischen Kontraktion usw. Analog zum passiv statischen Dehnen werden auch hier mindestens 2–3 Wiederholungen pro Muskel/Muskelgruppe empfohlen.

Durchführung des Anspannungs-Entspannungs-Dehnens

173

Aktiv statisches Dehnen

Beim aktiv statischen Dehnen wird der zu dehnende Muskel (Agonist) passiv in die Dehnposition gebracht. Die aktive Phase bezieht sich dann auf die isometrische Kontraktion des Antagonisten in der Dehnstellung, die dann über die reziproke Hemmung reflektorisch die Entspannung des Agonisten bewirkt. In der Literatur findet sich keine Angabe darüber, wie stark der Antagonist zu kontrahieren ist.

Legt man die dargestellten Reflexmechanismen zugrunde, dann aktiviert die maximale isometrische Kontraktion die Golgi-Sehnenorgane. Dies führt, wie bekannt, dann zu einer reflektorischen Entspannung des Antagonisten und eventuell zu einer Erregung der Agonisten. Diese Erregung wäre ungünstig für die Dehnung. Ergänzend muß erwähnt werden, daß diese neuronale Verschaltung nicht generell zu beobachten ist. Aus dem oben Gesagten kann geschlossen werden, daß für die reziproke Hemmung eine nicht maximale Kontraktion (die entsprechendes Einfühlungsvermögen erfordert) günstig erscheint.

Nachteil des aktiv statischen Dehnens
Die Nachteile dieser Dehnmethode sind dieselben wie beim Anspannungs-Entspannungs-Dehnen. Weiter ist die Durchführung dieser Dehnmethode sehr kompliziert und erfordert entsprechende Erfahrung, mehrmonatiges Training sowie Körpergefühl. Auch ist die Übungsauswahl sehr begrenzt, da nur solche Übungsformen angewendet werden können, bei denen gegen den Dehnwiderstand eine isometrische Kontraktion möglich ist.

Vorteil des aktiv statischen Dehnens
Durch die Nutzung der neuronalen Entspannungsmechanismen werden günstige physiologische und gefühlsmäßige Ausgangsbedingungen für die nachfolgende Dehnphase geschaffen.

Durchführung des aktiv statischen Dehnens
In einer leichten Dehnstellung des Agonisten wird der Antagonist isometrisch 5–7 Sek. angespannt. Direkt im Anschluß an die Kontraktion erfolgt die Dehnung des Agonisten, wobei die Dehnstellung wieder 10–30 Sek. gehalten wird. 2–3 Dehnungswiederholungen pro Muskel/Muskelgruppe sind als Minimum im Hinblick auf eine Verbesserung der Beweglichkeit anzusehen.

Bewertung der Dehnmethoden

Die bisherigen Untersuchungen zur Effektivität der Dehnmethoden konnten meist keine signifikanten Unterschiede aufdecken, so daß man sagen kann, die effektivste Methode gibt es nicht. Für die statischen Dehnmethoden sprechen vor allem die geringere Verletzungsgefahr der bindegewebigen Strukturen sowie der geringere Energieaufwand. Weiter wird bezweifelt, daß die neuronalen Effekte bei der Beweglichkeitsverbesserung überhaupt eine Rolle spielen. Als gesichert hingegen kann angenommen werden, daß die Beweglichkeitsverbesserung hauptsächlich in den plastischen Anpassungsvorgängen der kollagenen Strukturen zu sehen ist, d. h., Sehnen, Kapseln, Bänder, Muskeln sind bei entsprechendem Training auf Grund ihrer Relaxationseigenschaften in der Lage, den effektiven Bewegungsbereich des Gelenks zu vergrößern.

Zum Erhalt bzw. zur Verbesserung der Beweglichkeit können alle Dehnungsmethoden eingesetzt werden.

Stehen das Aufwärmen der Muskulatur und der koordinative Aspekt im Vordergrund, so ist dem dynamischen Dehnen gegenüber den statischen Dehnvarianten der Vorzug zu geben, da zum einen die lokale Muskeldurchblutung erhöht wird und zum anderen bei jeder Bewegungswiederholung die Bewegungsbahnung neu erfolgt. Soll hingegen mit dem Dehnen die Beschleunigung der Regeneration erreicht werden, sollte nur passiv statisch gedehnt werden. Für das Kinder- und Jugendtraining sind das Anspannungs-Entspannungs-Dehnen und das aktiv statische Dehnen ungeeignet, da diese Methoden ein gut ausgebildetes Körpergefühl, Entspannungsfähigkeit und Konzentrationsfähigkeit voraussetzen.

Hinweise zu Beweglichkeitstests

Die Erfassung der Beweglichkeit mittels Beweglichkeitstests läßt sich schwer objektivieren. Grundsätzlich erfolgt die Bewertung nach dem Ausmaß der Beugung, wobei das Maß der Beweglichkeit meist durch die Meßgrößen Zentimeter oder Grad bestimmt wird.

Bei der Beurteilung der erreichten Testresultate sollte man berücksichtigen, daß eine ungewöhnliche Dehnfähigkeit beispielsweise auf eine Haltungsschwäche oder veranlagungsbedingte Bindegewebsschwäche zurückgeführt werden kann.

Hinsichtlich der Testübungen, der -ergebnisse sowie ihrer Bewertung ist zwischen allgemeinen und speziellen Beweglichkeitstests strikt zu trennen.

Tests zur allgemeinen Beweglichkeit

Die allgemeinen Beweglichkeitstests beziehen sich vor allem auf die Beweglichkeit der Wirbelsäule, des Hüftgelenks und des Schultergelenks.

Testübungen und Normwerte finden sich bei: FETZ/KORNEXL 1978, GROSSER/ STARISCHKA 1981, 107 ff., 83 ff., WEINECK 1994, 514 ff.

Literaturhinweise zu Tests

Tests zur speziellen Beweglichkeit

Die spezielle Beweglichkeit fordert eine überdurchschnittliche Ausprägung der Beweglichkeit, wobei die überdurchschnittliche Qualität von der jeweiligen Disziplin abhängig ist. Hier muß man sich bei der Testübung sowie bei der Übungsausführung an den disziplinspezifischen Anforderungen orientieren. Beispiel: Eine überdurchschnittliche Hüftgelenksbeweglichkeit ist sowohl beim Turnen als auch beim Hürdenlauf erforderlich, wobei auf Grund der unterschiedlichen Dynamik der Bewegung die Ausführung der Testübung beim Turner statisch, beim Hürdenläufer dynamisch durchzuführen wäre.

Testübungen zur speziellen Beweglichkeit sowie Normtabellen für die Einordnung der Testergebnisse finden sich gegebenenfalls in der Fachliteratur für die entsprechenden Disziplinen oder sind über den jeweiligen Fachverband zu beziehen.

175

6 Konditionstraining mit Kindern und Jugendlichen

Wie sinnvoll ist Konditionstraining mit Kindern?

Kinder verfügen über einen natürlichen Bewegungsdrang, der ursprünglich entscheidend zu einer harmonischen Gesamtentwicklung körperlicher, psychischer und sozialer Fähigkeiten beigetragen hat. Die Umwelteinflüsse unserer Gesellschaft haben diese Ursprünglichkeit stark eingeschränkt: Neben den langen »Bewegungs-Ruhephasen« der Schulstunden verbringen Kinder heute zusätzlich z. T. mehrere Stunden täglich vor Bildschirmen und werden außerdem durch weitverbreitet falsche Ernährung zu regelrechten »Couch-Potatos« erzogen! Statistisch sind bis zu 65% der Kinder im Primarschulbereich bereits haltungsgeschwächt bzw. sogar -geschädigt. So gesehen ist für *alle* Kinder eine gezielte – möglichst tägliche (!) – Schulung ausgewählter konditioneller Fähigkeiten eine unabdingbare Notwendigkeit.

65% aller Kinder sind haltungsgeschwächt

Hinsichtlich einer beabsichtigten sportlichen Leistungsentwicklung mit Kindern muß diese Forderung naturgemäß einen noch stärkeren Akzent erhalten. Denn: Kinder sind Wesen in einem sich ständig fortentwickelnden körperlichen, psychischen und sozialen Prozeß – und sie sind vor allem eines nicht: kleine Erwachsene!

Kinder haben entwicklungsbedingt von Altersstufe zu Altersstufe Stärken und Schwächen; letztere insbesondere im Bewegungsapparat, und gerade für diese Bereiche ist eine entsprechende Konditionsschulung absolut angebracht.

Zum besseren Verständnis dieser Zusammenhänge gehen wir deshalb auf den Seiten 177 ff. näher auf entwicklungsbedingte Grundlagen ein. Zunächst jedoch einiges zu den sog. Rahmenbedingungen und den zu trainierenden Konditionsarten.

Rahmenbedingungen für ein Konditionstraining mit Kindern und Jugendlichen

Rahmenbedingungen

Das biologisch notwendige Konditionstraining mit auf den Leistungssport ausgerichteten Kindern und Jugendlichen sollte in nachstehende Rahmenbedingungen »eingebettet« sein:

1. Der **Gesundheitszustand** hat oberste Priorität; d. h., die Kinder sollten beim Einstieg (mit etwa 6–10 Jahren) in einen langfristig geplanten Leistungsaufbau gesund sein und während der folgenden Jahre auch bleiben. Halbjährliche internistische und orthopädische Untersuchungen sind deshalb ein Muß.
2. Nur fachlich **bestens ausgebildete TrainerInnen** sollten sich mit Kindern und Jugendlichen beschäftigen; darüber hinaus sollten es Trainerpädagogen sein, die nicht mit falsch verstandenem Ehrgeiz mögliche frühere eigene Schwächen mit den Leistungen von Kindern kompensieren wollen.

3. **Leistungsanforderungen** an Kinder müssen stets den momentanen biologischen Gegebenheiten angepaßt sein; das betrifft besonders die mechanischen Belastungen (Wirbelsäule!). Trainingsziele, -inhalte, -methoden und Verfahrensweisen unterscheiden sich eben in vielem wesentlich von denen bei Erwachsenen.

4. Kinder sollten stets so trainiert werden, daß ihnen die **Freude** an den sportlichen Tätigkeiten nicht vergeht. Erzwungener Druck seitens Eltern und Trainer wäre verfehlt.

5. Kinder und Jugendliche sollten neben einem Leistungstraining genug **Freiraum** für außerschulische und -sportliche Betätigungen haben.

6. Andererseits sollten Training und Wettkämpfe schulische bzw. berufliche Anforderungen **nicht beeinträchtigen.**

7. Soweit wie möglich, sollten für Kinder und Jugendliche günstige (altersadäquate) **Trainingsgeräte** und praktische Bekleidung (Schuhe!) bereitgestellt werden.

8. Bekanntlich entwickeln sich sportliche Talente besser in der **elterlichen Geborgenheit** als in Internaten und »Kasernierungen«.

Rahmenbedingungen

Konditionstrainingsarten im Kindes- und Jugendalter

Kondition, verstanden als die gewichtete Summe physischer Fähigkeiten, beinhaltet bekanntlich Kraft, Schnelligkeit, Ausdauer und Beweglichkeit (vgl. die näheren Differenzierungen auf den Seiten 7 ff.).

Für das Kinder- und Jugendalter treffen dieselben Konditionstrainingsarten zu, jedoch müssen sich ihre Herausbildung und Ausprägung am altersgemäßen biologischen Entwicklungsstand orientieren. Die Tabelle 49 (S. 187) gibt hierzu konkrete Angaben.

Entwicklungsbiologische Aspekte

Entwicklungsbiologische Grundlagen sind für alle Übungsleiter, Sportlehrer und Trainer äußerst notwendige Wissensvoraussetzungen hinsichtlich eines besseren Verständnisses für

– die bei Kindern ab dem 4./6. Lebensjahr sich herausbildenden *Wachstumsgegebenheiten* und motorischen Fähigkeiten und damit für

– den richtigen *Zeitpunkt für den Beginn des Trainings* der unabdingbaren vielseitigen Grundlagen, der einzelnen (und komplexen) koordinativen und konditionellen Fähigkeiten sowie möglicher Ausgleiche muskulärer Dysbalancen; außerdem für

– das Erkennen der *Zusammenhänge von Technik- und Konditionstraining* (natürlich auch im Zusammenhang mit »psychischer Stärkung«) sowie letztlich auch für

– die kurz-, mittel- und langfristige *Steuerung der Gesamtleistung.*

177

Motorische Entwicklung

Die motorische Entwicklung ist neben der kognitiven, psychischen und sozialen ein Teilbereich der menschlichen Gesamtentwicklung. Unter motorischer Entwicklung selbst versteht man einen durch Anlagen und Umwelteinflüsse hervorgerufenen Prozeß von Veränderungen physischer Dispositionen (d. h. körperlichen Eigenschaften und Fähigkeiten). Die für den Sport vorwiegend zutreffenden Komponenten der motorischen (biologischen) Entwicklung sind das Wachstum, die koordinativen und die konditionellen Fähigkeiten.

Wachstumsperioden

Das Wachstum bezieht sich auf alle äußeren und inneren Erscheinungen und Gegebenheiten des menschlichen Körpers, wie Körperhöhe, Gewicht, Organe, Blut, Stoffwechsel, aktiver und passiver Bewegungsapparat usw.

Der Zeitraum von der Geburt bis zur Erwachsenenreife läßt grob gesehen folgende Abschnitte des sog. Breiten- und Längenwachstums erkennen:

Kalendarische Abschnitte

- Von 0–4 Jahren   erstes Breitenwachstum
  (Kleinkindalter)
- von 0–9/10 Jahren   erstes Längenwachstum
  (Kleinkindalter, Vorschul- und frühes Schulkindalter)
- von 9/10–11/14 Jahren   zweites Breitenwachstum
  (spätes Schulkindalter)
- von 11/14–15/18 Jahren   zweites Längenwachstum
  (Pubertät)
- ab ca. 15/16 Jahren   drittes Breitenwachstum
  (Adoleszenz)

Die kalendarisch dargelegten Wachstumsphasen sind selbstverständlich als fließend anzusehen. Entwicklung geschieht stets schubweise; **kalendarische Einteilungen** dienen lediglich trainings-didaktischen Überlegungen und Anwendungen (siehe hierzu auch »Wachstumsbesonderheiten«, S. 180 f.).

Wachstum und Zentralnervensystem

ZNS   Die Gehirnzellen beginnen von den ersten Tagen nach der Geburt an sich zu entsprechenden Bewegungsmustern zu verknüpfen. Mit ca. **6. Jahren** hat das menschliche Gehirn bereits etwa 90% der Endgröße erreicht, und die Nervenleitprozesse zwischen ZNS und Muskulatur sind jetzt ausgewachsen. Mit etwa **12 Jahren** hat das Gehirn mit ca. 100–300 Milliarden (!) Zellen bereits die Endgröße erreicht. Bekanntermaßen ist das Gehirn die Steuerungszentrale für Bewegungskoordinationen und Schnelligkeitsfähigkeiten. So gesehen, bietet das Alter zwischen etwa 6/7 und 12/13 biologisch ideale Voraussetzungen zur Leistungsentwicklung von Bewegungen/Techniken und Reaktions-, Aktions- und Frequenzschnelligkeit.

Wachstum und Muskulatur

Die Muskulatur stellt den **aktiven Bewegungsapparat** dar. Zwischen Kindern und Erwachsenen bestehen in der Muskulatur quantitative und qualitative Unterschiede. Im Kindesalter bis etwa 12 Jahren überwiegen mit ca. 65–75% die langsam zuckenden Muskelfasern. Diese Gegebenheit unterstützt bei Kindern die relativ gute Ausdauerfähigkeit im aeroben Bereich (vgl. auch »Stoffwechsel«).
Im Verlaufe der Pubertät wächst sich die genetisch bedingte **Verteilung der Muskelfasern** (FTG-, FTO- und ST-Fasern) endgültig aus.
In bezug zum Körpergewicht entwickelt sich die **Muskelmasse** bei Kindern und Jugendlichen etwa wie folgt:

Muskelmasse bei Kindern und Jugendlichen

- 4–6jährige   ca. 20%
- 7–10jährige   ca. 23%
- 10–12/13jährige   ca. 25–28%
- 12/13–14/15jährige ca. 30–35%
- bis ca. 16/19jährige ca. 33–45%

Ab der Pubertät ist folglich ein gezieltes Muskelaufbautraining biologisch lohnend.

Wachstum und hormonelles System

Ab etwa 10/11 Jahren entwickeln sich biologisch bei Mädchen die Geschlechtshormone (Östrogene) und haben etwa 2 Jahre später das Wachstumsendstadium erreicht. Bei Jungen verläuft die adäquate hormonelle Entwicklung (Androgene, besonders Testosteron) ca. zwischen 12 und 16 Jahren. Diese Hormone (insbes. Testosteron) sind folglich für die Entwicklung der primären und sekundären Geschlechtsmerkmale verantwortlich; außerdem sind sie auch Ursachen für ein **vermehrtes Muskelwachstum**.

Testosteron

Wachstum und Skelettsystem

Das Skelett wird auch als **passiver Bewegungsapparat** bezeichnet. Im Kindes- und Jugendalter ist es das am wenigsten entwickelte »System«; seine endgültige Ausreifung wird bei Mädchen erst mit 19, bei Jungens mit ca. 21 Jahren erreicht. Auf Grund dieser Gegebenheiten besteht bei Kindern und Jugendlichen eine z. T. sehr hohe unphysiologische Beweglichkeit. Als unterstützende Maßnahme ist die **Herausbildung eines muskulären »Korsetts«** unbedingt notwendig. So gesehen, ist ein funktional richtig dosiertes Muskeltraining bei Kindern ab etwa 8 Jahren ein unbedingtes Muß.

Skelett

Wachstum und Stoffwechsel

Bau- und Betriebs- stoffwechsel

Im Kindesalter spielt der sog. **Baustoffwechsel** für Ein-, Um- und Aufbauvorgänge im Körper eine besondere Rolle. Kinder haben im Vergleich zu Erwachsenen einen um ca. 25% erhöhten Grundumsatz und benötigen mehr Vitamine, Mineral- und Nährstoffe sowie Eiweiß. Reicht bei extremen Belastungen (Beanspruchungen) der hierfür zur Verfügung stehende sog. **Betriebsstoffwechsel** nicht aus, kann dies zu Lasten des Baustoffwechsels gehen (vgl. beispielsweise den oft auftretenden Kleinwuchs bei turnenden Kindern!).

Für sportliche Leistungen werden sowohl die aerobe als auch die anerobe Kapazität benötigt. Während bei Kindern ab ca. 8 Jahren nahezu alle Parameter des **aeroben Stoffwechsels** relativ zum Körpergewicht günstig entwickelt sind, ist die **anaerobe Kapazität** wohl auch gegeben, jedoch erst ab der Pubertät allmählich auf einem wesentlich höheren Niveau.

Zum Immunsystem

Während der Reifung des Immunsystems – bis ca. zum 17. Lebensjahr und v. a. in der Pubertät – können durch zu extreme körperliche Beanspruchungen Beeinträchtigungen in der Infektabwehr auftreten.

Zur Thermoregulation

Kinder zeigen gegenüber Erwachsenen bei gemäßigten klimatischen Bedingungen keine thermoregulativen Unterschiede. Unter extremen klimatischen Bedingungen haben sie jedoch folgende Nachteile: Eine höhere massenbezogene metabolische Umsatzrate, d. h. Kinder produzieren pro Kilogramm Körpergewicht mehr stoffwechselbedingte Wärme; außerdem haben bei intensiven Belastungen teilweise eine unzureichendere Durchblutung innerer Organe und der Haut und somit letztlich eine Reduktion der Langzeitausdauer.

Wachstumbesonderheiten

Akzeleration Retardierung

Neben dem **kalendarischen Alter** (nach Jahrgängen) unterscheidet man ein sog. **biologisches** (nach der momentanen körperlichen Wachstumsentwicklung). So können beispielsweise 13jährige entweder **akzeleriert** sein, d. h. gegenüber Gleichaltrigen im Wuchs höher, schwerer, und somit auch über mehr Kraft und Ausdauer verfügen oder **retardiert**, d. h. in der körperlichen Entwicklung unterhalb der Normen des kalendarischen Alters (z. B. turnende Kinder). Fälschlicherweise sieht man in den Akzelerierten vielfach zu früh bestimmte Talente. Retardierte können natürlich in den späteren Jahren der jugendlichen Entwicklung die normal und akzeleriert Entwickelten »aufholen«.

In der Tabelle 49 (S. 182) ist die Entwicklung wichtiger motorischer Komponenten nochmals im Überblick zusammengestellt. Gleichzeitig ist hieraus auch der Entwicklungsverlauf motorischer Fähigkeiten im Kindes- und Jugendalter ersichtlich. Im nächsten Kapitel wird auf die Trainierbarkeit dieser Fähigkeiten näher eingegangen.

Belastbarkeit und Leistungsfähigkeit im Kindes- und Jugendalter und langfristiger Leistungsaufbau

Belastbarkeit und Leistungsfähigkeit

Unter **körperlicher Leistungsfähigkeit** versteht man die Gesamtheit der individuellen physischen Voraussetzungen des Sporttreibenden, die es ermöglichen, die Prozesse der objektiven Anforderungen des Bewegungslernens und Trainierens zu bewältigen. Die angesprochenen physischen Voraussetzungen im einzelnen sind die koordinativen Fähigkeiten und Bewegungstechniken, die Kraft, Schnelligkeit, Flexibilität und Ausdauer; sie basieren alle auf dem entwicklungsbedingten Ausprägungsgrad der motorischen Merkmale (s. oben), wobei der Organismus von Kindern und Jugendlichen nur insoweit belastbar ist (z.B. durch Trainings- und Wettkampfübungen), wie die Leistungsfähigkeit seines schwächsten Gliedes es zuläßt (dieses muß Sportlehrern und Trainern jeweils bekannt sein!).

(Randnotiz: Definition der körperlichen Leistungsfähigkeit)

Die Belastbarkeit selbst ist nach FRÖHNER (1996, 55 f.) ein wesentliches Merkmal des Organismus und auf Grund der Differenziertheit der biologischen Systeme des Organismus abhängig vom Entwicklungsniveau, vom Anpassungsniveau und von der Konstitution. Weiterhin kann sie durch exogene Einflüsse, z.B. durch Ernährung, durch die Lebensweise, durch die Art und Intensität der wirkenden Belastung beeinflußt werden. Nachstehend einige praktische Beispiele für diese notwendige Betrachtungsweise der Einheit und Differenziertheit von Leistungsfähigkeit und Belastbarkeit:

- Im Kindes- und Jugendalter treten vor allem bei Wirkung hoher mechanischer Belastung häufig Beeinträchtigungen des reifenden Knochens auf, die im allgemeinen zu längeren Trainingspausen oder zum Abbruch des Leistungsaufbaus führen. Deshalb ist den Einwirkungen auf das Skelettsystem und den Bandapparat durch mechanische Belastungen besondere Beachtung zu widmen. (Vorsicht vor Anwendung des Trainingsprinzips der »allmählichen Belastungssteigerung« bei Kindern!)
- Nicht rechtzeitig erkannte und berücksichtigte Normabweichungen des besonders im Kindes- und Jugendalter anfälligen Systems, die eine verminderte Belastbarkeit des Stütz- und Bewegungssystems signalisieren, können die Ursachen erheblicher Spätfolgen sein, auch bei ausgeprägter Leistungsfähigkeit.
- Merkmale der Belastbarkeit differieren oft stark im Vergleich zu Merkmalen der sportlichen Leistung. Einige Zustandsgrößen, die zunächst für die Leistung vorteilhaft sind, können im Verlauf des Leistungsaufbaus aus Sicht der Belastbarkeit gesundheitliche Probleme begünstigen. Ein Beispiel ist die extreme Beweglichkeit von hypermobilen bindegewebsweichen Kindern.

181

Tabelle 49 Überblick zu Entwicklung und Leistungsfähigkeit im Kindes- und Jugendalter

Alter	Phase muskulärer Anpassung	Muskulatur: Kraft und Beweglichkeit	Stoffwechsel: Ausdauer	Zentralnervensystem: Koordination und Schnelligkeit
6/7–9/10	Präventiv- und Aufbauphase	– ca. 23% Muskelanteil – schwache Haltemusk. – geringes Testosteron – »biegsames« Skelett – gute Beweglichkeit	– hohe Herzfrequenz – ca. 40 ml VO$_2$ max – beginnende günstige aerobe Stoffwechselanpassung – ungünstige anaerobe	– Gehirnwachstum ~ 90% – beginnende gute Bewegungskoordination – Reaktions- und Frequenzschnelligkeit
9/10–12/13	Ausgleichs- und	– 25–28% Anteil – geringes Testosteron – noch schwaches Skelett – muskul. Dysbalancen – gute inter- und intramuskul. Koordination – noch gute Beweglichkeit	– 40–48 ml VO$_2$ max untr. (60 = trainiert, ähnl. Erwach.) – noch ungünstige anaerobe Prozesse mit erhöhter Katecholaminausschüttung	– Gehirnreife abgeschlossen – sehr gute Bewegungskoordination – hohe Reaktionen und Frequenzen
12/13–14/16	Stabilisierungsphase	– ca. 30% Anteil ♀ 35% Anteil ♂ – Androgen- und Östrogenausschüttungen – noch labiles Skelett – eingeschränkte Beweglichkeit	– günstige aerobe Prozesse – allmählich bessere anaerobe Prozesse	– mögliche koordinative Einschränkungen (Wachstum!) – günstige Kraftschnelligkeit
15/16–18/19	Forcierungsphase	– ca. 35% Anteil ♀ 44% Anteil ♂ – Skelettstabilisierung – Hypertrophiehöhepunkt – eingeschränkte Beweglichkeit	– sehr gute aerobe und allmählich auch anaerobe Prozesse	– erneut günstige Koordinationsfähigkeiten – hohe Schnelligkeitsfähigkeiten

Tabelle 50 Stufen des langfristigen Leistungsaufbaus und die Anwendung der altersgemäßen Trainingsprinzipien

Trainingsstufe und Alter	Trainingsprinzipien
Allgemeine vielseitige Grundausbildung 4–6/7 Jahre	
Grundlagentraining 6/8–9/10 Jahre	– Prinzip der wirksamen Belastungsreize – Prinzip der optimalen Relation von Belastung und Erholung – Prinzip der Variation – Prinzip der Altersgemäßheit
Aufbautraining 1 9/10–11/13 Jahre	zusätzlich: – Prinzip der Wiederholung und Kontinuität – Prinzip der Vorrangigkeit und zielgerichteten Koordination
Aufbautraining 2 11/13–14/15 Jahre	zusätzlich: – Prinzip der allmählichen Belastungssteigerung – Prinzip der Periodisierung
Anschlußtraining ca. 14–17/18 Jahre	zusätzlich: – Prinzip der Individualität – Prinzip der regulierenden Wechselwirkung einzelner Trainingselemente – Prinzip der periodisierten Regeneration
Hochleistungstraining ab ca. 14/19 Jahren (in mehreren gesteigerten Abschnitten bis hin zur Spitzenleistung; Alter und Dauer sportartabhängig)	

Langfristiger Leistungsaufbau

Bezüglich der Herausbildung der sportlichen Leistungsfähigkeit im Kindes- und Jugendalter sollte man sich einerseits stets an den momentanen biologischen Gegebenheiten orientieren (vgl. Tab. 49) und andererseits einen äußerst langfristigen Aufbau im Blick haben. Erfahrungsgemäß benötigt man heute in nahezu allen Sportarten vom kindlichen Anfänger (z. B. ab 6/7 Jahren) bis zum Spitzenathleten ca. 8–15 Jahre. Diesen langfristigen Aufbau und die dazugehörigen Trainingsprinzipien (vgl. auch S. 18 ff. und MARTIN et al. 1999, 181 ff.) unterteilen wir in die in Tabelle 50 dargelegten Stufen (vgl. auch Abb. 46, S. 185).

Stufe 1: Vielseitige Grundausbildung (ca. 4–7jährige)

Allgemeine Charakterisierung der 4–7jährigen: Aneignung erster Bewegungskombinationen; rasche Steigerungen in der lokomotorischen Schnelligkeit, der Beweglichkeit, der koordinativen Fähigkeiten und der aeroben Ausdauer.

Weniger entwickelt sind die Rumpf-, Schulter- und Armmuskeln.

Vielseitige allgemeine Grundausbildung beinhaltet:
– Unspezifische, vielseitige Spielformen,
– komplexe Bewegungsformen um alle Körperachsen (Kinderturnen, Judo u. ä.),
– Hinführung zu den technischen Grundformen der betreffenden Sportart (z. B. Tennis), jedoch maximal nur ca. 30% der Gesamttrainingszeit hierfür verwenden!

Ein Grundlagentraining beinhaltet:
– Umfangreiche Ausbildung der koordinativen Fähigkeiten mittels allgemeiner und spezifischer Spiel- und Bewegungsformen,
– Schulung der Reaktions- und Frequenzschnelligkeit,
– Erlernen grundlegender Bewegungstechniken.

Stufe 2: Grundlagentraining (ca. 6/7–9/10jährige)

Stufe 2 Allgemeine Charakterisierung der 6–10jährigen: Es ist ein Abschnitt harmonischer Wachstums- und Differenzierungsprozesse; vordergründig ist eine spontane Lern- und Spieltätigkeit; rasche Fortschritte sind erkennbar in der motorischen Lernfähigkeit (Gehirnwachstum!), den koordinativen Fähigkeiten, der Reaktions- und Frequenzschnelligkeit sowie in der aeroben Kapazität.

Stufe 3: Aufbautraining 1 (ca. 9/10–11/13jährige)

Stufe 3 Allgemeine Charakterisierung der 9–13jährigen: Es ist die Phase bester motorischer Lernfähigkeit und günstiger und harmonischer Wachstums- und Differenzierungsprozesse; rasche Fortschritte zeigen sich in der intermuskulären Koordination, der Reaktions- und Frequenzschnelligkeit und teilweise auch in der Schnellkraft. Relativ schwach ausgeprägt sind die Maximalkraft und die anaerobe Kapazität.
Das Aufbautraining 1 beinhaltet:
– Vervollkommnung der Bewegungstechniken,
– Schulung neuronaler »Zeitprogramme« (= Grundschnelligkeit),
– Schulung der Reaktions- und Frequenzschnelligkeit,
– Schulung der intramuskulären Koordination (= Schnellkraft),
– Ausgleich muskulärer Dysbalancen.

Stufe 4: Aufbautraining 2 (ca. 11/13–14/15jährige)

Stufe 4 Allgemeine Charakterisierung der 11–15jährigen: Phase des beschleunigten Wachstums und bedeutender geschlechtsdivergierender hormoneller Umstellungen; ebenso eine Phase der Umstrukturierung motorischer Fähigkeiten und Fertigkeiten (Verlangsamung motorischer Lernfähigkeit); es zeigen sich günstige Steigerungen in der Schnell- und Maximalkraft sowie in den Ausdauerfähigkeiten; Schnelligkeitsfähigkeiten entwickeln sich verlangsamt.
Das Aufbautraining 2 beinhaltet:
– Weitere Technik-Vervollkommnung,
– verstärkte Schnelligkeits- und Schnellkraftschulung,
– gezielten Aufbau allgemeiner und sportartspezifischer Muskelgruppen,
– Training der Grundlagenausdauer.

Stufe 5: Anschlußtraining (ca. 14–17jährige)

Stufe 5 Auf Grund des allmählichen pubertären Auswachsens und des Durchlaufens der bisherigen 4 Stufen sind weitere Erhöhungen sportartenspezifischer Fertigkeiten und Fähigkeiten möglich.

Die Phase des Anschlußtrainings beinhaltet insbesonders:
- Technik-Vervollkommnung bis zur Virtuosität,
- verstärkten Muskelaufbau (soweit erforderlich),
- gesteigertes Schnellkraftniveau (über IK-Training),
- aerobes und anaerobes Ausdauertraining,
- Heranführung an »Streß-Trainings- bzw. Belastungsphasen« (durch entsprechendes Matchtraining und Turnierserien).

Stufe 6: Hochleistungstraining (ab ca. 16/19 Jahren)

Diese Phase bedeutet eine zunehmende Individualisierung und Stabilisierung auf Grund der nun gegebenen günstigen biologischen Bedingungen und des bisherigen langfristigen Leistungsaufbaus. In dieser Höchstleistungsphase ist jedoch meist erst nach einigen Jahren das individuelle Leistungsmaximum erreichbar.   **Stufe 6**

Abbildung 46 Der langfristige Leistungsaufbau im Kindes- und Jugendalter (am Beispiel Tennis; kann auf nahezu alle Sportarten modellhaft aufgewendet werden)

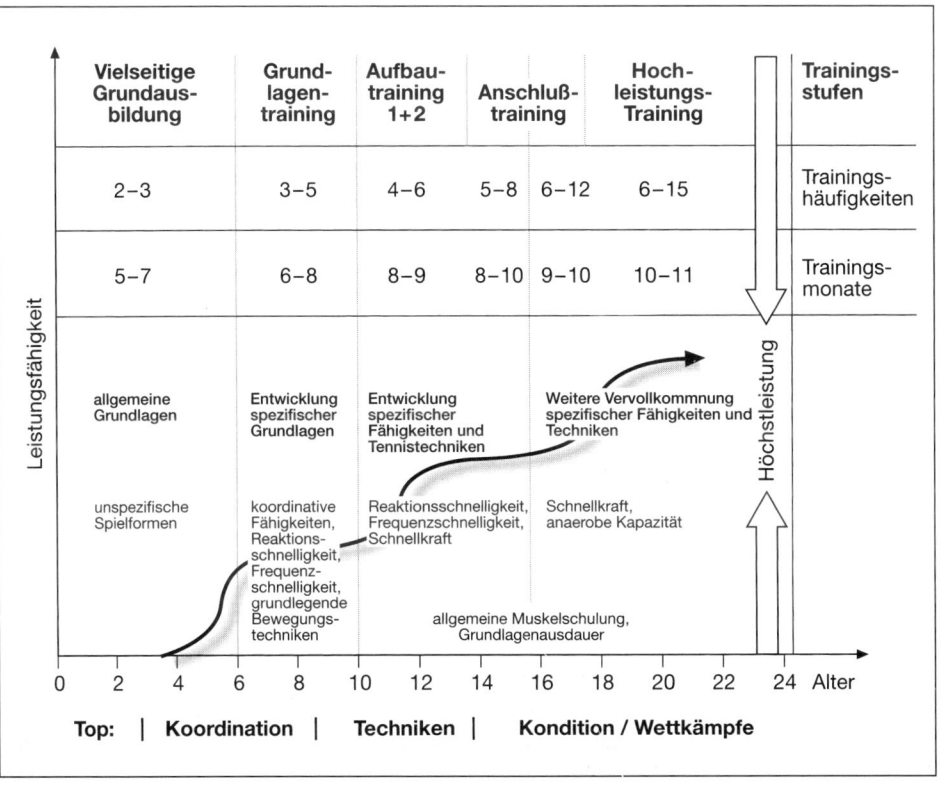

Krafttraining im Kindes- und Jugendalter

Ist Krafttraining im Kindesalter sinnvoll?

Halte- und Funktions- muskulatur

Die Frage nach dem Sinn eines Krafttrainings mit Kindern findet ihre Beantwortung in der folgenden Beobachtung: Kinder im späten Schulkindalter (9-12 Jahre) und in der puberalen Phase fallen fast ausnahmslos durch eine Schwäche der **Haltemuskulatur,** insbesondere des Rumpf-, Hüft- und Schulterbereiches auf (ca. 65% aller Kinder dieses Alters sind haltungsschwach (!), und somit zeigen sich sehr frühzeitig muskuläre Dysbalancen), während die **Funktionsmuskulatur** der Extremitäten (vor allem der Beine) in einem besseren »Trainingszustand« zu sein scheint. Letzteres ist offensichtlich durch die tägliche Belastung bedingt. Die deutliche Diskrepanz bleibt etwas unverständlich, da der durch Krafttraining erreichbare Zuwachs angeblich in diesem Alter so minimal sein soll.

Erklärt werden könnte dies dadurch, daß in der Skelettmuskelfaser eine Längenanpassung durch Vermehrung der in Serie geschalteten Sarkomere oder durch Verlängerung der Sehne möglich ist. Letzteres ist im Grunde nur als kompensatorische Maßnahme anzusehen, wenn der Muskel die gewünschte Länge nicht im Rahmen dynamischer Beanspruchungen benötigt, sondern als Anpassung an passive Dehnung. Während des Wachstums muß der Muskel eine Längenanpassung zeigen, da die Betonung des Knochenwachstums auf einer Längenzunahme liegt (insbesondere für die Extremitäten).

Die gleichzeitig dynamische Beanspruchung der Muskulatur dieses Bereiches hat eine Längenadaptation der Muskelfasern zur Folge. Die Vermehrung der in Serie geschalteten Sarkomere erhöht das Kraftpotential des Muskels, ohne daß eine (oder nur eine sehr geringe) Querschnittsvergrößerung, wie sie im Rahmen der Muskelhypertrophie des Erwachsenen als Antwort auf entsprechende Trainingsreize zu erwarten ist, beobachtet wird.

Von der Längenanpassung der Extremitätenmuskulatur sind vorwiegend die spindelförmigen Muskeln betroffen. Die gelenknah liegende Haltemuskulatur hingegen erhält in dieser Wachstumsphase nur wenig Anreiz zur Längenanpassung; somit ist auch eine geringe Zunahme des Kraftpotentials gegeben.

Erfährt nun die Muskulatur dieser Bereiche im Kindesalter eine zu geringe Beanspruchung von außen (Trainingsreize), so addiert sich zur wachstums- eine beanspruchungsbedingte Benachteiligung der Haltemuskulatur.

Die Schwäche dieser Muskulatur bedeutet jedoch eine reduzierte Funktionsfähigkeit der gesamten Muskulatur und auf lange Sicht auch eine Überbelastung des passiven Bewegungsapparates (Knochen, Gelenke); **eine gezielte Förderung der Muskelentwicklung erscheint deshalb zwingend notwendig** (bekanntlich ergibt sich aus einem verbesserten Kraftniveau auch ein verbessertes Bewegungsverhalten).

Um der **Haltemuskulatur** geeignete Trainingsreize anzubieten, ist nicht die Intensität der Reize entscheidend, sondern die Form der Beanspruchung, d. h.: Dynamische Bewegungen, die eine dehnende Komponente mit der aktiven Muskelarbeit verbinden, bewirken eine gezielte Förderung des kontraktilen Teils des Muskels.

Passive Dehnübungen hingegen zwingen möglicherweise ausschließlich die Sehne zur Adaptation. Eine zusätzliche Gewichtsbelastung ist unter der dargestellten Zielsetzung nicht unbedingt notwendig.

Entsprechend geeignete Übungen bieten sich somit als Maßnahmen zur Förderung der Entwicklung der Muskulatur bereits im Kindesalter an. Auf diese Weise wird die Muskulatur bestens auf ihre Aufgabe der Entlastung des passiven Bewegungsapparates vorbereitet.

Zum Beginn der Trainierbarkeit im Kindesalter

Der Beginn der Trainierbarkeit der Kraft bei Kindern liegt nach bisherigen wissenschaftlichen Aussagen und praktischen »Erscheinungsbildern« um das 7.–9. Lebensjahr. Da die Kraftentwicklung, wie oben beschrieben wurde, von verschiedenen Faktoren abhängig ist, muß für einen Kraftzuwachs vor dem 10. Lebensjahr folgendes unterschieden werden: Der durch Training erkennbare Kraftzuwachs ist

Beginn der Krafttrainierbarkeit

1. vorwiegend durch *intra- und intermuskuläre Koordination** bedingt und
2. auf eine Verbesserung der *relativen Kraft* (entspricht dem Verhältnis von maximaler Kraft zum Körpergewicht) zurückzuführen. Diese Verbesserung selbst ist durch einen erhöhten Energieumsatz mit entsprechender Fettverbrennung bedingt (und somit durch eine Verbesserung der aeroben Energiebereitstellung), die wiederum eine Verschiebung der Anteile von Muskelmasse zur Gesamtkörpermasse (zugunsten der Muskelmasse) bewirkt.
3. Eine Muskelfaserquerschnittsvergrößerung (= *Hypertrophie*) ist auf Grund des noch zu geringen intrazellulären Testosteronspiegels offensichtlich nur sehr gering gegeben**. Während des Wachstums findet jedoch eine *Muskellängenanpassung* (Vermehrung der in Serie geschalteten Sarkomere) statt.

Insgesamt gesehen sind die Ursachen der Kraftentwicklung sehr komplex und diffizil und bis heute noch nicht voll erforscht, so daß die soeben genannten Punkte lediglich als mögliche Aspekte zu betrachten sind.

Hinsichtlich der verschiedenen *Erscheinungsformen der Muskelkraft* ist für einen Trainingsbeginn in der **vorpuberalen Phase** (ca. 8–12 Jahre) folgendes anzumerken (vgl. auch Tab. 51, S. 188):

8–12jährige

- Zunächst sollten Übungen, Methoden und Mittel der *Schnellkraftverbesserung* angewendet werden (vgl. S. 74 »Schnellkraftmethode«, eventuell in abgeschwächter Form).
- Ein *Muskelaufbautraining* (in Form der »Gesundheits-Fitneßmethode« vgl. S. 65) mit Intensitäten bis 40% kann ergänzend betrieben werden.

Neben der Wirkung auf die Muskelfaser und die intramuskuläre Koordination muß allerdings auch die Wirkung eines Krafttrainings in der vorpuberalen Phase

---

* Diese Verbesserungen beruhen jedoch nicht auf gezielten Krafttrainingsmaßnahmen wie beispielsweise durch die Krafttrainingsart der »intramuskulären Koordination«, sondern vorwiegend auf Bewegungsformen wie Spielen, Laufen, Hüpfen, Klettern, Kämpfen usw.

** Subjektive Beobachtungen der Verfasser an 7–10jährigen Turnerinnen und Turnern verschiedener Nationen lassen jedoch vermuten, daß die z. T. bereits sehr stark »profilierte« Muskulatur auch auf Hypertrophie zurückzuführen sein muß (vgl. auch MERSCH 1987).

Tabelle 51 Überblick zur Entwicklung der muskulären Anpassung im Kindes- und Jugendalter

Alter	Phasen muskulärer Anpassung		Trainingsziele, Anpassungsbedingungen
6/7–9/10	Präventiv- und Aufbauphase	ca. 23% Muskelanteil schwache Haltemuskulatur geringes Testosteron biegsames Skelett gute Beweglichkeit	allgem. Muskelentwicklung Beginn der Schnellkrafttrainierbarkeit bedingt durch – intra- und intermuskuläre Koordination – Muskellängenanpassung – aerobe Kapazität
9/10–11/13	Ausgleichs- und	25–28% Muskelanteil geringes Testosteron noch schwaches Skelett muskuläre Dysbalancen noch gute Beweglichkeit	gesteigerte Schnellkrafttrainierbarkeit auf Grund – guter intra- und intermusk. Koordination und – günstiger Relativkraft geringfügig auch Muskelaufbau und Kraftausdauer
11/13–14/15	Stabilisierungsphase	ca. 30% Anteil ♀ 35% Anteil ♂ Androgen- und Östrogenausschüttung noch labiles Skelett eingeschränkte Beweglichkeit	verstärkter Beginn von Muskelaufbautraining durch eiweißanabole Wirkung Beginn von Maximalkrafttraining
15/16–18/19	Forcierungsphase	ca. 35% Anteil ♀ 44% Anteil ♂ Skelettstabilisierung Hypertrophiehöhepunkt eingeschränkte Beweglichkeit	sensible Phase für – Schnellkraft und Reaktivkraft – Maximalkraft – Kraftausdauer

auf das *Skelettsystem* beachtet werden. Die Knochen sind zwar in diesem Alter soweit gefestigt, daß leichte Belastungen und Sprünge mit dem eigenen Körpergewicht möglich sind, jedoch auf Grund der noch nicht geschlossenen Epiphysenfugen keine sehr hohen Intensitäten (Gefahr für das Längenwachstum!).

- Außerdem darf ein *Muskelaufbautraining* nur unter dem Gesichtspunkt *bewegungskoordinativer Ausführungen* und der ergänzenden *Beweglichkeitsschulung* betrieben werden, d. h.,
  - es sollten keine eingelenkigen Übungen (z. B. an Maschinen),
  - sondern stets mehrgelenkige und sog. »regulative« (s. S. 205 ff.) Übungen und
  - zusätzlich ergänzende Gymnastikübungen durchgeführt werden.

Mehrgelenkige Übungen sind beispielsweise Kniebeugen mit hochgehaltenem (!) leichtem Gewicht. Diese Aussage mag viele Praktiker verwundern, da die sog. »Überkopfarbeit« für Kinder und Jugendliche bis heute absolutes Tabu ist. Neueste Untersuchungen haben jedoch gezeigt, daß bei Kniebeugen mit erhobenen Armen die Gefahren für eine Wirbelsäulenknickung wesentlich geringer sind als mit den ›herkömmlichen‹ Übungsformen: Die Durchführung dieser Übungen bedingt eine Übereinstimmung von vertikalem Körper- und Hantelschwerpunkt; denn bereits bei einer Verlagerung der Hantel um 1 bis 1,5 cm nach vorne oder hinten ist diese nicht mehr zu halten, die Übungen sind nicht mehr durchführbar. **Überkopf-arbeit**

Eine Übereinstimmung von vertikalem Körper- und Hantelschwerpunkt setzt jedoch voraus bzw. fördert

- eine gerade Oberkörperhaltung – die Beanspruchung der Wirbelsäule auf Biegung und Knickung ist mangels eines Drehmomentes bei dieser Überkopfübung somit nicht möglich. Die Wirbelsäule wird damit nur in vertikaler Richtung auf Druck belastet.
- Der sehr geringe Toleranzbereich der vertikalen Hantelführung fordert und fördert außerordentlich die Gleichgewichtsfähigkeit; darüber hinaus
- wird eine entsprechende Beweglichkeitsverbesserung im Fuß-, Knie-, Hüft- und Schulterbereich erreicht, da diese Übungen nur mit einem Stand auf der ganzen Fußsohle durchgeführt werden können.

Somit sind die in der Literatur geäußerten Vorbehalte gegen die **Überkopfarbeit** im Kindes- und Jugendalter nicht aufrechtzuerhalten. Die soeben beschriebene Übungsdurchführung bedeutet nämlich im Gegensatz zu den herkömmlichen Übungen (z. B. Hantel auf den Schultern) keine Gefährdung der jugendlichen Wirbelsäule. Darüber hinaus werden die Forderungen, neben der Kraftentwicklung auch die Beweglichkeits- und Koordinationsfähigkeiten zu schulen, bei der Überkopfarbeit erfüllt.

Zur gesteigerten Trainierbarkeit bei Jugendlichen

Ab ca. dem 12. Lebensjahr nimmt bei Jungen die Androgenausschüttung (Testosteron u. a.) stark zu (bei Mädchen ab ca. 11. Lebensjahr, jedoch wesentlich geringer). Die Voraussetzungen für eine Kraftentwicklung auf Grund eiweißanaboler Wirkung (= Muskelhypertrophie) werden immer günstiger. In dieser sog. **puberalen Phase** der jugendlichen Entwicklung sind (vgl. auch Tab. 49, S. 182) **Puberale Phase**

189

1. bezüglich eines Muskelaufbaues verbesserte biologische Bedingungen gegeben; jedoch
2. bezüglich des Längenwachstums relativ ungünstige. In dieser Phase des zweiten Gestaltwandels (ausgeprägter Längenwachstumsschub) kommt es zu einer neuerlichen Umstrukturierung der Knochenbälkchen, so daß die Entwicklung großer Muskelkraft eher negative Veränderungen am Skelettsystem bewirken kann.

Hinsichtlich der *Erscheinungsformen der Muskelkraft* und ihrer Trainingsarten ist für die puberale Phase folgendes anzumerken:

● Die *Schnellkraft* kann vorsichtig dosiert gesteigert werden.

● Das *Muskelaufbautraining* wird mit den gleichen Intensitäten fortgesetzt, wobei, orientiert an der gesteigerten Maximalkraft, sich auch die Gewichtsbelastungen absolut gesehen erhöhen.

● Die Trainingsart der *intramuskulären Koordination* sollte im Hinblick auf eine Maximalkraftsteigerung (vgl. S. 66 ff.) isoliert noch nicht angewendet werden.

● Ein *»kombiniertes Training«* in Form der Pyramidenmethode kann jedoch durchaus eingesetzt werden, denn nach sportpraktischen Erkenntnissen bewirkt das Pyramidentraining als eine Kombination von Muskelaufbautraining und intramuskulärem Krafttraining durch das Überwinden geringer Widerstände in hohen Wiederholungszahlen einmal eine entsprechende Körpergewichtsentwicklung der Jugendlichen, zum anderen durch das Überwinden hoher Widerstände in geringen Wiederholungszahlen aber auch eine entsprechende Ausnutzung ihres vorhandenen Muskelpotentials. Des weiteren wird durch die nur geringe Anzahl von Wiederholungen mit maximalen Widerständen eine hohe Belastung des passiven Bewegungsapparates vermieden, zumal das Pyramidentraining für Jugendliche bei Dreier-Wiederholungen endet. Wenn wir voraussetzen, daß 95% der aktuellen Bestleistung einmal, 90% zweimal realisiert werden können, erlauben Dreier-Wiederholungen allenfalls Belastungsgrößen um 85%.

● Auf ein *Kraftausdauertraining* mit laktaziden Belastungen sollte auf Grund der noch fehlenden anaeroben Kapazität im ersten Teil der puberalen Phase verzichtet werden; man kann jedoch mit vorsichtiger Dosierung beginnen. Allerdings verbessert eine Steigerung der aeroben Kapazität auch die Kraftausdauer (vgl. PACH 1990)!

● Alle Kraftbelastungen in diesem Alter zwischen 11/12–15/17 Jahren müssen unter sorgfältigster Berücksichtigung des Skelettsystems (v. a. der Wirbelsäule! empfehlenswert: orthopädische Untersuchung) absolviert werden, d. h. Vermeidung allzu starker Druck-, Zug-, Biege- und Stauchbewegungen.

Adoleszenz Die Pubertätsphase geht bei Mädchen ca. mit dem 14./15. und bei Jungen ca. mit dem 16./17. Lebensjahr in die sog. **Adoleszenz** über. Diese Übergangszeit ist gekennzeichnet durch entsprechendes Breitenwachstum (»Füllungsphase«), und die jugendliche Gestalt kommt jetzt und in den folgenden 1–2 Jahren der Adoleszenz zu einem reifebedingten Ausgleich.

Für das Krafttraining kann nunmehr die Hochleistungsphase beginnen (vgl. auch Tab. 50, S. 183), wobei für die Praxis stets zu berücksichtigen ist, daß das Skelettsystem bei Mädchen erst mit ca. 18/19 und bei Jungen mit ca. 19–22 Jahren voll ausgereift ist.

Trainingsmethoden und ausgewählte Trainingsprogramme

Aus den vorhergehenden Abschnitten wurden die Notwendigkeiten und biologischen Bedingungen einer gezielten Muskelausbildung bei Kindern und Jugendlichen ersichtlich. Im folgenden stellen wir nun methodische Grundsätze (ergänzend zu obigen Aussagen), Trainingsinhalte und -methoden sowie ausgewählte Trainingsprogramme für verschiedene Altersstufen dar.

Methodische Grundsätze

- Anpassungsziele beim Muskeltraining mit Kindern und Jugendlichen sind vorwiegend folgende (vgl. auch Tab. 51):
  Ausgleich muskulärer Dysbalancen, Muskelaufbau (Hypertrophie), Kapillarisierung, Verbesserung des aerob-anaeroben Stoffwechsels (lokale Muskelausdauer), z. T. auch intramuskuläre Koordination und Fettabbau sowie allgemeine Koordinationsverbesserung.
- Oberster Grundsatz bei der Muskelausbildung im Kindes- und Jugendalter ist eine frühzeitige – ab ca. 7 Jahren – und vielseitige Schulung, d. h.
- alle Muskelgruppen betreffend, mit Schwerpunkt auf der schwächeren Haltemuskulatur (Rücken/Bauch/Schultern; Dysbalancen!).
- Die Kraftübungen sollten darüber hinaus abwechslungsreich, z. T. in spielerischer Form und vor allem risikolos (Wirbelsäule!) sein.
- Außerdem sollten sie stets korrekt und kontrolliert ausgeführt werden. Es sollte der gesamte Bereich der (Gelenk-)Beweglichkeit ausgenutzt werden. Eventuell müßte die eine oder andere Übung »technisch« erst gelernt werden (eine Art Techniktraining von Konditionsübungen).
- Weiterhin sollten sie, wo immer es sich anbietet, parallel geschaltet sein mit koordinativer Schulung (v. a. Gleichgewicht, vgl. S. 205 ff.).
- Eine Kraftschulung im Kindesalter muß stets wohldosiert sein, d. h. sowohl kurze schnelle Reize als auch gemäßigt längere Belastungen (Umfang vor Intensität). Vorsicht mit Partnerübungen; sie entsprechen selten einer adäquaten Belastung und sind mitunter verletzungsfördernd.
- Das »Prinzip der allmählichen Belastungssteigerung« sollte im Kindesalter auf Grund möglicher Überlastung des passiven Bewegungsapparates nur bedingt oder gar nicht angewendet werden (→ erst im Jugendalter). Jedoch: Anwendung des »Prinzips der Variation«.
- Muskeltraining mit Kindern und Jugendlichen erfordert ausreichende Pausenlängen zwischen den Übungen und Sätzen/Serien, da bei Kindern ein erhöhter Energieverbrauch gegeben ist (Baustoffwechsel, vgl. S. 180).
- Im (Hoch-)Leistungssport mit Jugendlichen gilt: Erhöhe das Kraftniveau bei Übungen mit Bezug zur Wettkampfübung bis zu dem Niveau, auf dem sich keine sporttechnischen Fehler einstellen. Außerdem ist allgemein die »Drei-Jahres-Regel« zu beachten, nach der ein Sportler spezielle Kraftübungen mit der Scheibenhantel erst nach einer dreijährigen allgemeinen Vorbereitung durchführen sollte (vgl. Zatsiorsky 1996, 166).
- Fazit: Die biologischen Gegebenheiten (Skelettlabilität, Muskelschwächen usw.) im Kindes- und Jugendalter sprechen absolut für ein gezieltes Muskeltraining

191

und niemals dagegen, wobei hinsichtlich kindgemäßer Belastbarkeit (nochmals) betont werden soll:
– Fehlbelastungen vermeiden und
– die Belastbarkeit des Stütz- und Bewegungssystems durch ein gezieltes Präventivtraining auf hohem Stabilitätsniveau halten (vgl. auch MARTIN/NICOLAUS 1997, 57).

Trainingsübungen, Trainingsmethoden und Trainingsprogramme für 7–11/13jährige

7–13jährige **Trainingsübungen (Trainingsinhalte)**
- Für eine allgemeine, vielseitige und unspezifische Muskelschulung: Hindernisturnen, Rauf- und Kampfspiele, Schiebe- und Ziehkämpfe, Krebsfußball, Sackhüpfen, Seilspringen, Hockkämpfe, Hüpf- und Sprungformen, Rundtau-Übungen, Langbank-Übungen, Sprossenwand-Übungen, Treppenlaufen, Medizinball-Übungen usw.
- Neben dieser allgemeinen Schulung ist bereits frühzeitig die Anwendung von Übungen zur spezifischen und kontrollierten Verbesserung einzelner Muskelgruppen erforderlich, und zwar möglichst durchgeführt mit richtig dosierten Programmen (Beispiel vgl. Tabelle 52), da mit allgemeinen und spielerischen Übungen oft nicht muskuläre Schwachstellen »erwischt« werden. Erfahrungsgemäß machen jedoch solche Programme Kindern weniger Spaß, da der spielerische Charakter weitgehend fehlt.

Trainingsmethoden und Trainingsprogramme
Die allgemeinen Übungen können methodisch entweder in Form eines Zirkeltrainings (10 Sek. Belastung, 30–40 Sek. Pause) oder einzeln mit ca. 10 Wiederholungen durchgeführt werden.
Wir empfehlen bei Kindern *2mal wöchentlich ein Training* mit jeweils 6–10 Übungen, wobei auf den Rumpfbereich stets die doppelte Anzahl der Übungen zutrifft.
Abhängig vom Kraftniveau und den sportartspezifischen Anforderungen kann der Periodisierungsabschnitt von 4 Wochen, wie wir ihn in unserem Programm ohne Geräte vorschlagen (Tab. 52), in der Jahresperiodisierung beliebig wiederholt werden.
Das Programm mit Geräten und Zusatzlasten (vgl. Tab. 53, S. 196) wird mit einem 10-Wochen-Zyklus angegeben, der ebenfalls gut dosiert (eventuell gesteigert) beliebig wiederholt bzw. fortgesetzt werden kann.
Für ein Programmtraining schlagen wir folgende methodische Anwendung vor:

Programmtraining für 7–13jährige

Übungszahl: 6–10
Übungsausführung: dynamisch-konzentrisch
Bewegungsgeschwindigkeit: langsam bis zügig, Sprungformen schnell
Belastungsintensität: 20–40% der momentanen Maximalkraft
Übungswiederholungen in einem Satz: 5–20 (je nach Schwierigkeit und Trainingszustand)
Sätze: 1–3,
Pausen zwischen den Sätzen: 1–3 Min.

Tabelle 52 Grundprogramm für 7–11/13jährige (ohne Geräte und Zusatzlasten)

Muskel-bereich	Übung	Bild-Nr.	Trainingswoche			
			1.	2.	3.	4.
Beine Hüfte	Ausfallkniebeugen links und rechts	1	je 5 1	je 5–7 2	je 6–10 2	je 10–12 3
	Kniebeugen	2	10 1	10–12 2	12–15 2	12–20 3
	Strecksprünge	3	6–8 1	6–10 2	8–12 2	10–20 3
	Heben in Ballenstand links und rechts	4	je 5 1	je 6–7 2	je 6–9 2	je 8–15 3
Bauch	Sit-ups (90°)	5	5 1	5–10 2	8–12 2	10–20 3
Rücken Hüfte Gesäß	Dreh-Sit-ups nach rechts und links	6	je 3 1	je 3–5 2	je 4–8 2	je 6–10 3
	In Rückenlage Beine nach rechts und links ablegen	7	je 3 1	je 3–5 2	je 4–6 2	je 4–10 3
	In Rückenlage Beine hochstrecken (Gesäß abheben)	8	2–3 1	3–4 2	4–6 2	4–8 3
	In Bauchlage Oberkörper gestreckt leicht abheben	9	4 1	4–6 2	5–7 2	6–10 3
	Im Kniestand Arm-Bein-Heben Heben über Kreuz	10	je 3 1	je 3–5 2	je 4–6 2	je 5–10 3
	Im Kniestand »Staubsauger«	11	4 1	6 2	8 2	8–12 3
	Im Stützsitz Hüftheben (auch aus Rückenlage)	12	4 1	4–6 2	5–8 2	6–10 3
Rumpf Schulter Arme	Knieliegestütz	13	6–10 1	6–10 2	8–12 2	8–15 3
	Liegestütz normal	14	2–3 1	3–4 2	4–6 2	5–12 3
	Im Seitliegestütz Beinabspreizen	15	2 1	2–3 2	2–5 2	3–6 3

Trainingshäufigkeit pro Woche: 2–3× ganzjährig (Pausen evtl. in Ferienzeit)

obere Zahl: Wiederholungen
untere Zahl: Sätze

Steigerung ab 5. und weiteren Wochen: zuerst Wiederholungszahlen um 1–2, später Satzsteigerung

1

2

7a

3a

3b

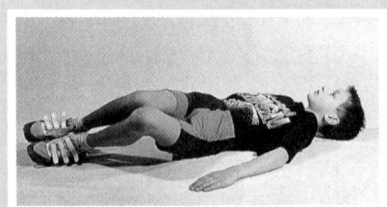

7b

8a

4

5

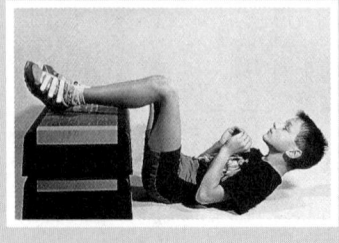

6

8b

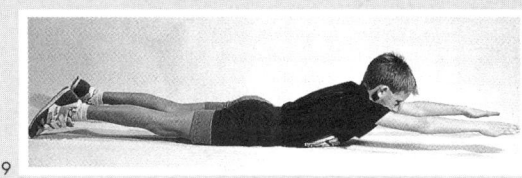

9

10a

10b

11a

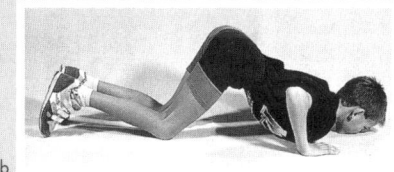

11b

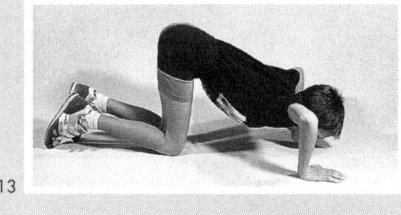

13

12a

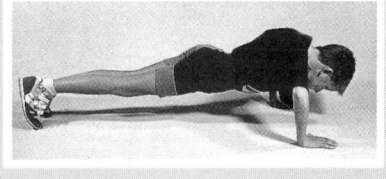

14

12b

15a

15b

Tabelle 53 Grundprogramm für 10–12/13jährige (mit und ohne Geräte und Zusatzlasten)

Muskelbereich	Nr. Bild	Kraftübungen	Wichtig	Trainingsparameter	1.	2.	3.	4.	5.	6.	7.	8.	9.	10.
Beine – Hüfte	1	Kniegelenkbeugen	Fest anlehnen und Spannung im ganzen Körper	I (in %)	20-30	20-30	20-30	20-30	20-30	20-30	30	30	30-40	30-40
				W	5	5	5-8	5-8	5-8	5-8	5-10	5-10	5-10	5-10
				S	1-2	1-2	2	2	2-3	2-3	3	3	3	3
	2	Schenkelanziehen im freien Stand	Standbein fest stabilisieren, Rücken- und Bauchmuskeln anspannen	I	20-30	20-30	20-30	20-30	20-30	20-30	30	30	30-40	30-40
				W je Bein	5-10	5-10	5-10	5-8	5-10	5-10	10-15	10-15	10-15	10-15
				S	1-2	1-2	2	2	2-3	2-3	3	3	3	3
	3	Kniebeugen halbhoch mit leichter Hantel auf Schultern	Ganz gerader Rücken, Stand auf ganzen Sohlen	I	20-30	20-30	20-30	20-30	30	30	30	30	30-40	30-40
				W	5-8	5-8	5-8	5-8	5-10	5-10	5-10	5-10	10	10
				S	1-2	1-2	2	2	2-3	2-3	3	3	3	3
Hüfte Rücken Schulter	4	Oberkörperaufrichten aus Bauchlage (ohne Gewicht)	Rücken-, Bauch-, Hüft- und Beinmuskeln anspannen	W	5-10	5-10	5-10	5-10	5-10	5-10	10-15	10-15	10-15	10-15
				S	1-2	1-2	2	2	2-3	2-3	3	3	3	3
	5	Hüftgelenkstrecken beidbeinig (ohne Gewicht)	Rücken-, Bauch-, Hüft- und Bauchmuskeln fest anspannen	W	4-6	4-6	4-6	4-6	6-8	6-8	6-8	6-8	8-12	8-12
				S	1-2	1-2	2	2	2-3	2-3	3	3	3	3
	6	Latziehen vertikal im Sitzen vor der Brust	Gerade sitzen, Brust raus beim Ziehen	I	20-30	20-30	20-30	20-30	20-30	20-30	30	30	30-40	30-40
				W	5	5	5-8	5-8	5-8	5-8	5-10	5-10	5-10	5-10
				S	1-2	1-2	2	2	2-3	2-3	3	3	3	3
	7	Latziehen horizontal im Sitzen	Gerade sitzen, Rücken ganz fest und strecken	I	20-30	20-30	20-30	20-30	30	30	30	30	30-40	30-40
				W	5-8	5-8	5-8	5-8	5-10	5-10	5-10	5-10	10	10
				S	1-2	1-2	2	2	2-3	2-3	3	3	3	3
Bauch Brust	8	Aus Rückenlage beide Knie anziehen und Oberkörper aufrichten (o. G.)	Lendenbereich fest auf Unterlage drücken und nicht aufheben	W	3-6	3-6	4-8	4-8	4-8	4-8	6-12	6-12	6-12	6-12
				S	1-2	1-2	2	2	2-3	2-3	3	3	3-4	3-4
	9	Drehsitups links und rechts (ohne Gewichte)	Lendenbereich fest auf Unterlage drücken	W je Seite	3-5	3-5	5-8	5-8	7-10	7-10	10	10	10-15	10-15
				S	1-2	1-2	1-2	2	2-3	2-3	3	3	3-4	3-4
	10	Butterfly in Rückenlage mit Kurzhanteln	Rücken fest auf Unterlage drücken, Beine frei hochhalten	I	20-30	20-30	20-30	20-30	20-30	20-30	30	30	30-40	30-40
				W	5	5	5-8	5-8	5-8	5-8	5-10	5-10	5-10	5-10
				S	1-2	1-2	2	2	2-3	2-3	3	3	3	3
Arme	11	Nackendrücken	Bein-, Hüft-, Bauch- und Rückenmuskeln fest anspannen	I	20-30	20-30	30	30	30-40	30-40	30-40	40	40	40
				W	2-4	2-4	3-5	3-5	4-6	4-6	5-8	5-8	8-10	8-10
				S	1-2	1-2	1-2	2	2	2	2-3	2-3	2-3	2-3
	12	Klimmziehen (ohne Gewicht)		W	1-2	1-2	2-4	2-4	3-5	3-5	3-5	3-5	5-6	5-6
				S	1-2	1-2	2	2	2-3	2-3	3	3	3	3

Anmerkung: Die aufgeführten Übungen sind Beispiele; sie können – je nach Gerätebestand – auch durch andere ähnliche Übungen ersetzt werden.

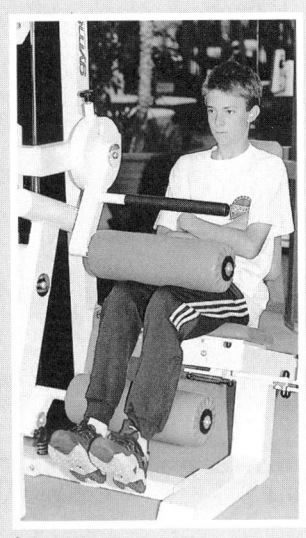

1

2

3

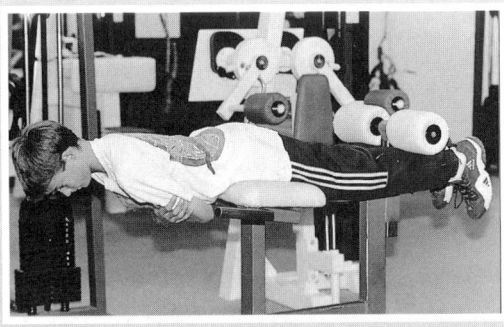

4

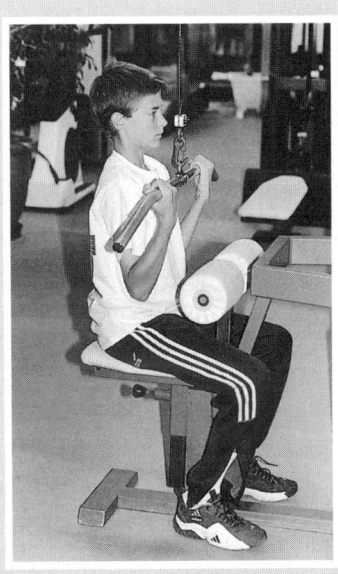

6

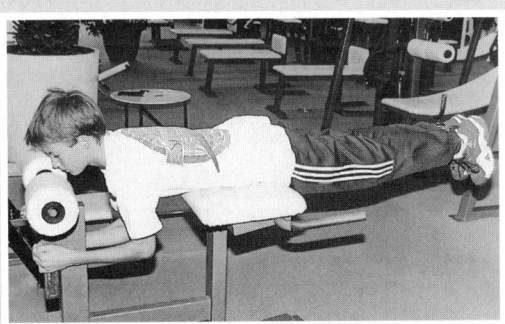

5

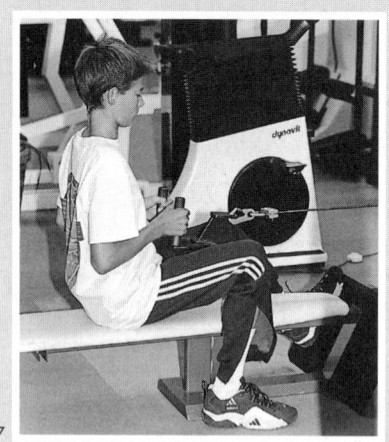

7

8

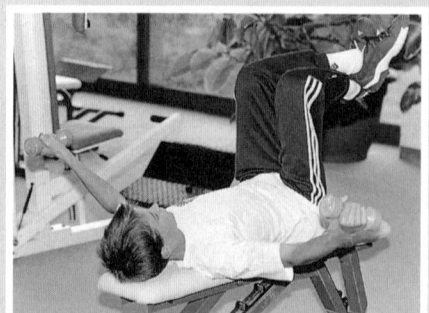

10

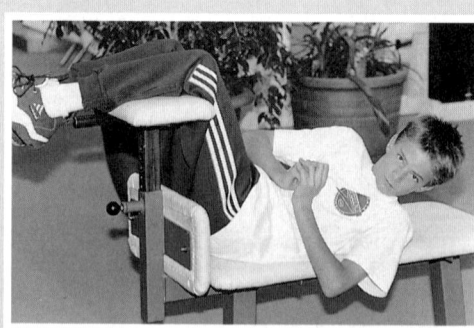

9

11

12

Trainingsübungen, Trainingsmethoden und Trainingsprogramme für 13/14–17/18jährige

Trainingsübungen (Trainingsinhalte)

Neben der allgemeinen Muskel- und Kraftschulung als Basis, wie sie für die 7/8–12/13jährigen dargestellt wurde, muß jetzt auf die Entwicklung einer speziellen Muskelausbildung »umgeschaltet« werden. Das bedeutet, daß wir es jetzt im Fortgeschrittenen-Stadium weiterhin

13–18jährige

– sowohl mit einer komplexen Kraftentwicklung
– als auch mit einer Entwicklung zu tun haben, die sportartspezifisch-technische Kraftübungen zur Anwendung kommen läßt.

Nun reagiert die Muskulatur auf Grund »hormoneller« Ausschüttung insbesondere auf einen Muskelaufbau und somit auch auf intramuskuläre und Kraftausdauer-Verbesserungen. Trainingsübungen sind einerseits alle bekannten Sprung-, Wurf-, Schuß- und zweikampffördernden Übungen zur Schnellkraft-Verbesserung und andererseits spezifisch zusammengestellte Kraftübungsprogramme für die Maximalkraft-Komponenten (vgl. S. 200 ff.).

Trainingsmethoden und Trainingsprogramme

Die momentan im Krafttraining der Erwachsenen angewendeten Trainingsarten, -methoden, -mittel usw. (vgl. unsere Vorschläge auf den S. 62 ff.) können im Jugendbereich nur bedingt eingesetzt werden. So ist einerseits ein isoliertes Muskelaufbautraining in Form von eingelenkigen Übungen mit Intensitäten über 60% und ohne ergänzende Dehnung genausowenig angebracht wie andererseits ein isoliertes intramuskuläres Koordinationstraining. Ersteres fördert zuwenig eine sinnvolle Adaptation jugendlicher Muskulatur und letzteres bedeutet zu hohe physische und psychische Belastungen (betroffen sind dabei ZNS, Gelenksystem, Bindegewebe, Sehnen usw.) für den jugendlichen Organismus.

Für die 13/14–15/16jährigen bietet sich ein Programm an, wie wir es mit der Tabelle 54 vorschlagen, ebenso auch für die Altersstufe ab ca. 16/17, wobei letztere zusätzlich auch ein kombiniertes Training in Form der Pyramidenmethode durchführen können (vgl. Tabelle 55). Nach sportpraktischen Erkenntnissen bewirkt das Pyramidentraining durch das Überwinden geringer Widerstände in hohen Wiederholungszahlen einmal eine entsprechende Körpergewichtsentwicklung der Jugendlichen, zum anderen durch das Überwinden hoher Widerstände in geringen Wiederholungszahlen aber auch eine entsprechende Ausnutzung ihres vorhandenen Muskelpotentials. Des weiteren wird durch die nur geringe Anzahl von Wiederholungen mit submaximalen Widerständen eine hohe Belastung des passiven Bewegungsapparates vermieden, zumal das Pyramidentraining bei Dreier-Wiederholungen endet. Wenn wir voraussetzen, daß 95% der aktuellen Bestleistung einmal, 90% zweimal realisiert werden können, erlauben Dreier-Wiederholungen allenfalls eine Belastungsgröße um 85%.

Jugendliche müssen selbstverständlich zunächst die im Programm der Kinder von 8–13 Jahren angesprochenen Muskelgruppen kräftigen, wenn dies bisher vernachlässigt worden ist.

199

Tabelle 54 Grundprogramm zum Muskelaufbau für 13/14–18jährige (mit und ohne Geräte und Zusatzlasten)

Muskel- bereich	Nr. Bild	Kraft- und Dehn- übungen	Wichtig	Trainings- parameter	1.	2.	3.	4.	5.	6.	7.	8.	9.	10.
Beine Hüfte	K₁	Kniegelenk- beugen	Fest anlehnen und Spannung im ganzen Körper	I (in %) W S	40 8–12 2	40 8–12 2	40–50 8–12 2–3	40–50 8–12 2–3	50 8–12 3	50 8–12 3	50–60 8–12 3–4	50–60 8–12 3–4	60 8–12 4	60 8–12 4
	D₁	Dehnen der »Hamstrings«	Rücken gerade	2 × 10–15 s 20 s Pause										
	K₂	Kniebeugen halbhoch mit Hantel vor Brust	Rücken gerade, Bauchmuskeln fest	I W S	40 8–12 2	40 8–12 2	40–50 8–12 2–3	40–50 8–12 2–3	50 8–12 3	50 8–12 3	50–60 8–12 3–4	50–60 8–12 3–4	60 8–12 4	60 8–12 4
	D₂	Dehnen von Hüfte und Quadrizeps	Überkreuz greifen, gerade stehen	2 × 10–15 s, 20 s Pause										
Hüfte Rücken Schultern	K₃	Rumpfaufrichten (ohne Gewicht)	Rücken-, Bauch-, Hüft- und Bauchmuskeln fest anspannen	W S	5–8 2	5–8 2	8 2–3	8 2–3	8–10 3	8–10 3	10 3–4	10 3–4	12 4	12 4
	D₃	Dehnen der langen Rückenmuskeln	Ganz klein zusammen- beugen	2 × 10–15 s 20 s Pause										
	K₄	Latziehen horizontal im Sitzen	Gerade sitzen, Rücken- und Bauchmuskeln ganz fest, einbeinig abstützen	I W S	40 8–12 2	40 8–12 2	40–50 8–12 2–3	40–50 8–12 2–3	50 8–12 3	50 8–12 3	50–60 8–12 3–4	50–60 8–12 3–4	60 8–12 4	60 8–12 4
	D₄	Dehnen der oberen Rückenmuskeln	Senkrechter Arm drückt waagrechten zur Seite, gerade stehen	2 × 10–15 s 20 s Pause										
	K₅	Nackendrücken	Bein-, Hüft-, Bauch- und Rückenmuskeln fest anspannen	I W S	40 8–12 2	40 8–12 2	40–50 8–12 2–3	40–50 8–12 2–3	50 8–12 3	50 8–12 3	50–60 8–12 3–4	50–60 8–12 3–4	60 8–12 4	60 8–12 4
	D₅	Dehnen der Hals- u. Schultermuskeln	Langsam ziehen, Blick unter die Achsel	2 × 10–15 s 20 s Pause										
	K₆	Rumpfaufrichten seitwärts (o. Gew.)	Bein-, Hüft- u. Rumpf- muskeln fest anspannen	W S	5–8 2	5–8 2	8 2–3	8 2–3	8–10 3	8–10 3	10 3–4	10 3–4	12 4	12 4
	D₆	Flankendehnen	Nicht nach vorne abbeugen	2 × 10–15 s										

Tabelle 54 Fortsetzung

Muskelbereich	Nr. Bild	Kraftübungen	Wichtig	Trainingsparameter	Trainingswochen									
					1.	2.	3.	4.	5.	6.	7.	8.	9.	10.
Bauch Brust	K₇	Drehübungen (ohne Gewicht)	Lendenbereich fest auf Boden drücken	W	6	6	6–8	6–8	8–10	8–10	10	10	12	12
				S	2	2	3–3	2–3	3	3	3–4	3–4	4	4
	D₇	Dehnen der Bauchmuskeln	Hüfte vorschieben	2 × 10–15 s 20 s Pause										
	K₈	Butterfly mit Kurzhanteln	Rücken fest auf Unterlage drücken, Beine frei hochhalten	I	40	40	40–50	40–50	50	50	50–60	50–60	60	60
				W	8–12	8–12	8–12	8–12	8–12	8–12	8–12	8–12	8–12	8–12
				S	2	2	2–3	2–3	3	3	3–4	3–4	4	4
	D₈	Dehnen der Brustmuskeln	Handkanten an Wand, langsam Brust vorziehen	2 × 10–15 s 20 s Pause										
Arme	K₉	Ellbogenbeugen (Bizeps-Curl)	Aufrecht sitzen, Rumpfmuskeln fest	I	40	40	40–50	40–50	50	50	50–60	50–60	60	60
				W	8–12	8–12	8–12	8–12	8–12	8–12	8–12	8–12	8–12	8–12
				S	2	2	2–3	2–3	3	3	3–4	3–4	4	4
	D₉	Dehnen des Bizeps	Hüfte vorziehen	2 × 10–15 s 20 s Pause										
	K₁₀	Ellbogenstrecken (Trizeps)	Aufrecht sitzen, Rumpfmuskeln fest	I	40	40	40–50	40–50	50	50	50–60	50–60	60	60
				W	8–12	8–12	8–12	8–12	8–12	8–12	8–12	8–12	8–12	8–12
				S	2	2	2–3	2–3	3	3	3–4	3–4	4	4
	D₁₀	Dehnen des Trizeps	Greifende Hand zieht Ellbogen seitwärts	2 × 10–15 s 20 s Pause										

Anmerkung: Die aufgeführten Übungen sind Beispiele; sie können – je nach Gerätebestand – auch durch andere ähnliche Übungen ersetzt werden.

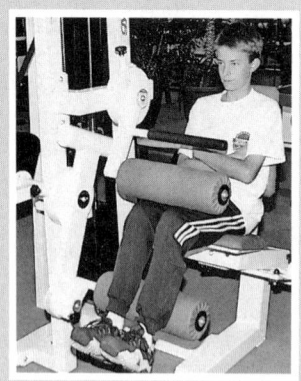

K1

K2

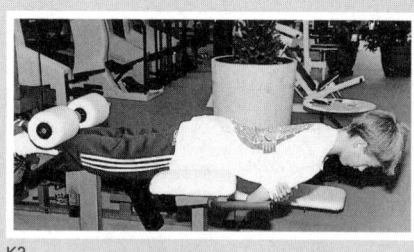

K3

K4

K5

K6

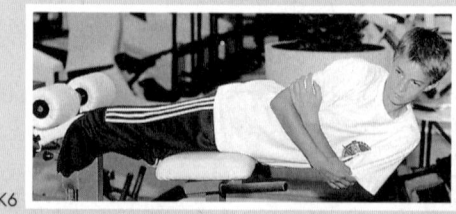

K7

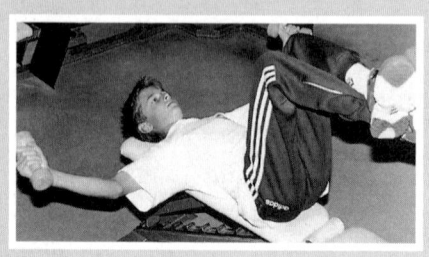

K8

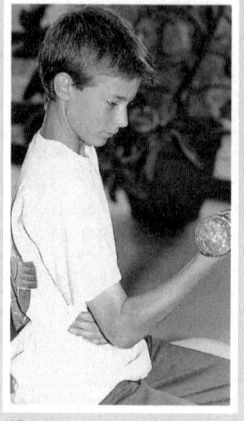

K9

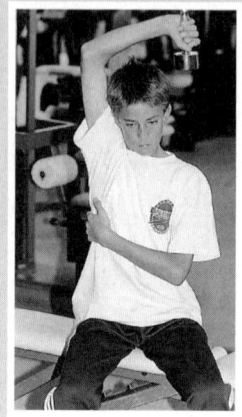

K10

D1

D2

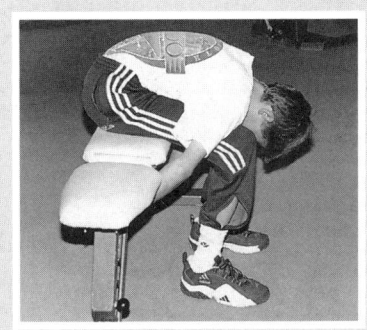

D3

D4

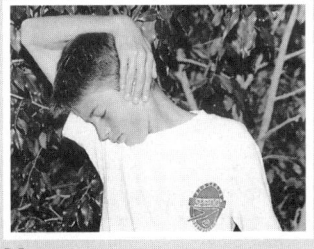

D5

D6

D8

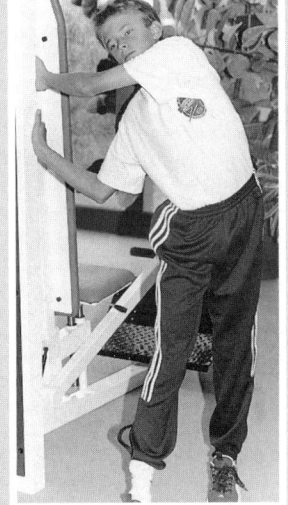

D7

D9

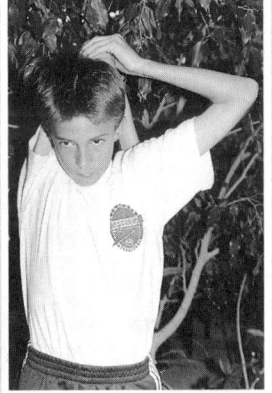

D10

Tabelle 55 Programm zum Muskelaufbau und zur intramuskulären Koordinationsverbesserung (Pyramiden-Methode) für 16–18jährige im Anschluß an ein Muskelaufbauprogramm (vgl. Tabelle 54)

Programm für 16–18jährige

Muskelbereich	Übung	Trainingswoche			
		7.	8.	9.	10.
Hüfte	Kniebeugen hinten	8–7–6–5–4 60–80% (5)		5–4–3–3–4 75–85% (5)	
Beine	Kniebeugen vorne				
Rumpf	Sit-ups	12–12–10–10 ca. 50% (4)		10–10–8–8 ca. 60% (4)	
	Rumpfdreh-Sit-ups				
Hüfte	Rumpfaufrichten				
	Hyperextension				
Schultergürtel	Bankdrücken	8–7–6–5–4 60–80% (5)		5–4–3–3–4 75–85% (5)	
	Schrägbankdrücken				
Brust	Latziehen (vertikal)				
Arme	Latziehen (horizontal)				

Pro Muskelbeispiel sind 2 Übungen angeführt, die abwechselnd trainiert werden sollen. Beispiel:

1. Trainingseinheit:		2. Trainingseinheit:	
Kniebeugen vorne		Kniebeugen hinten	
Bankdrücken	Rumpfaufrichten	Schrägbankdrücken	Hyperextension
Latziehen (vertikal)	Sit-ups	Latziehen (horizontal)	Rumpfdreh-Sit-ups

Wochentraining

Wir schlagen für Jugendliche ein *2- bis 4maliges Krafttraining pro Woche* mit jeweils 5–10 Übungen vor. Im Nachwuchsbereich der 14–18jährigen ist das Prinzip der allmählichen Belastungssteigerung jetzt anzuwenden, da es dem Organismus Zeit zur kontinuierlichen Anpassung an Belastungssteigerungen läßt. Also zum einen eine ungehinderte Körpergewichtsentwicklung erlaubt, zum anderen Schädigungen von Gelenksystem, Bindegewebe, Sehnen usw. vermeiden hilft. Bezüglich einer allmählichen Steigerung von Umfang und Intensität kann nach unseren Programmvorschlägen verfahren werden.

Jahrestraining

Hinsichtlich einer *Jahresperiodisierung* können die Programmbeispiele mehrfach wiederholt werden, etwa wie folgt:

- Für 13/14–15/16jährige: 4mal pro Jahr den 10-Wochen-Zyklus (wobei jeweils der nächste Zyklus mit 5–10% mehr Belastung trainiert werden kann) des Muskelaufbaus mit jeweils 2–3 Wochen Unterbrechung dazwischen.

- Ab 16/17 Jahren: 4mal pro Jahr einen 10-Wochen-Zyklus, bestehend aus: 6–8 Wochen Muskelaufbau (z. B. die Wochen 3–10 aus unserem Programmvorschlag Tab. 54) mit sofort anschließendem 4wöchigem Kombinationstraining (vgl. Tab. 55 oder andere (eigene) Übungszusammenstellungen) zur intramuskulären Koordinationsverbesserung.

Es ist außerdem darauf zu achten, daß das Muskelaufbautraining nicht für Zeiträume geplant wird, in denen Wettkampfhöhepunkte liegen, da die langsame Bewegungsausführung beim Muskelaufbautraining in der Regel im Widerspruch zur Zielstellung des Wettkampfes steht, nämlich Bewegungen mit maximaler Geschwindigkeit durchzuführen. Beim Pyramidentraining wird hingegen durch den Anteil intramuskulären Krafttrainings der Schnelligkeits- bzw. Schnellkraftaspekt des Wettkampfes berücksichtigt.

Zusammenfassend schlagen wir für ein Programmtraining folgende methodische Anwendung vor:

Übungszahl: 5–10
Übungsausführung: konzentrisch-exzentrisch
Bewegungsgeschwindigkeit: zügig; Sprung-/Wurfformen explosiv
Belastungsintensität: 40–60% für Muskelaufbau (14–18jährige)
  60–85% für Pyramidentraining (16–18jährige)
Übungswiederholungen pro Satz: 4–12 (je nach Methode)
Sätze: 2–4 für Muskelaufbau; 4–5 für Pyramidentraining
Pausen zwischen den Sätzen: 1–5 Minuten

Programmtraining für 13–18jährige

Weitere Literaturhinweise: EHLENZ et al.: Krafttraining. BLV München 1995; GROSSER et al.: Richtig Muskeltraining. BLV München 1996; ZATZIORSKY: Krafttraining. Aachen 1996; LIPPMANN 1996.

Literaturhinweise

Koordinativ-regulative Kraftübungen

Mit **koordinativ-regulativen Kraftübungen** bezeichnen wir solche, bei denen in Kombination statische und dynamische Muskeleinsätze mit einer ständigen Steuerung und Regelung seitens des ZNS speziell über die statisch-dynamischen (Gleichgewicht) und kinästhetischen (Muskelempfinden) Analysatoren zur Aufrechterhaltung der Übung zum Tragen kommen. Diese Übungen sind folglich eine hervorragende Schulung zur gleichzeitigen Verbesserung von Kraft, Gleichgewicht, Bewegungsempfinden und Bewegungskoordination.

Koordinativregulative Kraftübungen

Eingesetzt werden können solche Übungen in allen Altersstufen – insbesondere v. a. im Kindesalter – als Ergänzung zum normalen Krafttraining. Alternativ kann man auch 1–2mal/Woche ein ganzes Programm mit solchen Übungen trainieren.

Im folgenden stellen wir in Text und Bild eine Auswahl koordinativ-regulativer Kraftübungen vor, für die wir kleine Hanteln, Wackelbretter, Physiobälle und -bänder verwenden.

Übung 1: Einbeinstand auf Wackelbrett, in den Händen zwei Kurzhanteln (je nach Alter 1–5 kg pro Hantel); wenn das Gleichgewicht erreicht ist, langsames Seitheben der Arme bis über die Waagerechte (Bild 1). Bei Gleichgewichtsverlust kann mit dem freien Bein kurz abgestützt werden.

Übung 2: Wie Übung 1, jedoch Arme gestreckt in Vorhalte und wechselweise auf- und abführen (Bild 2).

Übung 3: Einbeinstand auf Wackelbrett, mit den Händen ein Physioband (Theraband) fassen; wenn das Gleichgewicht erreicht ist, langsames Hochführen der gestreckten Arme möglichst über die Senkrechte nach hinten (Bild 3).

Übung 4: Wie Übung 3, jedoch Arme gestreckt nach unten-hinten ziehen (Bild 4).

Übung 5: Einbeinstand links, Hände stützen auf Hüfte; Physioband um den Unterschenkel des freien äußeren rechten Beines: langsames Seitabspreizen (Bild 5), und umgekehrt.

Übung 6: Einbeinstand rechts, Hände stützen auf Hüfte; Physioband um Unterschenkel von linkem Bein: langsames Beinanziehen (nach rechts) (Bild 6), und umgekehrt.

Übung 7: Bauchlage mit völlig gestrecktem Körper und Beinen auf Physioball, Arme in Hochhalte: Partner zieht »Liegenden« vor-, rück-, seitwärts links und rechts, »Liegender« muß immer ganz fest (steif) und waagerecht bleiben (Bild 7).

Übung 8: Rückenlage auf Physioball, Oberkörper und ein gestrecktes Bein sind waagerecht, ein Bein stützt auf Boden; in den Händen jeweils eine Kurzhantel; wenn die Gleichgewichtslage erreicht ist, Butterfly-Bewegungen ausführen (Bild 8).

Übung 9: Bauchlage auf Physioball, Oberkörper, Hüfte und ein auf dem Boden abgestütztes Bein sind völlig gestreckt; ein Bein ist frei nach hinten gestreckt; in den Händen jeweils Kurzhanteln; wenn die Gleichgewichtslage erreicht ist, rückwärtige Butterfly-Bewegungen ausführen (Bild 9).

Übung 10: Rückenlage auf Boden; Unterschenkel eines gestreckten Beines liegt auf Physioball; Oberkörper und Hüfte sind ebenfalls gestreckt; ein Bein ist nach oben gestreckt gehoben; Hände sichern die Balance: mehrere Sekunden in dieser Position verweilen (Bild 10,1). Beinwechsel. Variation: stützendes Bein im Knie abgewinkelt (Bild 10,2).

Übung 11: Sitz mit gestrecktem Rücken auf Physioball; ein Bein vorgestreckt; ein Arm in Hoch-Rückhalte mit Kurzhantel; wenn die Gleichgewichtslage erreicht ist, Strecken und Beugen im Ellenbogen (Bild 11), Armwechsel.

Übung 12: Einbeinstand auf einem schmalen Podest (z. B. Leiste oder Halbrundholz); ein Bein frei nach hinten und die Arme hinter dem Rücken verschränkt; Oberkörper leicht nach vorne geneigt; wenn die Gleichgewichtslage erreicht ist, langsam halbhohe Kniebeugen ausführen (Bild 12), Beinwechsel.

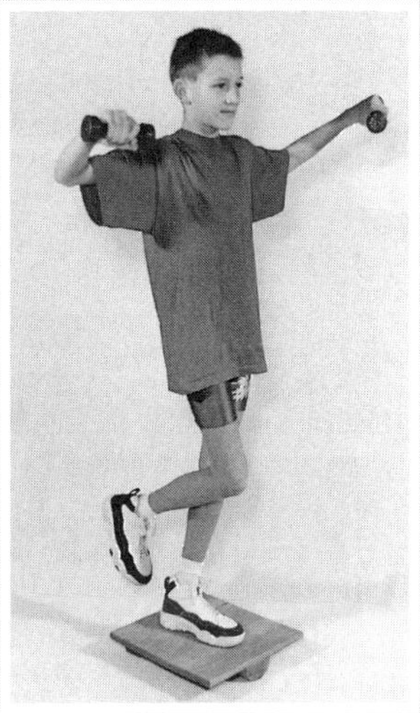

1

2

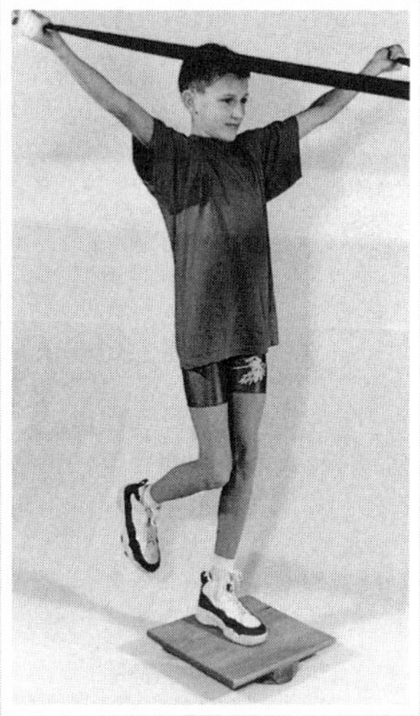

3

4

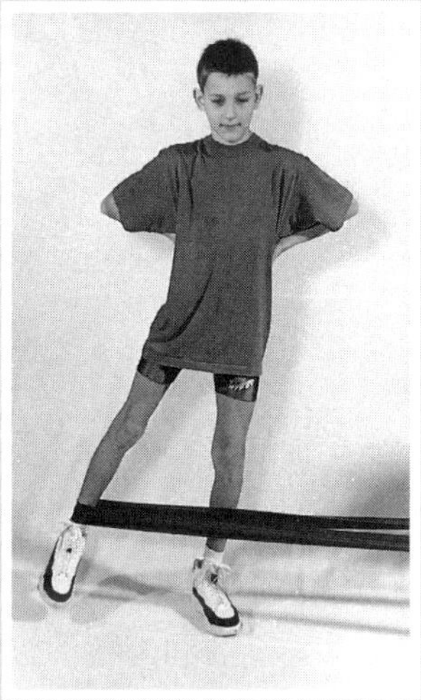

5

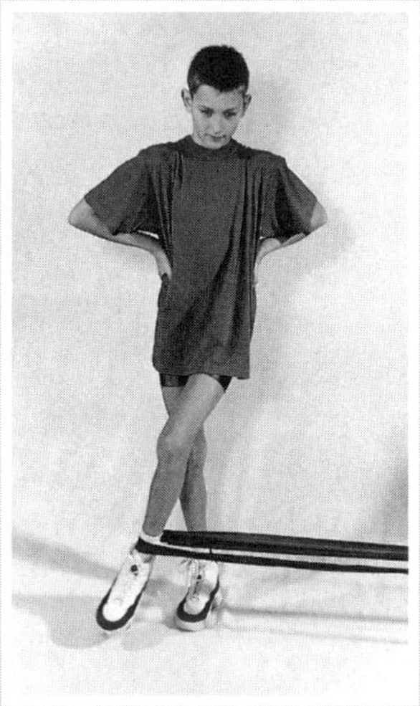

6

7

8

9

10.1

10.2

11

12

Schnelligkeitstraining im Kindes- und Jugendalter

Ist Schnelligkeitstraining im Kindesalter sinnvoll?

Von allen leistungsbeeinflussenden Komponenten, die den Menschen zur Realisie- **Talent**
rung schnellstmöglicher Bewegungen befähigen, steht ursprünglich jene des *Talents*
im Vordergrund, d. h., daß höchste Bewegungsgeschwindigkeiten im Sport nur mit
bestimmten von Natur aus überdurchschnittlich ausgeprägten Merkmalen zu erzielen sind. Welches sind diese Schnelligkeitsmerkmale, die selbstverständlich zusätzlich durch Training über mehrere Jahre ausgebildet werden müssen, ja z. T. wesentlich von Umwelteinflüssen abhängig sind? Aus der praktischen Erfahrung und den
bis heute wenigen gesicherten wissenschaftlichen Erkenntnissen (vgl. HOLL-
MANN/HETTINGER 1980; BERG/KEUL 1985; BOMPA 1985; GROSSER 1991; BAUERS-
FELD/VOß 1992; LEHMANN 1993; ASMUS 1994; JOCH 1997 u. a.) zählt man möglicherweise hierzu:
– Allgemeine Merkmale wie: günstige Körperproportionen, Fähigkeit zum Bewe-
  gungsrhythmus, psychische Stabilität u. a.
  sowie selbstverständlich
– spezielle Merkmale wie genetisch bedingten überdurchschnittlich hohen Anteil
  an schnellzuckenden Fasern, überdurchschnittliche »Willensstoßkraft« sowie die
  Fähigkeit hoher neuronaler Steuerungs- und Regelungsprozesse in Form der sog.
  Zeitprogramme (vgl. S. 95 f.).
Im Kapitel 3 (S. 87 ff.) haben wir bereits festgestellt, daß die sog. Zeitprogramme
bereits ab ca. 7 Jahren schon in Erscheinung treten, so daß bestimmte davon ab-
hängige Schnelligkeitsformen ab diesem Alter trainierbar sind (s. folgendes). Ein
Schnelligkeitstraining ab ca. 7 Jahren ist deshalb nicht nur sinnvoll, sondern für alle
Sportarten, bei denen die Schnelligkeit ein leistungsbestimmender Teil ist, absolut
empfehlenswert.

Zur Trainierbarkeit der Schnelligkeit im Kindes- und Jugendalter

Betrachtet man die **biologischen Voraussetzungen** und möglichen Einflußkompo- **Biologische**
nenten der motorischen Schnelligkeit etwas näher, so kann man insbesondere drei **Voraussetzungen**
Bereiche (man könnte auch von menschlichen »Systemen« sprechen) herausheben,
die ursächlich für das Zustandekommen schnellstmöglicher Bewegungen verantwortlich sind:
1. die *Muskulatur* für die Bewegungsarbeit,
2. das zentrale und periphere *Nervensystem* (Gehirn, Nervenleitungen, Motoneurone) für die Steuerung (Koordination) der Muskulatur und
3. die *psychischen Antriebs- und Willenskräfte,* die in Form der neuronalen Aktivierung die Koordinationsprozesse in Gang setzen.
So gesehen (und wie uns bereits bekannt) haben Schnelligkeitsrealisierungen verschiedene Ursachen und Bedingungen, und wir müssen nun über das oben bereits

Tabelle 56 Alters- und Trainingsstufen, biologische Gegebenheiten und sensitive Phasen für Schnelligkeitsfähigkeiten, Trainingsinhalte

Alters- und Trainingsstufen	Biologische Gegebenheiten	Sensitive Phasen und Training für	Trainingsinhalte	Leistungsergänzende Fähigkeiten/Training
6/7–9/10 Grundlagentraining	– Gehirnwachstum 95% – beginnende gute Bewegungskoordination	– Zeitprogramme – Frequenzschnelligkeit – allg. Reaktionsschulung	– abwechslungsreiche kleine Spiele, Staffeln – Fußgelenkarbeit – allg. Reaktionsübungen – Nieder-Hoch-Sprünge (10–20 cm)	– allgemeine koordinative Fähigkeiten
9/10–11/13 Aufbautraining 1	– Gehirnreife abgeschlossen – sehr gute Bewegungskoordination	– Zeitprogramme – Reaktionsschnelligkeit – Frequenzschnelligkeit – (Aktionsschnelligkeit)	– wie Grundlagentraining, außerdem: – ausgewählte Sprint-ABC-Übungen – Sprung- und Wurfübungen – Reaktionsübungen (gezielt) – maximale Frequenzübungen – Sprints bis 20 m	– spezielle koordinative Fähigkeiten – komplexes Muskeltraining
11/13–14/15 Aufbautraining 2	– z. T. Koordinationseinschränkungen – günstige Kraftschnelligkeit	– Zeitprogramme – Aktionsschnelligkeit – Kraftschnelligkeit	– koordinativ + konditionell zielgerichtete Sprung-, Lauf- und Wurfübungen – Sprint-ABC – maximale Frequenzübungen – asymmetrische Übungen – Start- und Sprintläufe (maximal 40 m)	– dynamische und reaktive Schnellkraft – komplexes Muskeltraining – aerobe Kapazität
ab 15/16/17 Anschlußtraining	– erneut günstige Koordination	– alle Schnelligkeitsfähigkeiten	– alle Schnelligkeitsübungen für spezifische Reaktionen, Aktionen, Frequenzen – Sprints bis 60 m – auch Schnelligkeitsausdauerübungen	– schnelligkeitsorientierte Maximalkraft – aerobe und anaerobe Kapazität

Gesagte hinaus fragen, wann im Kindes- und Jugendalter diese Bedingungen auf Grund biologischer Reife (also ohne Trainingseinflüsse) besondere Ausprägungen erfahren (man nennt die Zeiträume in der kindlichen und jugendlichen Entwicklung, in denen von Natur aus einzelne Fähigkeiten, z. B. die Reaktionsschnelligkeit, sich besonders entwickeln, »sensible Phasen«).

Sensible Phasen

Nach bisherigen Erkenntnissen bestehen für folgende menschliche Systeme und den hauptsächlich daraus resultierenden Schnelligkeits-Erscheinungsformen nachstehende sensible Phasen (in denen auch die Zeiträume des Trainingsbeginns zu sehen sind; vgl. auch Tabelle 56):

Zentralnervensystem, Gehirn
Bei der Geburt sind bereits alle Nervenzellen (Neurone) im Gehirn vorhanden; hinsichtlich der Gehirnmasse werden mit 6 Jahren ca. 90% erreicht und mit ca. 12/13 Jahren die volle Endmasse. Die funktionelle und morphologische Reifung der Nervenzellen erreicht ebenfalls mit ca. 10/12 Jahren einen Höhepunkt (somit ist das Zentralnervensystem das erste ausgereifte »System« des Menschen), hält jedoch bis zum Ende der Entwicklung Jugendlicher an (Mädchen: ca. 16 Jahre, Jungen: ca. 18).

ZNS- und Gehirnreifung

Kinder dieses Alters (10–12 Jahre) verfügen über eine hohe sog. Plastizität des Zentralnervensystems, die zum einen eine hohe Erregbarkeit der Nerven-Steuerungsprozesse, zum anderen eine noch schwache Differenzierungshemmung bedeutet. Die hohe Erregbarkeit jedoch ist Ursache für schnelle Reaktionen, günstige Realisierungen von Zeitprogrammen und somit auch hohe Frequenzfähigkeit und geradezu ideales Bewegungslernen.

Verschiedene Untersuchungsergebnisse an **8–12jährigen** bestätigen ebenfalls diese Gegebenheiten (vgl. HOLLMANN/HETTINGER 1980, 300 f.; LEHMANN 1993, 13). Somit haben wir bei 8–12jährigen eine *sensible Phase* für
– gute Zeitprogramm-Leistungen,
– gute *Reaktionsschnelligkeits-Entwicklung* und
– hohen *Frequenzschnelligkeits-Zuwachs* sowie für
– *motorische Lernprozesse* zur Ausbildung der für schnelle Bewegungen so wichtigen koordinativen Fähigkeiten (wie z. B. Rhythmusfähigkeit) Bewegungstechniken (z. B. Starttechniken, Lauftechnik, Technik komplexer und kombinierter Bewegungen). Man spricht in diesem Zusammenhang bei den 8–12jährigen Jungen und Mädchen auch vom »besten motorischen Lernalter« (diese Phase wird zusätzlich durch günstige Körper-Lastkraft-Verhältnisse und psychische Lernantriebe – wie z. B. Spielfreude, Begeisterungsfähigkeit – bedingt).

Muskulatur
Während für die Steuerungsprozesse schneller Bewegungen die sensible Phase für Mädchen und Jungen in der sog. Vorpubertät (8–11/12 Jahre) liegt, ist für den muskulären Leistungsanteil diese in der Pubertät gegeben. Konkret haben wir auf Grund der Hormonzunahme (Androgen/Testosteron, Östrogen; s. Abb. 47, S. 212) einen Muskelzuwachs (Muskelfaserlängenzunahme und Muskelfaserquerschnittsvergrößerung) (vgl. auch Tab. 49, S. 182) bei **11–15jährigen Mädchen** und **13–17jährigen Jungen,** der

Muskulatur

Abbildung 47 Die Bildung von Testosteron (----) und Östrogen (——) bei Jungen und Mädchen im Altersgang

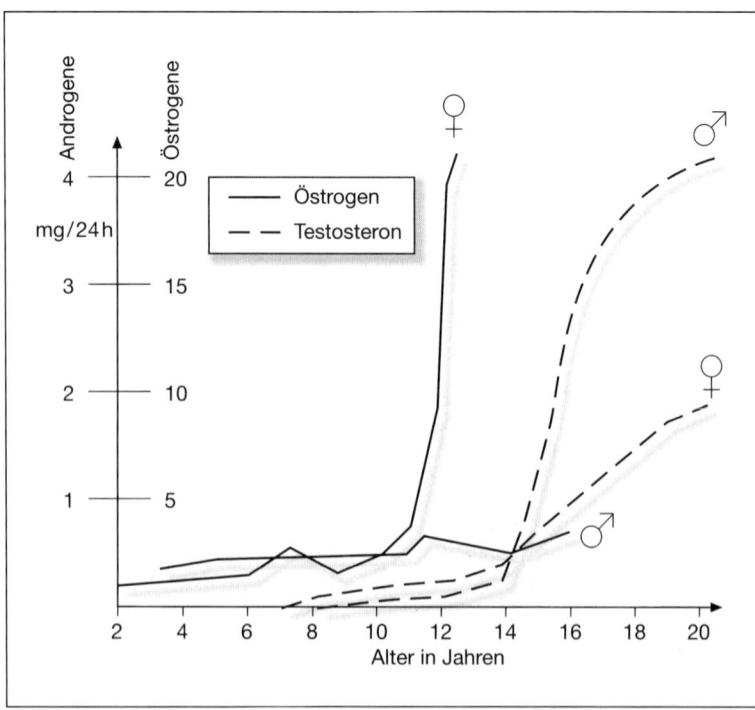

– zu Beginn der Phase die *Kraftschnelligkeit* gegen geringe Widerstände steigert und

– am Ende dieser Zeitspannen (bei Mädchen ca. mit 15, Jungen mit 17) die *Maximalkraft,* die Voraussetzung für explosive Bewegungen gegen höhere Widerstände (z. B. Tiefstart) ist, anwachsen läßt,

– außerdem verbessern sich jetzt auch die für die Schnellkraftausdauer und maximale Schnelligkeitsausdauer notwendigen anaerob-laktaziden Energiestoffwechsel-Prozesse (s. auch S. 218 ff.).

Hinsichtlich der Ausprägung und der endgültigen prozentualen Verteilung der **schnell- und langsamzuckenden Muskelfasern** ist man derzeit der Meinung, daß diese erst zu Beginn der Pubertät abgeschlossen sind und daß durch entsprechende Reizsetzungen gewisse Beeinflussungen gegeben seien.

FT-Fasern Für Spitzenleistungen im Schnelligkeitsbereich ist ein überdurchschnittlich hoher Anteil **schnellzuckender Muskelfasern** (sog. FTG- und FTO-Fasern; s. S. 50) erforderlich. Sog. »geborene« Sprinter sollen in den Funktionsmuskeln bis zu 80% schnellzuckende Fasern (gegenüber 20% langsamzuckenden) besitzen; das bedeutet andererseits, daß ein zu forciertes Ausdauertraining mit 8–13jährigen eine negative Beeinflussung (funktionell und offensichtlich auch morphologisch) auf eine Schnelligkeitsentwicklung haben könnte.

Psychische Fähigkeiten

Der für schnelle Bewegungen notwendige willentliche »Antrieb« erfährt im vorpuberalen Alter, also etwa zwischen 8/9 und 12 Jahren, ebenfalls einen bedeutenden Entwicklungsschub. Die Kinder dieses Alters können sich nun auf bestimmte Aufgaben besser und länger konzentrieren, ihre Aufmerksamkeit und ihr Willenseinsatz sind stärker auf einen Punkt zu lenken; außerdem verfügen sie über besondere Lernantriebe. Diese Fähigkeiten unterstützen das Erlernen und die Realisierung schneller Reaktions- und Frequenzbewegungen.

Psyche

Trainingsmethoden und ausgewählte Trainingsformen

Aus den vorhergehenden Hinweisen wurden die biologischen Gegebenheiten einer Schnelligkeitsausbildung im Kindes- und Jugendalter ersichtlich. Im folgenden stellen wir nun methodische Grundsätze, Trainingsmethoden und ausgewählte Trainingsinhalte bzw. -formen für die Altersstufen von Kindern und Jugendlichen dar.

Methodische Grundsätze

Grundsätzlich gelten die im Kapitel 3 aufgeführten methodischen Richtlinien (vgl. S. 100) im wesentlichen auch für das Schnelligkeitstraining mit Kindern und Jugendlichen. Darüber hinaus gilt:

Methodische Grundsätze

- Eine Schnelligkeitsschulung mit Kindern sollte mit 7/8 Jahren (auf Grund der erwähnten biologischen Gegebenheiten) beginnen, wobei die die Schnelligkeit bedingenden Fähigkeiten differenziert zu entwickeln sind (s. unten).
- Training mit Kindern sollte grundsätzlich in allen praktischen Anwendungsbereichen sowohl schnelligkeitsorientiert als auch vielseitig koordinativ gestaltet sein.
- Von Anfang an sollte bei Schnelligkeitsübungen mit Kindern (und Jugendlichen) auf qualitativ gute, ökonomische und möglichst kraftsparende (lockere!) Bewegungsausführungen geachtet werden.
- Kinder lieben Abwechslung und Vielseitigkeit, deshalb: neben gezielten Übungen viele und abwechslungsreiche sog. kleine Spiele, Staffeln und »Gaudi«-Formen anwenden.
- Bekanntlich müssen Übungen zur Schnelligkeitsverbesserung stets mit höchster Intensität durchgeführt werden. Bei Kindern Vorsicht: bei Ermüdungserscheinungen sofort abbrechen (damit keine falschen Muster im Gehirn ausgeprägt werden – das Gehirn »lernt« auch submaximale Geschwindigkeiten!); Sprint-, Spiel- und Staffeldistanzen bei 8–12jährigen höchstens 20 m, bei 13–15jährigen 20–40 m und ab 15/16 Jahren maximal 60 m.
- Ausreichende Pausen von ca. 1–6 Minuten zwischen Schnelligkeitsübungen einhalten (bei Staffelläufen sind die kürzeren Erholungszeiten möglich).

213

- Schnelligkeitsausdauer, d. h. maximale Belastungen über 6 Sek., ist bis zum 15./16. Lebensjahr kein Thema!
- Konkrete Trainingsinhalte, -formen und -methoden sowie Steuerungsschritte sind aus dem folgenden ersichtlich.

Trainingsmethoden und Trainingsformen für 7–11/13jährige

7–13jährige Auf den Seiten 98 f. haben wir bereits die langfristig anzusteuernden biologischen und praktischen Trainingsziele zur Schnelligkeitsverbesserung dargelegt (vgl. auch Tabelle 21, S. 99). Mit der Tabelle 56 (S. 210) sind diese Aussagen für die Trainingsstufen der 6/7–17/18jährigen hinsichtlich Schnelligkeitsfähigkeiten und Trainingsinhalten näher benannt.

Im folgenden gehen wir konkreter auf die Methoden und Trainingsformen/Trainingsübungen zur Verbesserung von azyklischen und zyklischen Zeitprogrammen in Verbindung mit Frequenzschnelligkeit sowie der Reaktions- und Aktionsschnelligkeit in Verbindung mit ausgewählten koordinativen Fähigkeiten ein, wobei vorweg nochmals betont werden soll, daß bei Kindern ein Training
– sowohl abwechslungsreich, spielerisch, variabel und vielschichtig sein soll
– als auch gezielt im Sinne der Steuerungs- und Regelungsprozesse des Zentralnervensystems hinsichtlich der Ausbildung der elementaren Fähigkeiten und qualitativ richtigen Bewegungsfertigkeiten.

1. Schulung azyklischer Zeitprogramme
In Anlehnung an die Möglichkeiten der Ausbildung azyklischer Zeitprogramme der Tabelle 22 (S. 101) schlagen wir für 7–13jährige folgende Übungen und Methoden vor:

Schulung azyklischer Zeitprogramme

Übungen für Beinmuskulatur: Nieder-Hoch-Sprünge aus 10–20 cm Fallhöhe, prellende Sprünge, Ein- und Beidbeinsprünge vorwärts, rückwärts, seitwärts
Übungsbedingungen: 1. nur eigenes Körpergewicht; 2. mit Körpergewichtsentlastung (z. B. mit Zugspinnen, Partnerunterstützung)
Intensitäten: maximal und supramaximal (bei Körpergewichtsentlastung)
Umfänge: 3–6 Wiederholungen; 2–3 Serien
Pausen: ca. 10–20 Sekunden zwischen jedem Nieder-Hoch-Sprung und ca. 5 Minuten zwischen den Serien
Trainingseinheiten/Periodisierung: 2× pro Woche; jeweils 4 Wochen Training – 4 Wochen Pause usw., ganzjährig

2. Schulung zyklischer Zeitprogramme, der Frequenzschnelligkeit und des spezifischen Laufsprints
Zielstellungen sind hier, höchstmögliche Frequenzfolgen von Bein- und/oder Handbewegungen zu schulen; dazu bieten sich nachstehende Übungen und methodische Möglichkeiten für 7–13jährige an (vgl. auch Tabelle 24, S. 102):

Übungen: Fuß- und Handtapping im Sitzen, Fußgelenk-Dribbling, (Fahrrad-) Ergometerfahren ohne Widerstand mit maximaler Tretfrequenz, Übungen aus dem Lauf-ABC (wie z. B. Anfersen, Einbeinanreißen, Beinwirbel/Skippings am Ort und mit Übergang in den Lauf und/oder auf verschiedenem Untergrund, Hopserläufe, Wechselsprünge, Schrittsprünge); fliegende 10–20-m-Sprints
Übungsbedingungen: 1. erleichterte Bedingungen wie z. B. Bergabläufe, Zugläufe; 2. erzwungene Frequenzvorgaben, z. B. durch Laufbänder, Ergometer u. ä.
Intensitäten: maximal und supramaximal
Umfänge: 1. für Tappings, Dribblings, Lauf-ABC-Übungen u. ä.: ca. 6–20 Wiederholungen; 2–3 Serien; 2. für fliegende Sprints: z. B. 4–6× 10 m oder 3–4× 20 m bei 2–3 Serien; 3. für maximale/supramaximale Tretfrequenzen: 3–6 Sek.
Pausen: zwischen fliegenden Sprints ca. 1–3 Min.; zwischen den Serien ca. 3–5 Min.
Trainingseinheiten/Periodisierung: 2× pro Woche oder 1× pro Woche alternierend mit der azyklischen Schulung; 4 Wochen Training – 4 Wochen Pause usw., ganzjährig

Schulung zyklischer Zeitprogramme und von Frequenzen

Beachte: Viele der bisher genannten (und auch folgenden) Beispiele können für die 7–13jährigen ungewohnt und z. T. schwierig sein – dann sind die entsprechenden Bewegungsfertigkeiten erst zu schulen. Eine koordinativ-technische Verbesserung bewirkt gleichzeitig eine Steigerung im konditionellen Bereich.

3. Schulung der Koordination, Bewegungswahrnehmung, Reaktions- und Aktionsschnelligkeit

Im folgenden listen wir Übungen und methodische Anwendungsmöglichkeiten auf, die entweder den gesamten in diesem Kapitel angesprochenen Bereich schulen oder schwerpunktartig die eine oder andere Komponente betreffen. Der Vorteil in der Anwendung dieser Übungen liegt darin, daß neben den motorischen Komponenten auch psychische Fähigkeiten wie Wahrnehmung, Antizipation, Konzentration, Entscheidungs- und Handlungsschnelligkeit mit geschult werden.

Übungen:
1. Kleine Spiele, abwechslungsreiche Staffeln (Laufstrecken maximal 10 m), Nummernwettläufe, Parteiballspiele, Platzwechselspiele, Slalomläufe, Hasch- und Fangspiele.
Wichtig: Alle Kinder möglichst gleichzeitig bzw. in stets dosierten Zeitabständen beschäftigen, so daß niemand in zu lange Dauerbelastungen und Ermüdungsphasen kommt, andererseits auch nicht zu lange geschont wird.
2. Koordinationsübungen bezüglich unterschiedlicher Schritt- und Geschwindigkeitsgestaltungen (Kinder sollten unterschiedliche Frequenzen und Geschwindigkeiten erfühlen lernen); Beinwirbel auf flachem, ansteigendem und abfallendem Gelände; Laufübungen in asymmetrischer Ausführung (z. B. links kurze Schritte, rechts lange u. ä.).

Komplexe Schulung

Fortsetzung nächste Seite

215

Komplexe Schulung

3. Antritte mit vielfältigem Richtungswechsel, mit und ohne Startsignale (akustisch, optisch, auf Berührung), aus dem Gehen, Traben, Stand, aus Tempowechselläufen usw., auch seitwärts, rückwärts; Reaktionsübungen aus verschiedenen Körperpositionen (Liegen, Hocken, Sitzen, partnerweise usw.)
Übungsbedingungen: 1. möglichst keine Erschwerungen; 2. Übungen sollten technisch realisierbar und qualitativ gut ausgeführt sein.
Intensitäten: maximal, bei Geschwindigkeitsverlusten bzw. Ermüdung sofort einstellen
Umfänge: 1. bei Einzelübungen ca. 4–8 Wiederholungen; bei Spiel- und Staffelformen je maximaler Belastung ca. 2–5 Sek., 2–4 Serien
Pausen: 1. bei Einzelübungen ca. 12 Sek. zwischen jeder Übung; 2. bei Spiel-, Staffel- und Serienbelastungen ca. 3–10 Min. Wichtig: Kinder benötigen längere Erholungszeiten als Erwachsene!
Trainingseinheiten/Periodisierung: 2× pro Woche ganzjährig

Anwendung der Schulungskomplexe 1. bis 3.
Wir schlagen für die 7–13jährigen im Sinne einer optimalen Schnelligkeitsschulung eine ganzjährige Anwendung nach folgendem Muster vor:
erster Monat: 1 und 2 – zweiter Monat: 3 – dritter Monat: 1 und 2 – vierter Monat: 3 usw.

Trainingsmethoden und Trainingsformen für 13/14–18jährige

13–18jährige

Im Vordergrund dieser Altersstufen steht das Training der Aktions- und Frequenzschnelligkeit, und, soweit sie in den vorhergehenden Altersstufen noch nicht voll ausgeprägt wurden, auch die Verbesserung der elementaren Voraussetzungen, d. h. die azyklischen und zyklischen Zeitprogramme. Auf Grund der hormonellen Umstellung wird jetzt zusätzlich die Förderung der komplexen Schnelligkeitsarten (Kraftschnelligkeit, Sprintausdauer u. a.) angestrebt.

1. Zur Zeitprogrammschulung

Grundsätzlich können zur weiteren Verbesserung der Zeitprogramme die methodischen Vorschläge aus den Tabellen 22–24 (vgl. S. 101–102) sowie die der Seiten 101 ff. herangezogen werden, wobei methodisch die Wiederholungszahlen, Intensitäten und Pausengestaltungen je nach individuellem Leistungsstand der 14–18jährigen Jugendlichen denen der Erwachsenen angepaßt werden können. Auch die Periodisierungsvorschläge können mit individuellen Abweichungen entsprechend übernommen werden.

2. Zum Training der Reaktions- und Aktionsschnelligkeit

Diese Schnelligkeitsarten sollten für die 14–18jährigen nicht mehr mit allgemeinen Übungsformen geschult werden, sondern ausschließlich mit sportartspezifischen Bewegungen/Techniken. Die methodischen Vorschläge der Seiten 102 ff. gelten für die Jugendlichen hinsichtlich der Belastungskomponenten mit folgenden Veränderungen:

Umfänge bei maximalen Intensitäten:
13/14–15/16jährige: 4–10 Wiederholungen bzw. 4–5 Sek.
16–18jährige: 6–12 Wiederholungen bzw. 5–7 Sek.
Serien: 2–5
Pausen: bei Einzelübungen: 10–12 Sek. zwischen den Serien: 3–10 Min.

Trainingsmethode
für Reaktions- und
Aktionsschnelligkeit

3. Zum Training der Frequenzschnelligkeit und des spezifischen Laufsprints
Die methodischen Vorschläge der Seiten 104 f. können für die Jugendlichen in gleicher Form übernommen werden. Lediglich für die Übungsform der fliegenden Sprints sollte wie folgt differenziert werden:

13–15jährige: 20–40 m mit den Wiederholungsmöglichkeiten
6× 20 m oder 5× 30 m oder 4× 40 m
15–18jährige: 30–60 m, z. B. 6× 30 m oder 5× 40/50 m oder 4–5× 60 m
Pausen: jeweils 2–5 Min. zwischen den Läufen

Trainingsmethode
für Frequenz-
schnelligkeit

4. Zum Training der komplexen Schnelligkeitsarten
Trainingsmethodisch werden wie beim Erwachsenentraining zunächst parallel zu den reinen (elementaren) Schnelligkeitsarten die erforderlichen Kraft- und Ausdaueranteile erarbeitet, um dann mittels sportartspezifischer bzw. Wettkampfübungen die komplexen Schnelligkeitsarten in eben ihrer komplexen Form zu trainieren.

Ausdauertraining im Kindes- und Jugendalter

Ist Ausdauertraining im Kindesalter sinnvoll?

Zur Ausdauerleistungsfähigkeit und Trainierbarkeit der Ausdauer im Kindes- und Jugendalter liegen heute zahlreiche differenzierte Aussagen von berufener Seite (Sportmedizin) vor, so daß sich das *Bild über die Ausdauerbelastbarkeit* in diesen Altersstufen gegenüber früheren Jahren *geändert* hat: Während vorher meist vor Überbeanspruchung durch lange Belastungsdauern gewarnt wurde, wird heute das Problem der unangemessenen Ausdauerbelastungen entweder in der **Anwendung zu hoher Belastungsintensitäten** (bei kurzen Belastungszeiten) oder vor allem in der **allgemeinen Unterbeanspruchung** durch die Bewegungstätigkeiten des täglichen Lebens und des üblichen Schulsports gesehen.
Es ist mittlerweile bekannt, daß z. B. *Kinder und Jugendliche auf Ausdauerbelastungen hin diegleichen Anpassungserscheinungen wie Erwachsene* zeigen (KÖHLER 1977, 606), und ausdauertrainierte Kinder relative Herzvolumina von ca.

Anpassungen
bei Kindern

217

15–18 ml/kg (CHRUSTSCHOW et al. 1975, 366) haben können, was den Größen von Sportherzen entspricht. Andererseits ist auch deutlich geworden, daß *Trainingsbelastungen mit ca. 50% der maximalen Leistungsfähigkeit* – auch bei ausreichendem Umfang – bei 8–12jährigen Kindern keine meßbare Verbesserung der maximalen Sauerstoffaufnahme erzielen, sondern nur Leistungssteigerungen über eine optimierte Koordination mit sich bringen (KEUL et al. 1982, 264). Das ist selbst für gesundheitliche Bedürfnisse zu wenig.

Jede Entwicklungsstufe hat ihre biologischen Besonderheiten hinsichtlich der Trainierbarkeit koordinativer und konditioneller Fähigkeiten (vgl. auch die Seiten 177 ff. und Tabelle 49). Für die Ausdauerfähigkeiten sind wegen des allgemeinen und vor allem des hormonellen Wachstumsschubs die Pubeszenz und Adoleszenz besonders günstig.

Die aerobe Ausdauer (Grundlagenausdauer) ist in allen Altersstufen trainierbar; ihre sensitive Phase (= Phase erhöhter Trainierbarkeit) fällt jedoch in die Pubeszenz, ist folglich erst dann sinnvoll trainierbar.

Die anaeroben Ausdauerfähigkeiten nehmen in der Pubeszenz zu, werden aber lohnend erst in der Adoleszenz trainierbar.

Zur Trainierbarkeit der aeroben Ausdauerleistungsfähigkeit

Die biologischen Voraussetzungen für aerobe Ausdauerleistungsfähigkeit sind bereits im Kindesalter recht günstig, was sich durch folgende Tatsachen bestätigen läßt:

Herz-Kreislauf-System

• Das **Herz-Kreislauf-System** reagiert auf Ausdauerbelastungen wie beim Erwachsenen. Die *Anpassung* geschieht allerdings schneller. 5–12jährige erreichen bereits 30 Sekunden nach Beginn der Maximalbelastung ca. 50% der maximalen Sauerstoffaufnahme, während es bei Erwachsenen ca. 33% sind (KLIMt et al. 1975, 163).

• Sehr **hohe Belastungsherzfrequenzen** (200/min und darüber; Abb. 48) sind *normal,* da bereits hohe Ruheherzfrequenzen vorliegen (8jährige ca. 90/min; 12jährige ca. 80/min, Erwachsene ca. 70/min). Dies hat Konsequenzen für die *trainingswirksamen Belastungsherzfrequenzen:* Für Kinder liegt das Minimum bei 150/min (Wirkung: Senken der Ruhefrequenz), Optimum bei 170/min (Wirkung: Verbesserung der maximalen Sauerstoffaufnahme), für Jugendliche bei 140/min bzw. 160/min (BLÖDORN/SCHMIDT 1977). Im allgemeinen ist jedoch bei Kindern die Belastungsintensität anhand der Belastungsherzfrequenzen schlecht feststellbar, da in der Herzfrequenzhöhe zwischen Trainierten und Untrainierten kaum Unterschiede feststellbar sind, und bei hohen Frequenzen (Hf/min 170–180) mitunter noch erhebliche Intensitätssteigerungen möglich sind. Es ist sinnvoller, die *Belastungsintensität über die Fortbewegungsgeschwindigkeit* zu steuern.

• Die **relative Herzgröße** (körpergewichtsbezogen) ist wie die bei Erwachsenen. Der *Normwert* untrainierter Kinder liegt bei *12 ml/kg;* Ausdauertrainierte verzeichnen Werte zwischen 14,9 und 18,1 ml/kg (CHRUSTSCHOW et al. 1975). Relative Herzgrößen ab 14 ml/kg werden als Sportherzen bezeichnet.

Abbildung 48 Graphische Darstellung der Herzfrequenzen bei trainierten Schülern im frühen und späten Schulkindalter vor, während und nach einem 10-km-Lauf (BUSCHMANN 1986, 36)

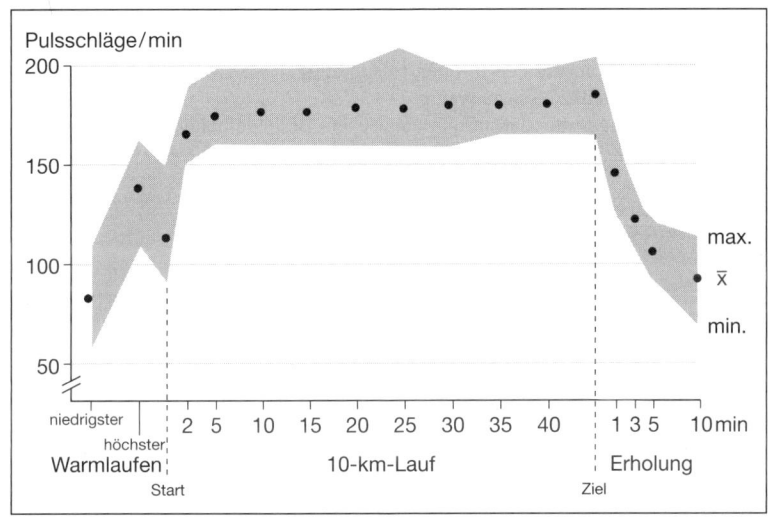

Herzfrequenzverläufe

- Die **relative maximale Sauerstoffaufnahme** als Bruttokriterium für die Ausdauerleistungsfähigkeit hat für *untrainierte* Kinder ihren *Normwert bei 40–48 ml/kg/min. Ausdauertrainierte* Kinder weisen Werte *bis 60 ml/kg/min* auf. Dies entspricht Größen, die erwachsene Ausdauersportler von mittlerem Leistungsniveau haben.

  VO_2 max. rel.

- Die Meßwerte im Bereich der **anaeroben Schwelle** zeigen bei *sporttreibenden* Kindern eine Tendenz, *wie sie für trainierte Erwachsene typisch* ist: Das maximale Laktatgleichgewicht liegt unter 4 mmol/l (3,0 bis 3,5 mmol/l); es werden dabei ca. 80% der maximalen Sauerstoffaufnahme eingesetzt und Herzfrequenzen von 180–190/min verzeichnet. In der *Pubertät verschlechtern sich diese Werte* (ca. 70% max. Sauerstoffaufnahme, 178 HF/min), was damit erklärt wird, daß die Körpermasse einen beschleunigteren Zuwachs erfährt als der weitere Anstieg der funktionellen Leistungskapazität durch Training (GAISL/BUCHBERGER 1986).

  Anaerobe Schwelle

  Nach BUHL et al. (1982) liegt die prozentuale Nutzung der maximalen Sauerstoffaufnahme im *aerob-anaeroben Übergang* (Geschwindigkeit bei einer Laktatkonzentration von 3 mmol/l) bei Kindern bei 75%, bei erwachsenen Volkssportlern ebenfalls bei 75% und bei Hochleistungssportlern um 80%. Dieser aerob-anerobe Übergangsbereich (3 mmol/l Laktat) wird von Kindern (8 bis 10jährige) mit einer Laufgeschwindigkeit von durchschnittlich 11,5 km/h, von Volkssportlern mit 11,8 km/h und von Leistungssportlern mit 17,6 bis 19,4 km/h erreicht.

- Aus der Sicht des **Muskelstoffwechsels** liegen bei Kindern *gute Voraussetzungen für aerobe Leistungsfähigkeit* vor. Nach KEUL et al. (1982) und KOINZER (1987) kann aus dem festgestellten Verhältnis von Glyzerol zu freien Fettsäuren im Blut bei Kindern auf eine *höhere Oxidationsrate von freien Fettsäuren* als bei Erwachsenen geschlossen werden. Dies scheint durch die noch nicht voll entwickelte glykolytische Kapazität bedingt zu sein und durch die vorliegende hormonelle Steuerung (Katecholamine, insbesondere Adrenalin, und Wachstumshormon STH).

- Bei der **Wärmeregulation** liegen auf kindlicher Seite *gewisse Nachteile* vor. Kinder haben eine *geringere Schweißsekretion* (Schweißdrüsen noch nicht voll entwickelt) und damit geringere Wärmeabfuhr über die wirkungsvolle Verdunstung. Für die bei Ausdauerbelastungen anfallende Wärme ist deshalb ein *vermehrter Bluttransport* zur Haut (Wärmeabstrahlung) und eine *verstärkte Atmung* (Abatmung von Wärme durch flache und schnelle Atemzüge) erforderlich. *Beides beeinträchtigt die Ausdauerleistungsfähigkeit bei Wärme.* Die Thermoregulation ist zwar auch trainierbar; es bleiben jedoch stets Defizite gegenüber Erwachsenen (vgl. auch S. 180).

Zur Trainierbarkeit der anaeroben Ausdauerleistungsfähigkeit

Anaerobe Ausdauer Die anaerobe Kapazität baut auf wesentlich **ungünstigeren biologischen Voraussetzungen** auf als die aerobe Kapazität, was im einzelnen auf folgende Tatsachen zurückzuführen ist:

- Der **Phosphatvorrat in der Muskelzelle** (= alaktazide anaerobe Kapazität) ist geringer als bei Erwachsenen. Dies bedeutet im Vergleich einen *früheren Rückgriff auf die glykolytische* (laktazide) *Energieproduktion*.

- Die **anaerobe Glykolyse**, d.h. die Fähigkeit zu hoher Laktatproduktion, ist wegen der *geringen Aktivität* (Menge) *ihres Schlüsselenzyms (PFK)* beeinträchtigt (KINDERMANN et al. 1978, 222). Erst in der Pubertät kommt es zu einem Anstieg. Es kann somit nicht ohne weiteres viel Laktat gebildet werden (4–6jährige: 3–6 mmol, 6–9jährige: 4–8 mmol, 15jährige: 6–14 mmol).

- Für eine gleich große Laktatmenge ist gegenüber den Erwachsenen eine *wesentlich höhere* **Katecholaminausschüttung** notwendig (10fach erhöhter Adrenalin- und Noradrenalinspiegel; LEHMANN et al. 1980, 230). Dieser hohe Streßhormonanstieg führt an die Grenze psychophysischer Belastbarkeit.

- Die **Laktateliminierung** ist gegenüber Erwachsenen verzögert, was sich als *eingeschränkte Erholungsfähigkeit* äußert. Nach KLIMT et al. (1973) waren z. B. bei 8–9jährigen erst eine Stunde nach Ende eines 800-m-Laufs die Laktatwerte wieder auf dem Ausgangsniveau.

- Die **laktazide Kapazität** ist durch *mehrjähriges Training* auch bei Kindern *zu steigern* – allerdings wie im Erwachsenenbereich über *sportartspezifische* Ausbelastungen. Bei 9jährigen können dann Laktatwerte von 13 mmol/l im 50-m-Schwimmen und 16 mmol/l im 200-m-Lauf produziert werden (BORMANN et al.

1981). Derartige Werte sind mit Spitzenwerten von Erwachsenen (über 20 mmol/l) vergleichbar.

Trotz dieser Möglichkeiten sind solche **anaerob-laktaziden Belastungen** aus vorher angeführten Gründen **nicht kindgemäß.**

Trainingsbelastungen, Trainingsmethoden und ausgewählte Trainingsformen

Hinsichtlich dieser Thematik ist zwischen **Schulsport** (Gesundheitssport) und **Vereinssport** (Leistungssport) zu differenzieren.

Zum Schulsport

Sowohl im *frühen wie auch späten Schulkindalter* gelten hier im Prinzip die gleichen Richtlinien:

Schulsport

- Gemäß dem Prinzip der Kindgemäßheit sind **aerobe Belastungen altersadäquat.** Anaerobe Belastungen sind möglichst zu vermeiden. Ein **umfangsbetontes** Ausdauertraining hat vor einem intensitätsbetonten zu stehen.
- Das primäre Ziel ist, eine ca. **20minütige Dauerbelastung** durchhalten zu können. Eine Hinführung dazu geschieht über **Minutenbelastungen,** die von 5 Min. an jeweils eine ca. 10%ige Steigerung (in jeder 2. bis 3. Übungsstunde) erfahren können. Dann erst sollten Intensitätserhöhungen stattfinden. REISS (in DEMETER 1981, 72) stellt z. B. folgende Bedingungen für die Übungsdauer im Laufen zur Verbesserung der aeroben Kapazität auf:

6 bis 7jährige	7 Min.
8 bis 9jährige	10 Min.
10 bis 11jährige	12–15 Min.
12 bis 13jährige	15–18 Min.
14 bis 15jährige	18–20 Min.
16 bis 17jährige	20–25 Min.

- Die für gesundheitliche Wirkungen notwendige Bruttobelastungszeit pro Woche von 60 Min. (für Erwachsene) kann wegen der besseren Trainierbarkeit der Kinder auf **45 Min. pro Woche** herabgesetzt werden. Es ist jedoch eine minimale Trainingshäufigkeit von **zweimal pro Woche** notwendig, um außer der Koordinationsverbesserung tatsächlich Änderungen im Organismus zu erzielen. Das Optimum der Trainingshäufigkeit liegt bei 3–4mal pro Woche (also 3mal 15 Min. oder 4mal ca. 12 Min.).
- Bei zweimaligem Training pro Woche ist für eine signifikante Senkung der Ruhefrequenz und **Ökonomisierung des Herz-Kreislauf-Systems** mit einer Zeitspanne von **4–5 Wochen** (also 8–10 Trainingseinheiten) zu rechnen (HOLLMANN/HETTINGER 1980).

  Weitere kardiovaskuläre (= Herz und Gefäßsystem betreffende) Änderungen, die zu einer **Steigerung der maximalen Sauerstoffaufnahme** führen, sind frühestens nach ca. **10 Wochen** (ca. 20 Trainingseinheiten), im allgemeinen nach 4–6 Monaten zu erwarten.

Tabelle 57 Vorschläge zur altersstufengemäßen Belastungsintensität anhand der Laufgeschwindigkeit (km/h) für 12- bis 30minütige Belastungsdauer (modifiziert nach BUSCHMANN 1986, 57)

Altersstufengemäße Belastungen

Alter (Jahre)	12-Minuten-Lauf		30-Minuten-Lauf	
	Jungen	Mädchen	Jungen	Mädchen
7	8–10,5		8–9	
8	10,75	10	9,75	9,25
9	11	10	10	9,75
10	11,5	10,5	10,5	9,75
11	11,75	10,5	10,75	10
12	11,75	10,75	11	10
13	12,25	11	11,5	10,5
14	12,5	11,5	11,75	10,75
15	12,5	11,75	12,25	10,75
16	13,0	11,75	12,5	10,75

- Die trainingswirksame **Belastungsintensität** für das gesundheitsorientierte Grundlagenausdauertraining ist **leicht bis mittel** (ca. 50–70% der maximalen Herz-Kreislauf-Auslastung). Das entspräche im Kindesalter Herzfrequenzen von etwa 150–170/Min. Da sich – wie schon erwähnt – eine Intensitätssteuerung über die Herzfrequenz bei Kindern als sehr schwierig erweist, ist eine Geschwindigkeitsvorgabe (durch den Lehrer oder einen Schüler) für die individuelle Auslastung günstiger. Hinsichtlich des leichtathletischen Laufs macht BUSCHMANN (1986, 57) altersstufengemäße Geschwindigkeitsvorschläge, die als Orientierungswerte gelten können (Tab. 57). Für diese Art der Intensitätssteuerung ist allerdings ein gutes Tempogefühl des Führenden erforderlich, was ohne längere Lauferfahrung meist nicht gegeben ist.
  Es bleibt letztlich in der anfänglichen Ausdauertrainingspraxis nur die **indirekte Steuerung über die Atmung:** »Es wird so gelaufen, daß man sich mit den Mitläufern noch in zusammenhängenden Sätzen unterhalten kann und dabei nicht in Atemnot gerät!« Damit ist immerhin eine Überschreitung der oberen Belastungsintensität zu vermeiden.
- Geeignete Trainingsmethoden sind die **Varianten der Dauermethode** (Geländelauf, Waldlauf, Crosslauf, Hindernislauf, Fahrtspiel, Orientierungslauf in kindgemäßer Ausführung) und **intervallartige Belastungen** (kleine Spiele, kleine

Mannschaftsspiele, Staffeln), soweit bei letzteren durch entsprechende Abstimmung von Belastungsdauer, Belastungsintensität und Pausendauer der Eingriff in die anaerobe Kapazität weitgehend vermieden wird. Der wesentliche Grundsatz innerhalb der Trainingsmethodik hier ist der laufende **Wechsel der Trainingsmethoden und auch der Trainingsinhalte.** Neben dem Lauf sollten auch – soweit es der organisatorische Rahmen zuläßt – z. B. *Radfahren, Rollschuhlaufen, Bergwandern, Schwimmen, Rudern, Paddeln, Skilanglaufen und Eisschnellaufen* miteinbezogen werden. Eine positive Einstellung zum Ausdauersport ist nur zu erreichen bzw. zu erhalten, wenn das Training abwechslungsreich ist. Tab. 58 führt einige Beispiele des kindgemäßen Ausdauertrainings an. Eine umfangreiche Sammlung von Trainingsformen ist bei BUSCHMANN (1986, 90–115) zu finden.

Wenn schulsportinterne Gründe (z. B. Sportstundenzahl und Stundenverteilung, Sportstättenanlage, weitere Lernziele gemäß Lehrplan) nicht immer die aus biologischer Sicht notwendige regelmäßige Durchführung eines Ausdauertrainings gestatten, sollte auf ein »**periodisiertes Ausdauertraining**« ausgewichen werden. Darunter ist die *konzentrierte, vorrangige Durchführung von Ausdauertrainingseinheiten (2–3mal pro Woche) über eine Zeitspanne von 4–6 Wochen* zu verstehen. Auf diese Art und Weise läßt sich die Ausdauer deutlich verbessern. Die Leistungsfähigkeit geht im Kindesalter auch nicht wieder verloren, da in den folgenden Schulsportperioden mit anderen Zielsetzungen (z. B. Koordination, Schnelligkeit) Spiele und das sonstige Konditionstraining zum Erhalt des erreichten Ausdauer-

Wesentlichster Grundsatz der Trainingsmethodik

Tabelle 58 Beispiele kindgemäßer Ausdauertrainingsformen

Beispiele kindgemäßen Trainings

Nach Dauerprinzip	Nach Intervallprinzip
– Minutenläufe (Wer kann 1, 2, 3 usw. Minuten ohne Pause laufen?) – Minutenläufe nach Pyramidensystem (1–2–3–2–1 min) – Ausdauerschein I, II, III (5, 10, 15 min kontinuierliches Laufen) – Dreiecksläufe (Abb. 49) mit der Vorgabe, daß die Eckpunkte zu bestimmten Zeiten (z. B. Piff) erreicht werden sollen (Hinführung zu gleichmäßigem Lauftempo) – Laufen im Irrgarten: In möglichst unübersichtlichem Gelände wird unter Aufgabenstellung der Wegsuche laut Markierungen eine möglichst lange Strecke zurückgelegt. – Partnerlauf mit Fahrradbegleitung: Nach gewissen Belastungsdauern wird zwischen Laufen und Radfahren gewechselt.	– Kleine Spiele wie Schwarz-Weiß, Nummernwettlauf, Schwarzer Mann – Staffeln: Pendelstaffeln, Umkehrstaffeln, Endlos-Rundenstaffeln (mit Zusatzaufgaben hinsichtlich Fortbewegungsart und Transport von Gegenständen) – Kleine Mannschaftsspiele wie Rollball, Sitzball, Raufball – Sportspiele wie Handball, Basketball, Fußball, Hockey mit entsprechender Spielfeld- oder Regeländerung – Figurenlaufen: Vorgezeichnete Figuren oder Zahlen (mit Spielfeldmarkierungsmaschine) werden längs ihrer Umrisse durchlaufen

223

Abbildung 49 Beispiel für die Anlage eines Dreieckslaufs mit vorgegebenen Laufzeiten

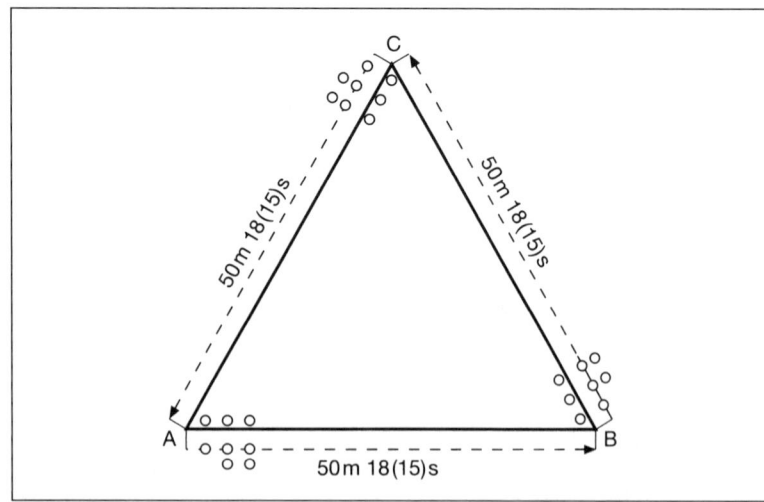

niveaus dienen können. Zwei derartige »Ausdauertrainingsperioden« in einem Schuljahr sind weit wirkungsvoller als punktuell über größere Zeitspannen verteilte Ausdauerstunden. Letztere sind praktisch im Hinblick auf eine Verbesserung wirkungslos.

In der *Pubertät* (vor allem in der ersten puberalen Phase) liegen einerseits reifungsbedingt die besten Voraussetzungen für die Entwicklung aerober Ausdauerfähigkeiten vor, andererseits geht aber auch ohne entsprechende Belastungsreize die natürliche Ausdauerfähigkeit zurück. In diesem Alter fehlt es auch meist an der entsprechenden Motivation für die monotonen Belastungen des Ausdauertrainings. Daraus erwachsen im Rahmen des Schulsports gewisse Probleme für die Durchführung eines wirkungsvollen Ausdauertrainings.

- Als Trainingsmethoden kommen hier vorrangig die **variable Dauermethode** (Fahrtspiel, Tempowechsellauf, Hindernislauf) und zunehmend auch die **extensive und intensive Intervallmethode** zur Anwendung. Bei den Intervallmethoden dient die extensive Variante zusammen mit mittleren Belastungsintensitäten noch überwiegend der Förderung aerober Kapazität (vor allem Herzleistung), die intensive Variante mit submaximalen Intensitäten und Kurzzeitintervallen der Entwicklung der anaeroben Fähigkeit (vor allem der anaerob-laktaziden Energieproduktion, weniger der Laktattoleranz).

- Trainingsinhalte und Trainingsformen sind nicht wesentlich anders als im Kindesalter. Altersstufengemäß sollte der Schwerpunkt auf **Geländeläufen, Partnerläufen mit Fahrrad,** Ausdauermehrkämpfen (z. B. Laufen + Radfahren, Rudern + Schwimmen) bzw. Endlosstaffeln (z. B. drei Läufer auf eine Bahnrunde verteilt), Hügelläufen und **großen Spielen** (Fußball, Feldhandball, Basketball mit erweitertem Spielfeld) liegen.

- Da in diesem Alter ohne gezielte Belastung die Rückbildung erworbener konditioneller Fähigkeiten relativ schnell vor sich geht, stellt ein »periodisiertes Ausdauertraining« wie im Kindesalter nicht die gekonnte Lösung für den Schulsportunterricht dar. Eine **Steigerung der Ausdauerfähigkeit ist nur bei mindestens 2–3maliger Belastung pro Woche** (von je 30 bzw. 20 Minuten effektiver Dauer) zu erwarten. Der Erhalt eines erworbenen gesundheitlichen Ausdauerminimums kann bestenfalls über eine Sportstunde mit konzentrierter Ausdauerschulung und einer weiteren Stunde mit Spielen erreicht werden. Für die Schulsportpraxis bedeutet dies, daß die Schüler/innen in diesem Alter zur **Selbstbetätigung in der Freizeit** (wenigstens 1mal pro Woche) angeregt werden müssen oder ihnen im Rahmen von Neigungs- und Leistungsgruppen Gelegenheit für ausreichendes regelmäßiges Training zu geben ist.
- Im Rahmen schulsportlichen Ausdauertrainings ist die **Bedeutung von Ausdauerwettkämpfen** für die Motivation zum Training nicht zu unterschätzen. Dies trifft sowohl für das Kindes- als auch für das Jugendalter zu. Es bieten sich Möglichkeiten innerhalb der Neigungsgruppen (z. B. Waldlaufserie über mehrere Termine mit einer Gesamtwertung), zwischen den Schulklassen oder Jahrgangsstufen (z. B. Staffelwettbewerbe mit jeweils einer ersten, zweiten, dritten usw. Mannschaft oder Mannschaftswertung mit allen Klassenangehörigen) und auf gesamtschulischer Ebene (Schulmeisterschaften in verschiedenen Ausdauerdisziplinen) an.
- Auf **Leistungskontrollen** kann im Rahmen des Schulsports nicht verzichtet werden. Um Kinder und Jugendliche im Ausdauertraining einerseits differenziert und individuell optimal belasten zu können und andererseits den Leistungsfortschritt feststellen zu können, ist das Messen der Ausdauerleistungsfähigkeit mittels Tests zu gewissen Zeiten unumgänglich. Von den vielen Testverfahren eignen sich am besten der **Cooper-12-Minuten-Test** oder der **15-Minuten-Lauftest** **Cooper-Test** (nach PAHLKE/PETERS 1979). In beiden Testverfahren ist in der vorgegebenen Zeit (12 bzw. 15 Minuten) durch Laufen bzw. Gehen die möglichst größte Strecke zurückzulegen. Anhand der erarbeiteten Leistungstabellen (Tab. 59) kann auf Grund der absolvierten Strecke der Ausdauerzustand des einzelnen Schülers eingestuft werden. Kürzere Testzeiten bzw. Teststrecken sind für die Erfassung der aerobalen Leistungsfähigkeit ungeeignet, da die anaerobe Leistungsfähigkeit mit

Tabelle 59 Leistungsbewertung nach Cooper-Test für Kinder und Jugendliche (für Mädchen gelten jeweils 200 m weniger)

Kondition	Jahre									
	7	8	9	10	11	12	13	14	15	16
ausgezeichnet	2600	2650	2700	2750	2800	2850	2900	2950	3000	3050
sehr gut	2400	2450	2500	2550	2600	2650	2700	2750	2800	2850
gut	2000	2050	2100	2150	2200	2250	2300	2350	2400	2450
befriedigend	1600	1650	1700	1750	1800	1850	1900	1950	2000	2050
mangelhaft	1000	1050	1100	1150	1200	1250	1300	1350	1400	1450

abnehmender Belastungszeit immer mehr von Bedeutung wird. Dies ist auch der Grund dafür, daß im Kindesalter Laufstrecken von 600–1200 Metern nicht als adäquate Teststrecken geeignet sind. Unter der Aufgabenstellung, möglichst schnell zu sein, wird dabei genau das provoziert, was den Kindern entwicklungsbedingt noch fehlt (anaerobe Energiebereitstellung).

Zum Vereinssport

Leistungs-sport Das *frühe und späte Schulkindalter* (8.–12. Lebensjahr) ist für die meisten Ausdauerdisziplinen die Trainingsstufe des **Grundlagentrainings**. Eine Ausnahme bildet der Schwimmsport. Dort wird zum Ende dieser Altersstufe bereits mit wesentlich höheren Trainingsumfängen gearbeitet, was der Stufe des Aufbautrainings entspricht.

Bezüglich des Laufens lassen sich für ein altersangepaßtes Ausdauertraining folgende Leitlinien herausstellen (BUSCHMANN 1986):

- Der **Trainingsumfang beträgt ca. 5–6 Std. pro Woche** (= ca. 30–50 km, Tab. 60), die **Intensität** ist überwiegend **mittel bis submaximal** (kontinuierliche extensive Dauermethode, variable Dauermethode). Gelegentlich wird auch die maximale aerobe Kapazität (intensive Dauermethode, Wiederholungsmethode mit Tempoläufen) gefordert. Letzteres ist in überlegter Anwendung zur optimalen Ausbildung des Herz-Kreislauf-Systems notwendig. Die entstehenden Laktatwerte liegen dabei etwas über der anaeroben Schwelle (ca. 5–6 mmol/l).

- Das **Grundlagentraining** ist bereits zu **periodisieren** (Einteilung des Trainingsjahres), und zwar in der Art, daß die Witterungsverhältnisse (Winter) und die Schulferien maßgebend für die Übergangsperioden zwischen den Trainings- und Wettkampfblöcken sind (Abb. 50). Die Wettkämpfe sind in erster Linie ein Trai-

Tabelle 60 Umfang und Intensität im Grundlagentraining/Aufbautraining 1 (Übersicht)

Alter	TE/Woche	Umfang	Intensität	Verhältnis aerob/anaerob
8	4	30 km	6:00 min/km (= 2,7 m/s)	6:1
9/10	4	40 km	5:45 min/km (= 2,9 m/s)	6:1
11/12	4	50 km	5:30 min/km (= 3,1 m/s)	6:1

Tabelle 61 Leistungsüberprüfung am Ende des Grundlagentrainings/Aufbautrainings 1

	Jungen	Mädchen
100 m	15,0 s	15,4 s
800 m	2:30– 2:25 min	2:45– 2:50 min
1 000 m	3:05– 3:10 min	3:15– 3:20 min
3 000 m	10:30–10:45 min	11:30–11:45 min
10 000 m	unter 40 min	40– 42 min
Halbmarathon	1 h 35–1 h 45 min	1 h 40–1 h 50 min

Abbildung 50 Periodisierungsschema für Langstreckenläufer im Grundlagentraining/
Aufbautraining 1 (8–12 Jahre)

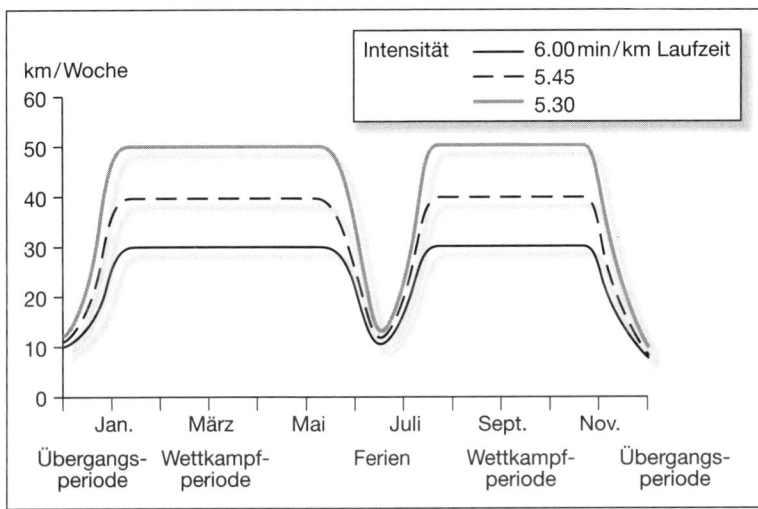

**Periodisierungs-
schema für
8–12jährige**

ningsmittel (Mittel zum Zweck), weshalb Training und Wettkämpfe über die
ganzen »Wettkampfperioden« hinweg parallel durchgeführt werden.

- Für die Leistungsüberprüfung am **Ende des Grundlagentrainings/Aufbautrai-
nings 1** (12jährige) schlägt BUSCHMANN (1986, 66) **Normwerte** für verschiedene
Laufstrecken vor (Tab. 61).

In die *Pubertät* (ca. 13.–17. Lebensjahr) fällt im allgemeinen die Stufe des **Aufbautrainings 2/Anschlußtrainings,** das selbst in zwei Phasen gegliedert werden
kann. Unter der Voraussetzung, daß ein Grundlagentraining vorausgegangen ist,
können folgende Richtlinien für die Trainingsbelastungen (im Laufen) angegeben
werden:

- Der **Trainingsumfang** steigt in der ersten Phase (13./14. Lebensjahr) auf   **Trainingsumfang**
6–7 Stunden pro Woche (= 60 km Laufstrecke; Tab. 62). Von den **5 Trainingseinheiten** sollte eine mit zweistündiger Dauer durchgeführt werden, was der weiteren Ausbildung der aeroben Kapazität zugute kommt. Die **Belastungsintensität steigt** im Durchschnitt **an,** da sowohl bei der *Dauermethode (submaximale
Intensitäten)* wie auch bei der *Intervallmethode (submaximale bis maximale
Intensitäten)* jeweils die intensive Variante einen vermehrten Einsatz erfährt. Der
Anteil der vorrangig anaeroben Belastungen steigt damit auf ca. 20% des Ge-
samttrainings an.
- In der zweiten Phase (Anschlußtraining) (15./16. Lebensjahr) liegt der **Trainingsumfang bei ca. 8–9 Stunden pro Woche** (= ca. 80 km; Tab. 62). Von den
6 Trainingseinheiten sind eine mit zweistündiger Dauer und wenigstens weitere
zwei mit 90minütiger Dauer durchzuführen. Die durchschnittliche Belastungs-

227

Tabelle 62 Umfang und Intensität im Aufbau- und Anschlußtraining

Alter	TE/Woche	Umfang	Intensität	Verhältnis aerob/anaerob
13/14	5 (1×2 h)	60 km	5 min/km (= 3,3 m/s)	4/5:1
15/16	6 (1×2 h)	80 km	5 min/km (= 3,3 m/s)	4:1

intensität erfährt keine weitere Steigerung. Die in der ersten Phase erhöhte Intensität wird vielmehr umfangsbetonter durchgeführt. Der Anteil der anaeroben Belastungen wächst auf ca. 25% (Tab. 62).

Jahres-periodisierung • Die **Jahresperiodisierung** im Aufbautraining geschieht prinzipiell nach den gleichen Gesichtspunkten wie im Grundlagentraining. In der Wettkampfperiode zwischen März und Juli wird allerdigs bei gleichbleibendem Umfang die Intensität im Hinblick auf einige wenige Wettkämpfe, die als Meisterschaftswettbewerbe bestritten werden, etwas gesteigert. Ansonsten haben die zahlreichen **Wettkämpfe** (ca. 15–20 pro Jahr) nach wie vor den **Charakter von Trainingswettkämpfen** zu behalten. Anderenfalls würde die Vielzahl eine deutliche psychophysische Überforderung darstellen.

Mit einer *tabellarischen Übersicht* (Tab. 63) wird abschließend nochmals auf die unterschiedliche und notwendige **altersstufengemäße Belastung** im Rahmen des **Schul- und Leistungssports** hingewiesen.

Nach dem Aufbau- und Anschlußtraining (am Ende der zweiten puberalen Phase) beginnt das **Hochleistungstraining** mit einer gewissen Strecken- bzw. Disziplinspezialisierung. Für diese Trainingsstufe gelten dann die *Gesichtspunkte des Erwachsenentrainings.*

Beweglichkeitstraining im Kindes- und Jugendalter

Ist Beweglichkeitstraining im Kindesalter sinnvoll?

Diese Thematik ist altersabhängig zu beantworten:

1. Bis etwa zum **10. Lebensjahr** haben Kinder eine natürliche, gut ausgeprägte Beweglichkeit, wobei im 8./9. Jahr die Wirbelsäule am beweglichsten ist. Auf Grund dieser biologischen Situation ist kein Beweglichkeitstraining notwendig; eventuell nur mit allgemeinen und spielerischen Übungen.

Beginnende Einschränkungen 2. Gegen Ende des frühen Schulkindalters (ca. 9–10 Jahre) zeigen sich bei Mädchen und Jungen **beginnende Einschränkungen** der Hüftspreizfähigkeit (seitwärts) und der dorsal gerichteten (nach hinten) Beweglichkeit im Schultergelenk. Ab jetzt wären entsprechende Beweglichkeitsübungen zur Erhaltung der Beweglichkeit angebracht. Für Leistungssport treibende Kinder mit Sportarten, die hohe Beweglichkeit erfordern, muß jetzt mit spezifischen Übungen begonnen werden.

228

Schul- und Leistungssport

Tabelle 63 Übersicht zur altersstufengemäßen Belastung im Schul- und Leistungssport

Altersstufe	Schulsport	Vereins(Leistungs-)sport
Frühes und spätes Schulkindalter 8.–12. LJ	»periodisiertes Ausdauertraining« 4–6 Wochen; Umfang: 45 min/Woche (9–10 km) Intensität: leicht bis mittel (50–70%)	8.–12. LJ Grundlagentraining, Aufbautraining 1 — Umfang: 5–6 h/Woche (30–50 km) Intensität: mittel–submaximal v = 6–5$^{1}/_{2}$ min/1000 m Periodisierung: nach Ferien und Winterpause
1. puberale Phase ♂ 13.–15. LJ ♀ 12.–14. LJ	regelmäßiger Unterricht (2–3 TE) Umfang: 60 min/Woche (Neigungsgruppen, Eigentätigkeit) Intensität: mittel (60–75%)	13.–14. LJ Aufbautraining 2 — Umfang: 6–7 h/Woche 60–70 km; 5 TE Intensität: mittel–submaximal v = 5 min/1000 min
2. puberale Phase ♂ 15.–18. LJ ♀ 14.–17. LJ		15.–17. LJ Anschlußtraining — Umfang: 7–8 h/Woche Intensität: mittel–submaximal v = 5 min/1000 m Periodisierung: nach Ferien und Winterpause

3. Ab dem **späten Schulkindalter** (ca. 10–12 Jahre) wird die Beweglichkeit nur noch in den Bewegungsrichtungen erhalten bzw. gesteigert, in denen sie trainiert wird.
4. **Wesentlichste Aufgabe** eines Beweglichkeitstrainings im späten Schulkindalter ist weniger die Erhaltung einer bestimmten Gelenkbeweglichkeit (außer im Leistungssport) als vielmehr die Prophylaxe bzw. der Ausgleich von möglicherweise schon vorhandenen Muskelverkürzungen und muskulären Dysbalancen.

Methodische Hinweise

Methodische Hinweise

- *Allgemeine und spielerische Übungen* können im frühen und späten Schulkindalter angewendet werden; ebenso im späten bereits disziplinspezifische Übungsformen.
- Die *Knochen* der Kinder dieser Altersstufen sind zwar auf Grund der erhöhten Einlagerung weicherer organischer Substanzen biegsamer als die Erwachsener, jedoch stark gefährdet gegenüber Zug-, Druck-, Scher- und Torsionseinwirkungen. Ebenso sind die Sehnen und Bänder zwar weicher, aber weniger zugfest. Die noch nicht ganz verknöcherten Wachstumsfugen sind ebenfalls durch solche unphysiologischen Belastungen gefährdet. Dies bedeutet folglich, daß
- *Partnerübungen* und Übungen mit erhöhtem äußerem Einfluß zu vermeiden sind. Kinder haben außerdem noch wenig Gefühl für mechanische äußere Widerstände und Dehnungsreize.
- *Vorsicht* ist auch geboten vor einer übertriebenen Beweglichkeitsschulung (Gefahr von Haltungsschwächen); bei einem eventuellen Auftreten sollte mit entsprechendem Krafttraining gegengesteuert werden.
- Mit Kindern sind im Beweglichkeitstraining *aktive Übungen* den passiven/statischen vorzuziehen.
- Auf Grund der natürlichen Beweglichkeit müssen Kinder nicht unbedingt durch Beweglichkeitsübungen aufgewärmt sein.

Beweglichkeitstraining im Jugendalter

Das in der **Pubeszenz** verstärkt einsetzende Wachstum (bei Mädchen ab ca. 11/12; bei Jungen ab ca. 12/14) von etwa 8–15 cm pro Jahr und die gleichzeitige hormonelle Veränderung bedeuten für die Jugendlichen teilweise eine ungünstigere mechanische Bewegungsmöglichkeit, verbunden mit einer eingeschränkteren Beweglichkeit. Eine gezielte Beweglichkeitsschulung ist sowohl für den Schulsport (3× pro Woche) als auch insbesonders für den Leistungssport (möglichst täglich) dringend erforderlich; auch deshalb, weil in dieser Altersstufe verstärkt muskuläre Dysbalancen (Muskelverkürzungen und -abschwächungen) auftreten können.
Vorsicht ist in diesem Alter auch noch geboten vor unphysiologischen Übungen wie z. B. Hyperflexionen und Hyperextensionen vorwärts und rückwärts.
In der Phase der **Adoleszenz** (bei Mädchen ab ca. 14/16; bei Jungen ab ca. 16/17) sind auf Grund des allmählichen Ausreifens von Muskel- und Skelettsystemen die Trainingsformen und -methoden von Erwachsenen bereits angebracht (vgl. S. 167 ff.).

Literatur

ADAMS, G. R., et al.: Skeletal muscle myosin heavy chain composition and resistance training. In: J. Appl. Physiol. 74 (1993) 2, 911–915.

ASMUS, S. A.: Physische und motorische Entwicklung im Kindes- und Jugendalter. Kassel 1994.

ASTRAND, P. O.; ROHDAHL, K.: Textbook of work physiology. New York 1970.

AUTORENKOLLEKTIV: Sportpolitische und trainingswissenschaftliche Grundlagen für den Übungsleiter. In: Th. u. Pr. d. KK., Beiheft 1 (1986).

BADTKE, G., et al.: Sportmedizinische Grundlagen der Körpererziehung und des sportlichen Trainings. Leipzig 1987 und 1995, 3. Aufl.

BALLREICH, R.: Weg- und Zeitmerkmale von Sprintbewegungen. Berlin 1969.

BAUER, G.: Grundsätze der Periodisierung des Trainings und Rückschlüsse für Trainingsplanung im Fußball. In: Leistungsfußball, Bd. 1 (ohne Jahr).

BAUERSFELD, M.; VOSS, G.: Neue Wege im Schnelligkeitstraining. Münster 1992.

BAUMANN, W.: Grundlagen der Biomechanik. Schorndorf 1989.

BAUR, J.; BÖS, K.; SINGER, R. (Hrsg.): Motorische Entwicklung. Schorndorf 1994.

BECK, J.; BÖS, K.: Normwerte motorischer Leistungsfähigkeit. Köln 1995 (BISP 5/95).

BEHREND, R.: Methodische Lösungen für ein schnelligkeitsorientiertes Sprungtraining im leichtathletischen Aufbautraining. Diss. A DHfK, Leipzig 1988.

BENNINGHOFF, A.; GOERTLER, K.: Lehrbuch der Anatomie des Menschen, Bd. 1. München, Berlin, Wien 1968.

BERG, A.; KEUL, J.: Kurz- und langfristige Anpassungsvorgänge beim Krafttraining. In: BÜHRLE, M. (Hrsg.): Grundlagen des Maximal- und Schnellkrafttrainings. Schorndorf 1985, 61–81.

BERGMAN, H. T., et al.: Enzymatic and circulatory adjustments to physical training in middleaged men. In: Europ. J. clin. Invest. (1973) 5, 414.

BLÖDORN, M.; SCHMIDT, P.: Trablaufen. Training, Technik, Taktik. Reinbek 1977.

BÖS, K.: Fit für das Leben. Oberhaching 1987.

BÖS, K.: Handbuch sportmotorischer Tests. Frankfurt 1987.

BÖS, K.; WOHLMANN, R.: Allgemeiner sportmotorischer Test für Kinder von 6–11 Jahren (Ast 6–11). Hannover 1987.

BOMPA, T. O.: Talent Identification. In: Sports-Science Periodical on Research and Technology in Sport. Ottawa (1985), February.

BORMANN, T.; PAHLKE, U.; PETERS, H.: Blutlaktatkonzentrationen nach Wettkampfbelastungen im Schwimmen und Laufen bei 9jährigen Kindern. In: Medizin und Sport 21 (1981), 198–201.

BOSCO, C.; KOMI, P. V.; LOCATELLI, E.: Physiologische Betrachtungen zum Tiefsprungtraining. In: Leistungssport 9 (1979) 6, 434.

BRACK, R.: Trainingswissenschaftliche Leistungsdiagnostik im Volleyball. Ahrensburg 1983.

BRAUNWALD, E., et al.: An analysis of the cardiac responses to exercise. In: Circulat. Res. (1967) 20, 44.

BREMER, D.: Neue Entwicklungstendenzen im Training und ihre Auswirkungen auf ein langfristiges Trainingsmodell im Triathlon. In: BREMER, D., et al.: Triathlon: Sportmedizin und Trainingswissenschaft. Ahrensburg 1987, 79–87.

BREMER, D.: Der Einsatz von Herzfrequenzmeßgeräten in der Trainingspraxis. In: BREMER, D., et al.: Triathlon: Schwimmen, Langtriathlon, Trainingssteuerung. Ahrensburg 1992, 147–158.

BREMER, D.; HILDENBRANDT, C.: Das Schwimmtraining im Triathlon. In: BREMER, D., et al.: Triathlon: Psychologie, Training, Doping. Ahrensburg 1988, 103–118.

Literatur

BÜHRLE, M. (Hrsg.): Grundlagen des Maximal- und Schnellkrafttrainings. Schorndorf 1985.

BUHL, H.; HÄCKER, R.; APPELT, D.: Adaptationsmechanismen im aerob-anaeroben Übergangsbereich bei Kindern und Jugendlichen im Vergleich zu hochtrainierten Sportlern. In: Medizin und Sport 22 (1982) 2/3, 40–43.

BUSCHMANN, J.: Ausdauertraining für Kinder. Aachen 1986.

CHARITONOVA, L. G.: Theoretische und experimentelle Begründung von Adaptationstypen im Sport. In: Leistungssport 23 (1993) 6.

CHRUSTSCHOW, S., et al.: Der Einfluß von Sport auf den kardiorespiratorischen Apparat von Jugendlichen. In: Medizin und Sport 15 (1975), 365–369.

COTTA, H.: Orthopädie. Stuttgart 1978.

DE MARÉES, H.; MESTER, J.: Sportphysiologie I. Frankfurt 1981.

DE MARÉES, H.; MESTER, J.: Sportphysiologie II. Frankfurt 1982.

DE MARÉES, H.; MESTER, J.: Sportphysiologie III. Frankfurt 1984.

DEMETER, A.: Sport im Wachstums- und Entwicklungsalter. Leipzig 1981.

DINTIMAN, G. B.; WARD, R. D.: Sport speed. Champaign 1994.

EHLENZ, H.; GROSSER, M.; ZIMMERMANN, E.: Krafttraining. München 1998, 6. Aufl.

EISELE, R. et al.: Sauerstoffaufnahme während Fahrrad- und Laufbandergometrie. In: Deutsche Zeitschrift für Sportmedizin, 47 (1996) 2, 54–60.

ENGELHARDT, M.; NEUMANN, G.: Sportmedizin. München 1994.

FETZ, F.; KORNEXL, E.: Sportmotorische Tests. Berlin 1978.

FRANCIS, CH.; PATTERSON, P.: The Charlie Francis Training system. Ottowa 1992.

FREY, G.; HILDENBRANDT, E.: Einführung in die Trainingslehre. Teil 1: Grundlagen. Schorndorf 1994; Teil 2: Schorndorf 1995.

FRICK, H.; LEONHARDT, H.; STRACK, D.: Allgemeine Anatomie, spezielle Anatomie I. Band 1. Stuttgart, New York 1992, 4. Aufl.

FRIEDRICH, F.; MOELLER, H.: Zum Problem der Superkompensation. In: Leistungssport 29 (1999) 5, 52–55.

FRÖHNER, G.: Physiologische Grundlagen der Belastbarkeitssicherung zur Begrenzung gefährdender Beanspruchung bei Kindern und Jugendlichen. In: HELD, C. O., et al. (Red.): Sport ist Spitze. 11. Intern. Workshop (Dortmund 1996). Krefeld 1997, 53–76.

FÜRST, D. O.: Titin, ein molekularer Gigant regiert im quergestreiften Muskel. In: Dt. Zs. f. Sportmedizin 50 (1999) 7 + 8, 218–222.

FUNG, Y. C.: Biomechanics. Mechanical Properties of Living Tissues. Berlin, Heidelberg, New York 1981.

GAISL, G.; BUCHBERGER, J.: Veränderung des aerob-anaeroben Übergangs bei 13–14jährigen Sportschülerinnen nach 3 Jahren Training. In: Leistungssport 16 (1986) 3, 34–36.

GANONG, W. F.: Medizinische Physiologie. Berlin, Heidelberg, New York 1972, 2. Aufl.

GOLLHOFER, A.; ULLRICH, K.: Physiologische Aspekte und Effektivität unterschiedlicher Dehnmethoden. In: Dt. Zs. f. Sportmedizin 45 (1994) 9, 336–345.

GOLLNIK, P. D., et al.: Effects of training on enzyme activity and fiber composition of human skeletal muscle. In: J. appl. Physiol. (1973) 1, 107.

GRAF, O.: Arbeitsablauf und Arbeitsrhythmus. In: LEHMANN, G. (Hrsg.): Handbuch der ges. Arbeitsmedizin, Bd. 1. Berlin 1961.

GROH, H.: Trainierbarkeit des Muskels. In: Leistungssport 2 (1972) 2, 113.

GROSSER, M.: Die Zweckgymnastik des Leichtathleten. Schorndorf 1981, 3. Aufl.

GROSSER, M.: Schnelligkeitstraining. München 1991.

GROSSER, M.; BRÜGGEMANN, P.; ZINTL, F.: Leistungssteuerung in Training und Wettkampf. München 1986.

GROSSER, M.; EHLENZ, H.; GRIEBL, R.; ZIMMERMANN, E.: Richtig Muskeltraining. München 1999, 7. Aufl.

GROSSER, M.; HERBERT, F.: Konditionsgymnastik. Celle 1992, 7. Aufl.

GROSSER, M.; HERMANN, H.; TUSKER, F.; ZINTL, F.: Die sportliche Bewegung. München 1987.

GROSSER, M.; MÜLLER, H.: Power Stretch – Das neue Muskeltraining. München 1993, 2. Aufl.

GROSSER, M.; NEUMAIER, A.: Techniktraining. München 1982.

GROSSER, M.; STARISCHKA, S.: Konditionstests. München 1986, 2. Aufl.

GROSSER, M.; ZIMMERMANN, E.: Allgemeine Trainingsprinzipien und biologische Adaptation. In: Kölner Beiträge zur Sportwissenschaft, Bd. 8/9. St. Augustin 1981, 113–132.

GROSSER, M.; ZIMMERMANN, E.; EHLENZ, H.: Zu den Voraussetzungen für Sprinter (100-m-

Lauf). In: Bührle, M. (Hrsg.): Grundlagen des Maximal- und Schnellkrafttrainings. Schorndorf 1985, 301–315.

Grosser, M., et al.: Schnelligkeitstraining im Tennis. Sindelfingen 1998.

Gundlach, O.: Zur Charakterisierung und Trainierbarkeit von Zeitprogrammen als Erscheinungsform der Schnelligkeit (am Beispiel des NHS) im Grundlagentraining des Leistungsgerätturnens. Diss. A DHfK, Leipzig 1987.

Harre, D. (Red.): Trainingslehre. Berlin 1986.

Hartmann, C.; Minow, H.-J.: Sport verstehen – Sport erleben. Teil 2. Trainingsmethodische Grundlagen. Lamperswalde 1999.

Hartmann, U.; Mader, A.: Zum Problem von Belastung und Anpassung (Unter besonderer Berücksichtigung ausgewählter Trainingsprinzipien und deren Übertragbarkeit für die Trainingspraxis). In: Hartmann, U.; Bleicher, A. (Red.): Aktuelle Brennpunkte des Nachwuchsleistungssports: Mädchen im Nachwuchsleistungssport; Neue Aspekte des Konditionstrainings. 13. Internationaler Workshop 8./9. Juni 1998 in Duisburg im Rahmen des Landesprogramms »Talentsuche und Talentförderung in Zusammenarbeit von Schule und Verein/Verband«. Köln 1999, 72–88.

Heck, H.: Energiestoffwechsel und medizinische Leistungsdiagnostik. Schorndorf 1990.

Heck, H., et al.: Vergleichende Untersuchung zu verschiedenen Laktat-Schwellenkonzepten. In: Dt. Zs. f. Sportmedizin 36 (1985) 1, 19–25.

Hennemann, E.; Shahani, B. T.; Carpenter, D. O.: Excitability and inhability of motoneurons of different sizes. In: Journal of Neurophysiology 28 (1965), 599–620.

Hill, A. V.: The heat of shortening and the dynamic constants of muscle. In: Proc. Roy. Soc., Ser. B. (1938) 126, 136–195.

Hirtz, P. (Red.): Koordinative Fähigkeiten im Schulsport. Berlin 1985.

Hochmuth, G.: Biochmechanik sportlicher Bewegungen. Berlin 1981.

Hohmann, A.: Grundlagen der Trainingssteuerung im Sportspiel. Hamburg 1994.

Hollmann, W.; Hettinger, Th.: Sportmedizin – Arbeits- und Trainingsgrundlagen. Stuttgart, New York 1980, 2. Aufl.; 2000, 4. Aufl.

Hollmann, W.; Liesen, H.: Die Beurteilung der Lauf-Ausdauerleistung im Labor. In: Leistungssport 5 (1975) 5, 369.

Hoppeler, H.: Strukturelle und funktionelle Grundlagen der Schnelligkeit. Vortrag ›Trainerseminar Schnelligkeit‹, 3.–5. 4. 1992 Stuttgart.

Hossner, E.-J.: Prinzipien des Techniktrainings im Spitzensport. In: Roth, K. (Hrsg.): Techniktraining im Spitzensport. Alltagstheorien erfolgreicher Trainer. Köln 1996, 84–99.

Ikai, M.; Fukunaga, T.: Calculation of muscle strength per unit cross-sectional area of human muscle by means of ultrasonic measurement. In: Int. Zs. angew. Physiologie (1986) 26, 26.

Jakowlew, N. N.: Sportbiochemie. Leipzig 1977.

Joch, W. (Hrsg.): Rahmentrainingsplan für das Grundlagentraining. Aachen 1991.

Joch, W. (Hrsg.): Rahmentrainingsplan für das Aufbautraining Lauf. Aachen 1992a.

Joch, W. (Hrsg.): Rahmentrainingsplan für das Aufbautraining Sprint. Aachen 1992b.

Joch, W.: Das sportliche Talent. Aachen 1997.

Keul, J., et al.: Bestimmung der individuellen anaeroben Schwelle zur Leistungsbewertung und Trainingsgestaltung. In: Deutsche Zeitschrift für Sportmedizin, 30 (1979) 7, 212–218.

Keul, J., et al.: Der Einfluß eines fünfjährigen Ausdauertrainings auf Kreislauf und Stoffwechsel bei Kindern. In: Dt. Zs. f. Sportmedizin 33 (1982) 8, 264–270.

Kindermann, W.; Keul, J.: Anaerobe Kapazität bei verschiedenen körperlichen Belastungsformen. In: Beiheft zu Leistungssport (1977) 9, 80.

Kindermann, W., et al.: Anpassungserscheinungen durch Schul- und Leistungssport im Kindesalter. In: Sportwissenschaft 2/3 (1978), 222–234.

Klimt, F., et al.: Körperliche Belastung 8–9jähriger Kinder durch einen 800-m-Lauf. In: Schweiz. Zs. Sportmedizin 2 (1973), 57–70.

Klimt, F., et al.: Wie tolerieren Vorschulkinder ein »Bergaufgehen« auf dem Laufband? In: Sportarzt und Sportmedizin 8 (1975), 163–169.

Köhler, E.: Zur Trainierbarkeit von Schülern im Alter von 6–16 Jahren. In: Theorie und Praxis der KK 8 (1977), 606–608.

Koinzer, K.: Energetischer Metabolismus und dessen hormonelle Steuerung bei Kindern und Jugendlichen während Ausdauerbelastungen. In: Medizin und Sport 27 (1987) 7, 208–210.

233

Literatur

KOMI, P. V.: Immediate and training effects of eccentric work. Vortrag Wiss. Kongreß. München 21.–25. 8. 1972.

KOMI, P. V.: Faktoren der Muskelkraft und Prinzipien des Krafttrainings. In: Leistungssport 5 (1975) 1, 3.

KOMI, P. V.: (Hrsg.): Kraft und Schnellkraft im Sport. Köln 1994.

KOSZEWSKI, D.: Supramaximale Sprintbelastungen. In: Leichtathletik Konkret (2000) 10, 31–32.

KRÜGER, A.: Die Reaktionszeit des Sportlers. Beiheft zu Leistungssport (1982) 31.

KÜCHLER, G.: Motorik. Stuttgart 1983.

KUHN, W.: Funktionelle Anatomie des menschlichen Bewegungsapparates. Schorndorf 1979.

KUSNEZOW, W. W.: Kraftvorbereitung. Berlin 1972.

LEHMANN, F.: Zur Beziehung zwischen Schnelligkeit als neuromuskuläre Leistungsvoraussetzung und maximaler Laufgeschwindigkeit im Sprint-Nachwuchstraining. In: Leistungssport 22 (1992) 4.

LEHMANN, F.: Schnelligkeitstraining im Sprint. In: Leichtathletiktraining (1993), September/Oktober.

LEHMANN, G.: Einheit von Technik – Taktik und Kondition. Ergebnisse aus Kampfsportarten. In: Leistungssport 27 (1997) 3, 12–17.

LEHMANN, M., et al.: Plasmakatecholamine, Glukose, Laktat und Sauerstoffaufnahmefähigkeit von Kindern bei aeroben und anaeroben Belastungen. In: Dt. Zs. f. Sportmedizin 8 (1980), 230–236.

LEHMANN, M.; STEINACKER, J.; GASTMANN: Vom Übertraining zur Leistungs-Minderung oder Superkompensation. In: Sportorthopädie – Sporttraumatologie 14 (1998) 4, 181–185.

LEHNERT, K.; WEBER, J.: Untersuchungen der motorischen Nervenleitungsgeschwindigkeit des Nervus ulnaris bei Sportlern. In: Medizin und Sport 15 (1975), 10–14.

LEHNERTZ, K.; STEINBRECHER, A.: Ammoniak als Beanspruchungsindikator sportbedingter Belastungen. In: JANSSEN, J.-P., et al. (Hrsg.): Belastung und Beanspruchung. Köln 1992, 107–125.

LETZELTER, M.: Trainingsgrundlagen. Reinbek 1978.

LETZELTER, H.; LETZELTER, M.: Die Struktur sportlicher Leistungen als Gegenstand der Leistungsdiagnostik in der Trainingswissenschaft. In: Leistungssport 12 (1982), 351–361.

LEYK, D. et al.: Energiebereitstellung im Sprint. In: Die Lehre der Leichtathletik 36 (1997) 12, 25–26.

LIESEN, H., et al.: Die Ausdauerleistungsfähigkeit bei verschiedenen Sportarten unter besonderer Berücksichtigung des Metabolismus: Zur Ermittlung der optimalen Belastungsintensität im Training. In: Beiheft zu Leistungssport (1977) 9, 63.

LIESEN, H., et al.: Trainingssteuerung im Hochleistungssport. In: Dt. Zs. f. Sportmedizin (1985) 1, 8–18.

LIPPMANN, J.: Positionen zur Periodisierung und Belastungsgestaltung vom Aufbau- bis zum Hochleistungstraining in der Sportart Gewichtheben. In: Zs. f. Angew. Tr.wiss. 3 (1996) 1, 87–107.

LYCHATZ, S.: Tendenzen der trainingsmethodischen Entwicklung in den Ausdauersportarten im Olympiazyklus 1985 bis 1988. In: Leistungssport 19 (1989) 5, 38–43, und 6, 41–46.

MADER, A.; HOLLMANN, W.: Zur Bedeutung der Stoffwechselleistungsfähigkeit des Eliteruderers in Training und Wettkampf. In: Beiheft zu Leistungssport (1977) 9, 7.

MAHLO, F.: Kraft-Ausdauer-Beziehung in der sportlichen Tätigkeit. In: Theorie und Praxis der Körperkultur 33 (1984) 1, 47–53.

MANN, R.: Biomechanische Grundlagen des Kurzsprints. In: Die Lehre der Leichtathletik (DLV Trainerschule) 38 (1999) 24–31.

MARTIN, D.: Grundlagen der Trainingslehre, Teil 1. Schorndorf 1979, 2. Aufl.

MARTIN, D.: Grundlagen der Trainingslehre, Teil 2. Schorndorf 1980.

MARTIN, D.: Die Belastungsmerkmale des breitensportlichen Ausdauertrainings. In: Sportwissenschaft 19 (1989) 4, 378–395.

MARTIN, D.; CARL, K.; LEHNERTZ, K.: Handbuch Trainingslehre. Schorndorf 1991.

MARTIN, D.; KAROSS, S.; KÖNIG, K.; SIMSHÄUSER, H.: Handbuch. Vielseitige sportartübergreifende Grundausbildung – Trainingsmodelle für die Talentaufbaugruppen. Wiesbaden 1994 (Hess. Institut für Bildungsplanung und Schulentwicklung (HIBS)).

MARTIN, D.; NICOLAUS, J.: Die sportliche Leistungsfähigkeit von Kindern und Folgerungen für das Kindertraining. In: Leistungssport 27 (1997) 5, 53–59.

MARTIN, D. u. a.: Handbuch Kinder- und Jugendtraining. Schondorf 1999.

MATWEJEW, L. P.: Grundlagen des sportlichen Trainings. Berlin 1981.

MEERSON, F. S.: Mechanismus der Adaptation. In: Wissenschaft in der UdSSR (1973) 7, 425.

MERSCH, F.: Maximalkraftveränderung im präpuberalen Kindesalter. Diss. FU Berlin 1987.

MOUCHBAHANI, R.; Seeger, A.: Zur metabolischen Belastung im Schnelligkeitstraining. In: Leistungssport 28 (1998) 5, 24–27.

MÜLLER, E.; KORNEXL, E.; LEITENSTORFER, W.: Fußballspezifischer Ausdauertest. In: Leistungssport 22 (1992) 2, 22–26.

NAKUMURA, H.: An experimental study of reaction time of the start in running a race. In: Res. Quart. Amer. Health phys. Educ. suppl. (1934) 1, 33.

NEUMAIER, A.: Sportmotorische Tests in Unterricht und Training. Schorndorf 1983.

NEUMANN, G.: Sportmedizinische Grundlagen der Ausdauerentwicklung. In: Med. u. Sport 24 (1984) 6, 174–178.

NEUMANN, G.: Zum zeitlichen Ablauf der Anpassung beim Ausdauertraining. In: Leistungssport 23 (1993) 5, 9–14.

NEUMANN, G.; PFÜTZNER, A.: Leistungsstruktur der Langzeitausdauer im Triathlon. In: BREMER, D., et al.: Triathlon: Schwimmen, Langtriathlon, Trainingssteuerung. Ahrensburg 1992, 61–66.

NEUMANN, G.; SCHÜLER, K.-P.: Sportmedizinische Funktionsdiagnostik. Leipzig 1989.

PACH, M.: Empirische Untersuchung zur Abgrenzung verschiedener Kraftausdauerfähigkeiten. Diss. TU München 1990.

PAHLKE, U.; PETERS, H.: Ausdauer und Kenngrößen der körperlichen Leistungsfähigkeit im Schulsport. Medizin und Sport 19 (1979) 12, 353–360.

PHILIPP, M.: Einsatz-Training versus Mehrsatz-Training. In: Leistungssport 29 (1999) 4, 27–34.

RAUBER, A.; KOPSCH, F.: Anatomie des Menschen. Band 1 Bewegungsapparat. Stuttgart, New York 1987.

REISS, M.: Steigerung der Kraftausdauerfähigkeiten durch wirkungsvolles Kraftausdauertraining. Eine Hauptleistungsreserve der Ausdauersportarten. In: Leistungssport 22 (1992) 5, 15–20.

REISS, M.; PFEIFFER, U. (Hrsg.): Leistungsreserven im Ausdauertraining. Berlin 1991.

ROHEN, J. W.: Funktionelle Anatomie des Menschen. Stuttgart, New York 1977, 3. Aufl.

ROST, K.; MARTIN, D.: Ansätze zur Weiterentwicklung des Nachwuchstrainingssystems im deutschen Spitzensport. In: Zs. f. Angew. Tr.wiss. 3 (1996) 2, 31–63.

SCHAPER, A.; LETZELTER, M.: Dimensionen der motorischen Schnelligkeit. In: Sportwissenschaft 24 (1994) 4, 358–369.

SCHEUMANN, H.: Zu einigen Tendenzen der Trainingsgestaltung in den Ausdauersportarten. In: BREMER, D., et al.: Triathlon: Biomechanik, Trainingskonzeption, Verletzungsprophylaxe. Ahrensburg 1991, 29–50.

SCHIEBLER, TH. (Hrsg.): Lehrbuch der gesamten Anatomie des Menschen. Berlin 1977.

SCHMALZ, TH.; TÜRCK-NOACK, K.: Geschwindigkeitsmessung mit Laserdiodentechnik. In: Leistungssport 23 (1993) 6.

SCHMIDT, R. F.; THEWS, G.: Physiologie des Menschen. Berlin, Heidelberg, New York 1995, 26. Aufl.

SCHMIDTBLEICHER, D.: Maximalkraft und Bewegungsschnelligkeit. Bad Homburg 1980.

SCHMIDTBLEICHER, D.: Diagnose des Kraftverhaltens und Trainingssteuerung im Krafttraining. In: Lehre der Leichtathletik (1985) 3, 107–110.

SCHMIDTBLEICHER, D.: Motorische Beanspruchungsform Kraft. In: Dt. Zs. f. Sportmedizin 38 (1987) 9, 356–377.

SCHNABEL, G.: Prinzipien des sportlichen Trainings. In: SCHNABEL, G.; HARRE, D.; BORDE, A. (Hrsg.): Trainingswissenschaft. Leistung – Training – Wettkampf. Berlin 1994, 282–293.

SCHNEIDER, W.; SPING, H.; TRITSCHLER, T.: Beweglichkeit. Stuttgart, New York 1989.

SCHRAMM, E. (Ltg.): Sportschwimmen. Berlin 1987.

SCHÜRCH, P.: Leistungsdiagnostik. Erlangen 1987.

SÖLVEBORN, S. A.: Das Buch vom Stretching. München 1983.

STARISCHKA, S.: Trainingswissenschaftliche Beiträge zum Gerätturnen. Berlin 1978.

STARISCHKA, S.: Trainingsplanung. Schorndorf 1988.

STARISCHKA, S.: Prinzipien und Trainingssteuerung. In: THORHAUSER, H.-A.; CARL, K.; TÜRCK-

Literatur

NOACK, U. (Hrsg.): Trainingswissenschaft. Theoretische und methodische Fragen in der Diskussion. Köln 1996, 101–123.

STARISCHKA, S.; STORK, H.-M.; FRIEDHOFF, T.: EDV-gestützte Dokumentation und Auswertung von Trainingsdaten. Forschungsbericht. Dortmund 1993.

STARON, R. A. et al.: Strength and skeletal muscle adaptions heavy-resistance-trained woman after detraining and retraining. In: J. Appl. Physiol. 70 (1991) 2, 631–640.

STEIN, N.: Begriffsbestimmungen zum Schwerpunkt Sprint. In: Lehre d. Leichtathletik (1982) 4, 150.

STEINBACH, M.: Der menschliche Schnelläufer. In: Sportarzt und Sportmedizin (1966) Hefte 1 und 3.

STIEHLER, G. et al.: Methodik des Sportunterrichts. Berlin (Ost) 1974.

STORK, H.-M. et al.: Ansätze zur computergestützen Dokumentation von Trainingsdaten. In: PERL, J. (Hrsg.): Sport und Information. Schorndorf 1990, 121–134.

STRAUZENBERG, S. E.: Grundbedingungen für die Belastungsgestaltung zur gerichteten Beeinflussung der Herz-Kreislauf- und Stoffwechselfunktion beim Erwachsenen durch Freizeit- und Erholungssport. In: Medizin und Sport 19 (1979) 1/2, 36.

THIESS, G.: Die Theorie und Methodik des Nachwuchstrainings. In: Leistungssport 27 (1997) 5, 50–52.

TIDOW, G.: Zur Dimensionalität des Adaptationsraums im Bereich von Kraftbeanspruchungen. In: RADANT, S./GRIESHUBER, R./SCHNEIDER, W. (Hrsg.): Prävention von arbeitsbedingten Gesundheitsgefahren und Erkrankungen. 5. Erfurter Tage. Leipzig 1999, 42–80.

TIDOW, G.; WIEMANN, K.: Zur Interpretation und Veränderbarkeit von Kraft-Zeit-Kurven bei explosiv-ballistischen Krafteinsätzen. In: Dt. Zs. f. Sportmedizin (1993), Hefte 3, 4.

TUSKER, F.: Bestimmung von Kraftparametern eingelenkiger Kraftmessungen. Aachen 1994.

ULLMER, S.; MADER, A.; DÖRRSCHEIDT, F.: Modellbildung und Simulation von funktionellen Muskelanpassungen. In: Brennpunkte der Sportwissenschaft 8 (1994) 2, 163–191.

VLASSOW, W. N.; FILIN, W. P.: Untersuchung der Methodik für die Schnelligkeitsschulung. In: Teorija i prakt. Fis. Kult., Moskau (1971) 10 (übersetzter Titel).

VOSS, G.: Zur Ausbildung elementarer neuromuskulärer Bewegungsprogramme. In: Leistungssport 21 (1991) 3, 47–50.

VOSS, G.; WERTHNER, R.: Leistungs- und Talentdiagnostik – Konsequenzen aus dem neuen Schnelligkeitstraining. In: Leistungssport 24 (1994) 4.

VOSS, G.; WITT, M.: Bewegungsgesteuerte Neuromuskuläre Stimulation – BNS. In: Leistungssport 28 (1998) 1, 43–47.

WEIGELT, ST.: Zum trainingswissenschaftlichen Modell der Schnelligkeit. In: NICOLAUS, J.; ZIMMERMANN, K. W. (Red.): Sportwissenschaft interdisziplinär. Kassel 1995, 149–160.

WEILER, B. et al.: Beurteilung der aeroben Kapazität im Feldtest (12-Minuten-Lauftest) im Vergleich zur Laufbahnergometrie. In: FRANZ, I.-W. et al. (Hrsg.): Training und Sport zur Prävention und Rehabilitation in der technisierten Umwelt. Berlin 1985.

WEINECK, J.: Optimales Fußballtraining. Erlangen 1992.

WEINECK, J.: Sportbiologie. Erlangen 1994, 4. Aufl.

WEINECK, J.: Optimales Training. Landshut 1994b, 8. Aufl.

WERCHOSCHANSKI, J. W.: Effektiv trainieren. Berlin 1988.

WILHELM, A.; SCHLICHT, W.; JANSSEN, J.-P.: Beanspruchungserleben in Training und Wettkampf am Beispiel dreier 400-m-Hürdenläufer. In: Sportwissenschaft 22 (1992) 1, 86–97.

WINTER, R.: Zur Ontogenese der sportlichen Leistungsfähigkeit. In: SCHNABEL, G.; HARRE, D.; BORDE, A. (Hrsg.): Trainingswissenschaft. Berlin 1994, 202 ff.

WYDRA, G.; BÖS, K.; KARISCH, G.: Zur Effektivität verschiedener Dehntechniken. In: Dt. Zs. f. Sportmedizin 43 (1991) 9, 386–400.

ZAZIORSKI, V. M.: Die körperlichen Eigenschaften des Sportlers. Sonderheft aus: Theorie und Praxis der Körperkultur (1968, 1974 und 1977).

ZATSIORSKY, V. M.: Krafttraining. Praxis und Wissenschaft. Aachen 1996.

ZAZIORSKI, W.; ARUIN, A.; SELUJANOW, W.: Biomechanik des menschlichen Bewegungsapparates. Berlin 1984.

ZIMMERMANN, E.: Funktionelle Anatomie. Schorndorf 1989.

ZIMMERMANN, E.: Wie verbessert man Kondition? In: BIELEFELDER SPORTPÄDAGOGEN: Methoden im Sportunterricht. Schondorf 1998, 103–118.

ZINTL, F.: Ausdauertraining. München 1994, 3. Aufl.

Sachwortregister

Sachwortregister

Damit Sie in Bestform kommen